*"I have a dream"*

# *"I have a dream"*

## Ces discours qui ont changé le monde

*présentés par*
DOMINIQUE JAMET

ARCHIPOCHE

Un livre présenté par Joseph Vebret.

www.archipoche.com

Si vous souhaitez recevoir notre catalogue
et être tenu au courant de nos publications,
envoyez vos nom et adresse, en citant ce livre,
aux éditions Archipoche,
34, rue des Bourdonnais 75001 Paris.
Et, pour le Canada, à
Édipresse Inc., 945, avenue Beaumont,
Montréal, Québec, H3N 1W3.

ISBN 978-2-35287-185-9

## Sommaire

## Avant-propos

Au commencement était le Verbe. Le Verbe n'a pas cessé de scander la longue marche de l'humanité. Napoléon disait que l'on mène les hommes avec des hochets. C'est traiter les hommes en enfants. Le jeu des honneurs, des promotions, des décorations, des médailles ne sert qu'à conduire le troupeau humain sur les champs de bataille, sur les bancs du Sénat, dans les fauteuils dorés des cours, des conseils, des gouvernements et des académies, vers le néant et le bûcher des vanités. Ce sont les mots qui font avancer les hommes, du moins dès lors qu'ils recèlent un contenu, qu'ils véhiculent une idée, qu'ils sont porteurs d'avenir. Où l'on distinguera les leurres de la rhétorique, l'éloquence creuse réduite à son articulation, à son squelette, à sa mécanique et la force des paroles qu'anime un souffle, les discours auxquels une conviction donne de la chair.

Il y a des mots qui portent celui qui les prononce et ceux qui les entendent au-dessus et au-delà d'eux-mêmes. Il y a des discours qui changent le cours des événements, le destin d'un pays, l'histoire du monde, l'âme humaine. Ces rares rencontres entre un homme, une attente, une sensibilité, un peuple, un moment restent inscrites dans la mémoire collective. « Nouveau contrat », « nouvelles frontières », « de la sueur, du sang et des larmes », « la flamme de la Résistance française ne s'éteindra pas »... Deux mots parfois suffisent, une simple petite phrase, pour entrer dans l'immortalité. À plus court terme, le superbe discours prononcé par Nicolas Sarkozy à la porte de Versailles, le très beau texte dit par Ségolène Royal à Villepinte, la reprise sur le mode incantatoire par Barack Obama, le 27 juillet 2004, devant la Convention démocrate de Boston, de l'inusable thème du « rêve américain » ont constitué l'étape inévitable et le passage obligé qui ont fondé et légitimé leur candidature à la magistrature suprême. Plus récemment, le 18 mars dernier, en Pennsylvanie, là même où prit naissance le « pays des héros et de la liberté », le même Obama s'est peut-être ouvert les portes de la Maison Blanche par la grâce d'un discours d'une rare franchise et d'une élévation remarquable. Il y abordait et y traitait la question, depuis si longtemps ouverte et douloureuse, de la fracture raciale – question qui le concerne au premier chef et qui est cruciale à l'échelle entière des États-Unis.

Longtemps, l'impact de la parole a été limité, au moins dans un premier temps, à la portée matérielle de la voix. Quelques centaines, au mieux quelques milliers d'hommes, encore à condition qu'ils observassent le silence et que l'acoustique fût exceptionnelle, entendaient réellement ce que disait un orateur. D'où l'intérêt d'avoir une voix forte, l'atout que représentait une voix mélodieuse et la facilité avec laquelle on pouvait étouffer une voix importune. Le Tribunal révolutionnaire prit peur et fit fermer les fenêtres de la salle d'audience alors que la foule commençait à s'amasser et à réagir aux véhémentes et tonitruantes protestations de Danton. À l'inverse, un chahut orchestré par quelques dizaines d'opposants suffit à couvrir le filet de voix de l'Incorruptible, le 9 Thermidor. Un célèbre document photographique nous montre Jaurès s'adressant à une foule immense lors d'un meeting au Pré-Saint-Gervais. Il est probable qu'au-delà du dixième, au mieux du vingtième rang, l'essentiel des propos du grand tribun se perdait dans l'air. À partir du premier tiers du XXe siècle, la radio et trente ans plus tard la télévision ont changé la donne en ouvrant la possibilité inédite, pour des millions, puis des dizaines, puis des centaines de millions, puis pour la planète entière, d'entendre et de voir en direct, donc au même moment, non seulement un match de football, un concert ou un film, mais de suivre un débat ou d'entendre un discours.

Très vite, les dirigeants politiques ont compris l'intérêt, mesuré les avantages et perçu les risques inhérents à cette révolution technique. Roosevelt le premier, puis Blum et Churchill, Pierre Mendès France plus tard, se sont systématiquement adressés à leurs compatriotes par le biais d'entretiens familiers au coin du feu ou de discours solennellement mis en scène. Ce n'est pas sans raison que Charles de Gaulle, pendant la guerre, fut surnommé par ses adversaires, avec une ironie qui masquait mal le dépit, le « général Micro ». L'échec, en 1961, du putsch d'Alger n'aurait été ni si rapide ni si total si des centaines de milliers de soldats du contingent, l'oreille collée au transistor, n'avaient entendu le président de la République mettre hors la loi le « quarteron de généraux en retraite » et leur « barrer la route » par « tous les moyens, je dis tous les moyens ». De leur côté, Philippe Henriot, Goebbels, Hitler et, plus près de nous, Castro ou Chavez ont compris et instrumentalisé à fond la démultiplication de la parole par la technique.

Voudrait-on, *a contrario*, la preuve de la puissance des mots, des mots qui soulèvent, des mots qui libèrent, des mots qui convainquent, on la trouverait dans l'hommage, éclatant comme celui que rend le vice à la vertu, que les dictatures ont dès l'origine rendu à la radio et à la télévision en organisant, partout où elles en sont maîtresses, le brouillage des ondes et, aujourd'hui, la censure de l'Internet. Si les mots n'avaient pas de pouvoir, si les mots n'avaient pas de vertu, il ne serait pas nécessaire d'interdire, voire de brûler les livres ; si les mots n'étaient pas la plus redoutable des armes, il n'y aurait pas besoin de fermer la bouche, définitivement, à ceux dont la parole inquiète ou exaspère les ennemis de la liberté, les adversaires de la vérité; les hommes du silence, de l'oppression et de l'obscurité.

Nous n'avons pas souhaité faire figurer dans ce recueil certains hommes dont les actes et les paroles ont indiscutablement marqué le siècle passé et dont l'éloquence était parfois remarquable, dans son registre. Ainsi ne trouvera-t-on pas ici les plus fameux morceaux d'Adolf Hitler ou de Benito

Mussolini, l'appel de Joseph Goebbels à la guerre totale ou l'encouragement de Mao Zedong soit à faire « s'épanouir cent fleurs », soit à « tirer sur le quartier général ».

Un fil ténu mais continu court le long de ce livre. Tous ceux dont nous avons réuni et présenté les textes, même s'il leur est arrivé de se fourvoyer, étaient ou se voulaient porteurs de lumière. Beaucoup ont payé de leur vie leur bonne volonté et leur engagement, en toute connaissance du danger où ils se mettaient en luttant pour la cause de la liberté, pour la cause de la paix, pour l'indépendance nationale ou pour la révolution. Assassinés Jaurès, Gandhi, John Fitzgerald Kennedy, Martin Luther King, Salvador Allende, Anouar el-Sadate, Yitzhak Rabin et peut-être Arafat. Abattu, Ernesto « Che » Guevara. Cibles d'attentats, Charles de Gaulle ou Jean-Paul II. Condamné à l'exil et à l'errance, loin de son peuple, le dalaï-lama.

Les hommes tombent et disparaissent. Leurs paroles survivent et éclairent leur tombeau comme une flamme éternelle. Et ce sont ceux que l'on a fait taire qui nous parlent le plus fort.

DOMINIQUE JAMET

## Jean Jaurès

# “LE COURAGE, C’EST DE CHERCHER LA VÉRITÉ”

*(Discours à la jeunesse, lycée d’Albi, 30 juillet 1903)*

Mesdames,
Messieurs,
Jeunes élèves,

C’est une grande joie pour moi de me retrouver en ce lycée d’Albi et d’y reprendre un instant la parole. Grande joie nuancée d’un peu de mélancolie, car lorsqu’on revient à de longs intervalles, on mesure soudain ce que l’insensible fuite des jours a ôté de nous pour le donner au passé. Le temps nous avait dérobés à nous-mêmes, parcelle à parcelle, et tout à coup c’est un gros bloc de notre vie que nous voyons loin de nous. La longue fourmilière des minutes emportant chacune un grain chemine silencieusement, et un beau soir le grenier est vide.

Mais qu’importe que le temps nous retire notre force peu à peu, s’il l’utilise obscurément pour des œuvres vastes en qui survit quelque chose de nous ? Il y a vingt-deux ans, c’est moi qui prononçais ici le discours d'usage. Je me souviens (et peut-être quelqu'un de mes collègues d'alors s'en souvient-il aussi) que j'avais choisi comme thème : les Jugements humains. Je demandais à ceux qui m'écoutaient de juger les hommes avec bienveillance, c'est-à-dire avec équité, d'être attentifs dans les consciences les plus médiocres et les existences les plus dénuées aux traits de lumière, aux fugitives étincelles de beauté morale par où se révèle la vocation de grandeur de la nature humaine. Je les priais d'interpréter avec indulgence le tâtonnant effort de l'humanité incertaine.

Peut-être dans les années de lutte qui ont suivi, ai-je manqué plus d'une fois envers des adversaires à ces conseils de généreuse équité. Ce qui me rassure un peu, c'est que j'imagine qu'on a dû y manquer aussi parfois à mon égard, et cela rétablit l'équilibre. Ce qui reste vrai, à travers toutes nos misères, à travers toutes les injustices commises ou subies, c'est qu'il faut faire un large crédit à la nature humaine ; c'est qu'on se condamne soi-même à ne pas comprendre l'humanité, si on n'a pas le sens de sa grandeur et le pressentiment de ses destinées incomparables.

Cette confiance n'est ni sotte, ni aveugle, ni frivole. Elle n'ignore pas les vices, les crimes, les erreurs, les préjugés, les égoïsmes de tout ordre, égoïsme des individus, égoïsme des castes, égoïsme des partis, égoïsme des classes, qui appesantissent la marche de l'homme, et absorbent souvent le cours du fleuve en un tourbillon trouble et sanglant. Elle sait que les forces bonnes, les forces de sagesse, de lumière, de justice, ne peuvent se passer du secours du temps, et que la nuit de la servitude et de l'ignorance n'est pas dissipée par une illumination soudaine et totale, mais atténuée seulement par une lente série d'aurores incertaines.

Oui, les hommes qui ont confiance en l'homme savent cela. Ils sont résignés d'avance à ne voir qu'une réalisation incomplète de leur vaste idéal, qui lui-même sera dépassé ; ou plutôt ils se félicitent que toutes les possibilités humaines ne se manifestent point dans les limites étroites de leur vie. Ils sont pleins d'une sympathie déférente et douloureuse pour ceux qui ayant été brutalisés par l'expérience immédiate ont conçu des pensées amères, pour ceux dont la vie a coïncidé avec des époques de servitude, d'abaissement et de réaction, et qui, sous le noir nuage immobile, ont pu croire que le jour ne se lèverait plus. Mais eux-mêmes se gardent bien d'inscrire définitivement au passif de l'humanité qui dure les mécomptes des générations qui passent. Et ils affirment, avec une certitude qui ne fléchit pas, qu'il vaut la peine de penser et d'agir, que l'effort humain vers la clarté et le droit n'est jamais perdu. L'histoire enseigne aux hommes la difficulté des grandes tâches et la lenteur des accomplissements, mais elle justifie l'invincible espoir.

Dans notre France moderne, qu'est-ce donc que la République ? C'est un grand acte de confiance. Instituer la République, c'est proclamer que des millions d'hommes sauront tracer eux-mêmes la règle commune de leur action, qu'ils sauront concilier la liberté et la loi, le mouvement et l'ordre, qu'ils sauront se combattre sans se déchirer, que leurs divisions n'iront pas jusqu'à une fureur chronique de guerre civile, et qu'ils ne chercheront jamais dans une dictature passagère une trêve funeste et un lâche repos. Instituer la République, c'est proclamer que les citoyens des grandes nations modernes, obligés de suffire par un travail constant aux nécessités de la vie privée et domestique, auront cependant assez de temps et de liberté d'esprit pour s'occuper de la chose commune. Et si cette République surgit dans un monde monarchique encore, c'est assurer qu'elle s'adaptera aux conditions compliquées de la vie internationale, sans entreprendre sur l'évolution plus lente des autres peuples, mais sans rien abandonner de sa fierté juste et sans atténuer l'éclat de son principe.

Oui, la République est un grand acte de confiance et un grand acte d'audace. L'invention en était si audacieuse, si paradoxale, que même les hommes hardis qui, il y a cent dix ans, ont révolutionné le monde, en écartèrent d'abord l'idée. Les constituants de 1789 et de 1791, même les législateurs de 1792 croyaient que la monarchie traditionnelle était l'enveloppe nécessaire de la société nouvelle. Ils ne renoncèrent à cet abri que sous les coups répétés de la trahison royale. Et quand enfin ils eurent déraciné la royauté, la République leur apparut moins comme un système prédestiné que comme le seul moyen de combler le vide laissé par la monarchie. Bientôt cependant, et après quelques heures d'étonnement et presque d'inquiétude, ils l'adoptèrent de toute leur pensée et de tout leur cœur. Ils résumèrent, ils confondirent en elle toute la Révolution. Et ils ne cherchèrent point à se donner le change. Ils ne cherchèrent point à se rassurer par l'exemple des républiques antiques ou des républiques helvétiques et italiennes. Ils virent bien qu'ils créaient une œuvre, nouvelle, audacieuse et sans précédent. Ce n'était point l'oligarchique liberté des républiques de la Grèce, morcelées, minuscules et appuyées sur le travail servile. Ce n'était point le privilège superbe de servir la République romaine, haute citadelle d'où une aristocratie conquérante dominait le monde, communiquant avec lui par une hiérarchie de droits incomplets et décroissants qui descendait jusqu'au néant du droit, par un escalier aux marches toujours plus dégradées et plus sombres, qui se perdait enfin dans l'abjection de l'esclavage, limite obscure de la vie touchant à la nuit souterraine. Ce n'était pas le patriciat marchand de Venise et de Gênes. Non, c'était la République d'un grand peuple où il n'y avait que des citoyens et où tous les citoyens étaient égaux. C'était la République de la démocratie et du suffrage universel. C'était une nouveauté magnifique et émouvante.

Les hommes de la Révolution en avaient conscience. Et lorsque, dans la fête du 10 août 1793, ils célébrèrent cette Constitution, qui pour la première fois depuis l'origine de l'histoire organisait la souveraineté nationale et la souveraineté de tous, lorsque artisans et ouvriers, forgerons, menuisiers, travailleurs des champs défilèrent dans le cortège, mêlés aux magistrats du peuple et ayant pour enseignes leurs outils, le président de la Convention put dire que c'était un jour qui ne ressemblait à aucun autre jour, le plus beau depuis que le soleil était suspendu dans l'immensité de l'espace.

Toutes les volontés se haussaient pour être à la mesure de cette nouveauté héroïque. C'est pour elle que ces hommes combattirent et moururent. C'est en son nom qu'ils refoulèrent les rois de l'Europe. C'est en son nom qu'ils se décimèrent. Et ils concentrèrent en elle une vie si ardente et si terrible, ils produisirent par elle tant d'actes et tant de pensées, qu'on put croire que cette République toute neuve, sans modèle comme sans tradition, avait acquis en quelques années la force et la substance des siècles. Et pourtant que de vicissitudes et d'épreuves avant que cette République que les hommes de la Révolution avaient crue impérissable soit fondée enfin sur notre sol. Non seulement après quelques années d'orage elle est vaincue, mais il semble qu'elle s'efface à jamais et de l'histoire et de la mémoire même des hommes. Elle est bafouée, outragée ; plus que cela, elle est oubliée. Pendant un demi-siècle, sauf quelques cœurs profonds qui gardaient le souvenir et l'espérance, les hommes la renient ou même l'ignorent. Les tenants de l'Ancien Régime ne parlent d'elle que pour en faire honte à la Révolution : « Voilà où a conduit le délire révolutionnaire. » Et parmi ceux qui font profession de défendre le monde moderne, de continuer la tradition de la Révolution, la plupart désavouent la République et la démocratie. On dirait qu'ils ne se souviennent même plus. Guizot s'écrie : « Le suffrage universel n'aura jamais son jour. » Comme s'il n'avait pas eu déjà ses grands jours d'histoire, comme si la Convention n'était pas sortie de lui. Thiers, quand il raconte la révolution du 10 août, néglige de dire qu'elle proclama le suffrage universel, comme si c'était là un accident sans importance et une bizarrerie d'un jour. République, suffrage universel, démocratie, ce fut, à en croire les sages, le songe fiévreux des hommes de la Révolution. Leur œuvre est restée, mais leur fièvre est éteinte et le monde moderne qu'ils ont fondé, s'il est tenu de continuer leur œuvre, n'est pas tenu de continuer leur délire. Et la brusque résurrection de la République, reparaissant en 1848 pour s'évanouir en 1851, semblait en effet la brève rechute dans un cauchemar bientôt dissipé.

Et voici maintenant que cette République qui dépassait de si haut l'expérience séculaire des hommes et le niveau commun de la pensée que quand elle tomba ses ruines mêmes périrent et son souvenir s'effrita, voici que cette République de démocratie, de suffrage universel et d'universelle dignité humaine, qui n'avait pas eu de modèle et qui semblait destinée à n'avoir pas de lendemain, est devenue la loi durable de la nation, la forme définitive de la vie française, le type vers lequel évoluent lentement toutes les démocraties du monde.

Or, et c'est là surtout ce que je signale à vos esprits, l'audace même de la tentative a contribué au succès. L'idée d'un grand peuple se gouvernant lui-même était si noble qu'aux heures de difficulté et de crise elle s'offrait à la conscience de la nation. Une première fois en 1793 le peuple de France avait gravi cette cime, et il y avait goûté un si haut orgueil, que toujours sous l'apparent oubli et l'apparente indifférence, le besoin subsistait de retrouver cette émotion extraordinaire. Ce qui faisait la force invincible de la République, c'est qu'elle n'apparaissait pas seulement de période en période, dans le désastre ou le désarroi des autres régimes, comme l'expédient nécessaire et la solution forcée. Elle était une consolation et une fierté. Elle seule avait assez de noblesse morale pour donner à la nation la force d'oublier les mécomptes et de dominer les désastres. C'est pourquoi elle devait avoir le dernier mot. Nombreux sont les glissements et nombreuses les chutes sur les escarpements qui mènent aux cimes ; mais les sommets ont une force attirante. La République a vaincu parce qu'elle est dans la direction des hauteurs, et que l'homme ne peut s'élever sans monter vers elle. La loi de la pesanteur n'agit pas souverainement sur les sociétés humaines ; et ce n'est pas dans les lieux bas qu'elles trouvent leur équilibre. Ceux qui, depuis un siècle, ont mis très haut leur idéal ont été justifiés par l'histoire. Et ceux-là aussi seront justifiés qui le placent plus haut encore. Car le prolétariat dans son ensemble commence à affirmer que ce n'est pas seulement dans les relations politiques des hommes, c'est aussi dans leurs relations économiques et sociales qu'il faut faire entrer la liberté vraie, l'égalité, la justice. Ce n'est pas seulement la cité, c'est l'atelier, c'est le travail, c'est la production, c'est la propriété qu'il veut organiser selon le type républicain. À un système qui divise et qui opprime, il entend substituer une vaste coopération sociale où tous les travailleurs de tout ordre, travailleurs de la main et travailleurs du cerveau, sous la direction de chefs librement élus par eux, administreront la production enfin organisée.

Messieurs, je n'oublie pas que j'ai seul la parole et que ce privilège m'impose beaucoup de réserve. Je n'en abuserai point pour dresser dans cette fête une idée autour de laquelle se livrent et se livreront encore d'âpres combats. Mais comment m'était-il possible de parler devant cette jeunesse qui est l'avenir, sans laisser échapper ma pensée d'avenir. Je vous aurais offensés par trop de prudence ; car quel que soit votre sentiment sur le fond des choses, vous êtes tous des esprits trop libres pour me faire grief d'avoir affirmé ici cette haute espérance socialiste, qui est la lumière de ma vie. Je veux seulement dire deux choses, parce qu'elles touchent non au fond du problème, mais à la méthode de l'esprit et à la conduite de la pensée. D'abord, envers une idée audacieuse qui doit ébranler tant d'intérêts et tant d'habitudes et qui prétend renouveler le fond même de la vie, vous avez le droit d'être exigeants. Vous avez le droit de lui demander de faire ses preuves, c'est-à-dire d'établir avec précision comment elle se rattache à toute l'évolution politique et sociale, et comment elle peut s'y insérer. Vous avez le droit de lui demander par quelle série de formes juridiques et économiques elle assurera le passage de l'ordre existant à l'ordre nouveau. Vous avez le droit d'exiger d'elle que les premières applications qui en peuvent être faites ajoutent à la vitalité économique et morale de la nation. Et il faut qu'elle prouve, en se montrant capable de défendre ce qu'il y a déjà de noble et de bon dans le patrimoine humain, qu'elle ne vient pas le gaspiller, mais l'agrandir. Elle aurait bien peu de foi en elle-même si elle n'acceptait pas ces conditions.

En revanche, vous, vous lui devez de l'étudier d'un esprit libre, qui ne se laisse troubler par aucun intérêt de classe. Vous lui devez de ne pas lui opposer ces railleries frivoles, ces affolements aveugles ou prémédités et ce parti pris de négation ironique ou brutale que si souvent, depuis un siècle même, les sages opposèrent à la République, maintenant acceptée de tous, au moins en sa forme. Et si vous êtes tentés de dire encore qu'il ne faut pas s'attarder à examiner ou à discuter des songes, regardez en un de vos faubourgs. Que de railleries, que de prophéties sinistres sur l'œuvre qui est là ! Que de lugubres pronostics opposés aux ouvriers qui prétendaient se diriger eux-mêmes, essayer dans une grande industrie la forme de la propriété collective et la vertu de la libre discipline. L'œuvre a duré pourtant ; elle a grandi : elle permet d'entrevoir ce que peut donner la coopération collectiviste. Humble bourgeon à coup sûr mais qui atteste le travail de la sève, la lente montée des idées nouvelles, la puissance de transformation de la vie. Rien n'est plus menteur que le vieil adage pessimiste et réactionnaire de l'Ecclésiaste désabusé : « Il n'y a rien de nouveau sous le soleil. » Le soleil lui-même a été jadis une nouveauté, et la terre fut une nouveauté, et l'homme fut une nouveauté. L'histoire humaine n'est qu'un effort incessant d'invention, et la perpétuelle évolution est une perpétuelle création.

C'est donc d'un esprit libre aussi, que vous accueillerez cette autre grande nouveauté qui s'annonce par des symptômes multipliés : la paix durable entre les nations, la paix définitive. Il ne s'agit point de déshonorer la guerre dans le passé. Elle a été une partie de la grande action humaine, et l'homme l'a ennoblie par la pensée et le courage, par l'héroïsme exalté, par le magnanime mépris de la mort. Elle a été sans doute et longtemps, dans le chaos de l'humanité désordonnée et saturée d'instincts brutaux, le seul moyen de résoudre les conflits ; elle a été aussi la dure force qui, en mettant aux prises les tribus, les peuples, les races, a mêlé les éléments humains et préparé les groupements vastes. Mais un jour vient, et tout nous signifie qu'il est proche, où l'humanité est assez organisée, assez maîtresse d'elle-même pour pouvoir résoudre par la raison, la négociation et le droit les conflits de ses groupements et de ses forces. Et la guerre, détestable et grande tant qu'elle était nécessaire, est atroce et scélérate quand elle commence à paraître inutile.

Je ne vous propose pas un rêve idyllique et vain. Trop longtemps les idées de paix et d'unité humaines n'ont été qu'une haute clarté illusoire qui éclairait ironiquement les tueries continuées. Vous souvenez-vous de l'admirable tableau que nous a laissé Virgile de la chute de Troie ? C'est la nuit : la cité surprise est envahie par le fer et le feu, par le meurtre, l'incendie et le désespoir. Le palais de Priam est forcé et les portes abattues laissent apparaître la longue suite des appartements et des galeries. De chambre en chambre, les torches et les glaives poursuivent les vaincus ; enfants, femmes, vieillards se réfugient en vain auprès de l'autel domestique que le laurier sacré ne protège plus contre la mort et contre l'outrage, le sang coule à flots, et toutes les bouches crient de terreur, de douleur, d'insulte et de haine. Mais par-dessus la demeure bouleversée et hurlante, les cours intérieures, les toits effondrés laissent apercevoir le grand ciel serein et paisible, et toute la clameur humaine de violence et d'agonie monte vers les étoiles d'or : *Ferit aurea sidera clamor*[1].

De même, depuis vingt siècles, et de période en période, toutes les fois qu'une étoile d'unité et de paix s'est levée sur les hommes, la terre déchirée et sombre a répondu par des clameurs de guerre.

C'était d'abord l'astre impérieux de Rome conquérante qui croyait avoir absorbé tous les conflits dans le rayonnement universel de sa force. L'empire s'effondre sous le choc des barbares, et un effroyable tumulte répond à la prétention superbe de la paix romaine. Puis ce fut l'étoile chrétienne qui enveloppa la terre d'une lueur de tendresse et d'une promesse de paix. Mais atténuée et douce aux horizons galiléens, elle se leva dominatrice et âpre sur l'Europe féodale. La prétention de la papauté à apaiser le monde sous sa loi et au nom de l'unité catholique ne fit qu'ajouter aux troubles et aux conflits de l'humanité misérable. Les convulsions et les meurtres des nations du Moyen Âge, les chocs sanglants des nations modernes, furent la dérisoire réplique à la grande promesse de paix chrétienne. La Révolution à son tour lève un haut signal de paix universelle par l'universelle liberté. Et voilà que de la lutte même

1. « Alors s'élève une immense clameur » (Virgile, *Énéide*, 11, 833).

de la Révolution contre les forces du vieux monde, se développent des guerres formidables.

Quoi donc ? La paix nous fuira-t-elle toujours ? Et la clameur des hommes, toujours forcenés et toujours déçus, continuera-t-elle à monter vers les étoiles d'or, des capitales modernes incendiées par les obus, comme de l'antique palais de Priam incendié par les torches ? Non ! non ! Et malgré les conseils de prudence que nous donnent ces grandioses déceptions, j'ose dire, avec des millions d'hommes, que maintenant la grande paix humaine est possible, et si nous le voulons, elle est prochaine. Des forces neuves travaillent : la démocratie, la science méthodique, l'universel prolétariat solidaire. La guerre devient plus difficile, parce qu'avec les gouvernements libres des démocraties modernes, elle devient à la fois le péril de tous par le service universel, le crime de tous par le suffrage universel. La guerre devient plus difficile parce que la science enveloppe tous les peuples dans un réseau multiplié, dans un tissu plus serré tous les jours de relations, d'échanges, de conventions ; et si le premier effet des découvertes qui abolissent les distances est parfois d'aggraver les froissements, elles créent à la longue une solidarité, une familiarité humaine qui font de la guerre un attentat monstrueux et une sorte de suicide collectif.

Enfin, le commun idéal qui exalte et unit les prolétaires de tous les pays les rend plus réfractaires tous les jours à l'ivresse guerrière, aux haines et aux rivalités de nations et de races. Oui, comme l'histoire a donné le dernier mot à la République si souvent bafouée et piétinée, elle donnera le dernier mot à la paix, si souvent raillée par les hommes et les choses, si souvent piétinée par la fureur des événements et des passions. Je ne vous dis pas : c'est une certitude toute faite. Il n'y a pas de certitude toute faite en histoire. Je sais combien sont nombreux encore aux jointures des nations les points malades d'où peut naître soudain une passagère inflammation générale. Mais je sais aussi qu'il y a vers la paix des tendances si fortes, si profondes, si essentielles, qu'il dépend de vous, par une volonté consciente délibérée, infatigable, de systématiser ces tendances et de réaliser enfin le paradoxe de la grande paix humaine, comme vos pères ont réalisé le paradoxe de la grande liberté républicaine. Œuvre difficile, mais non plus œuvre impossible.

Apaisement des préjugés et des haines, alliances et fédérations toujours plus vastes, conventions internationales d'ordre économique et social, arbitrage international et désarmement simultané, union des hommes dans le travail et dans la lumière : ce sera, jeunes gens, le plus haut effort et la plus haute gloire de la génération qui se lève. Non, je ne vous propose pas un rêve décevant ; je ne vous propose pas non plus un rêve affaiblissant. Que nul de vous ne croie que dans la période encore difficile et incertaine qui précédera l'accord définitif des nations, nous voulons remettre au hasard de nos espérances la moindre parcelle de la sécurité, de la dignité, de la fierté de la France. Contre toute menace et toute humiliation, il faudrait la défendre ; elle est deux fois sacrée pour nous, parce qu'elle est la France, et parce qu'elle est humaine. Même l'accord des nations dans la paix définitive n'effacera pas les patries, qui garderont leur profonde originalité historique, leur fonction propre dans l'œuvre commune de l'humanité réconciliée. Et si nous ne voulons pas attendre, pour fermer le livre de la guerre, que la force ait redressé toutes les iniquités commises par la force, si nous ne concevons pas les réparations comme des revanches, nous savons bien que l'Europe, pénétrée enfin de la vertu de la démocratie et de l'esprit de paix, saura trouver les formules de conciliation qui libéreront tous les vaincus des servitudes et des douleurs qui s'attachent à la conquête.

Mais d'abord, mais avant tout, il faut rompre le cercle de fatalité, le cercle de fer, le cercle de haine où les revendications même justes provoquent des représailles qui se flattent de l'être, où la guerre tourne après la guerre en un mouvement sans issue et sans fin où le droit et la violence, sous la même livrée sanglante, ne se discerneront presque plus l'un de l'autre, et où l'humanité déchirée pleure de la victoire de la justice presque autant que sa défaite.

Surtout, qu'on ne nous accuse point d'abaisser, ou d'énerver les courages. L'humanité est maudite, si pour faire preuve de courage elle est condamnée à tuer éternellement. Le courage, aujourd'hui, ce n'est pas de maintenir sur le monde la nuée de la Guerre, nuée terrible mais dormante dont on peut toujours se flatter qu'elle éclatera sur d'autres. Le courage, ce n'est pas de laisser aux mains de la force la solution des conflits que la raison peut résoudre ; car le courage est l'exaltation de l'homme, et ceci en est l'abdication. Le courage pour vous tous, courage de toutes les heures, c'est de supporter sans fléchir les épreuves de tout ordre, physiques et morales, que prodigue la vie. Le courage, c'est de ne pas livrer sa volonté au hasard des impressions et des forces ; c'est de garder dans les lassitudes inévitables l'habitude du travail et de l'action. Le courage dans le désordre infini de la vie qui nous sollicite de toutes parts, c'est de choisir un métier et de le bien faire, quel qu'il soit : c'est de ne pas se rebuter du détail minutieux ou monotone ; c'est de devenir, autant qu'on le peut, un technicien accompli ; c'est d'accepter et de comprendre cette loi de la spécialisation du travail qui est la condition de l'action utile, et cependant de ménager à son regard, à son esprit, quelques échappées vers le vaste monde et des perspectives plus étendues. Le courage, c'est d'être tout ensemble et quel que soit le métier, un praticien et un philosophe. Le courage, c'est de comprendre sa propre vie, de la préciser, de l'approfondir, de l'établir et de la coordonner cependant à la vie générale. Le courage, c'est de surveiller exactement sa machine à filer ou tisser, pour qu'aucun fil ne se casse, et de préparer cependant un ordre social plus vaste et plus fraternel où la machine sera la servante commune des travailleurs libérés. Le courage, c'est d'accepter les conditions nouvelles que la vie fait à la science et à l'art, d'accueillir, d'explorer la complexité presque infinie des faits et des détails, et cependant d'éclairer cette réalité énorme et confuse par des idées générales, de l'organiser et de la soulever par la beauté sacrée des formes et des rythmes. Le courage, c'est de dominer ses propres fautes, d'en souffrir, mais de n'en pas être accablé et de continuer son chemin. Le courage, c'est d'aimer la vie et de regarder la mort d'un regard tranquille ; c'est d'aller à l'idéal et de comprendre le réel ; c'est d'agir et de se donner aux grandes causes sans savoir quelle récompense réserve à notre effort l'univers profond, ni s'il lui réserve une récompense. Le courage, c'est de chercher la vérité et de la dire ; c'est de ne pas subir la loi du mensonge triomphant qui passe, et de ne pas faire écho, de notre âme, de notre bouche et de nos mains aux applaudissements imbéciles et aux huées fanatiques.

Ah ! vraiment, comme notre conception de la vie est pauvre, comme notre science de vivre est courte, si nous croyons que, la guerre abolie, les occasions manqueront aux hommes d'exercer et d'éprouver leur courage, et qu'il faut prolonger les roulements de tambours qui dans les lycées du premier Empire faisaient sauter les cœurs ! Ils sonnaient alors un son héroïque ; dans notre vingtième siècle, ils sonneraient creux. Et vous, jeunes gens, vous voulez que votre vie soit vivante, sincère et pleine. C'est pourquoi je vous ai dit, comme à des hommes, quelques-unes des choses que je portais en moi.

## UN SOCIALISME À VISAGE HUMAIN

*L'homme qui, en cette fin de matinée de l'été 1903, veille des « grandes vacances », s'adresse aux notables, aux professeurs et aux élèves du lycée d'Albi réunis dans la cour de l'établissement a une double légitimité, celle de l'origine, celle de la réussite. Enfant du pays, fils de paysans, il a été lui aussi élève puis professeur sur ces lieux mêmes. Boursier, normalien, agrégé, Jean Jaurès est la preuve vivante du bon fonctionnement de l'« ascenseur social », l'exemple achevé de ce que l'on appelle aujourd'hui la méritocratie républicaine. À quarante-quatre ans, il n'est pas seulement député de la circonscription voisine de Castres, mais vice-président de la Chambre des députés et président du Parti socialiste de France, qui va bientôt fusionner avec les organisations de la même obédience pour donner naissance à la Section française de l'Internationale ouvrière – la SFIO. Il semble de toute évidence promis à un destin national.*

*Pour autant, si forte que soit sa notoriété, si grand que soit son prestige, et pour reconnue que soit son autorité, il ne peut ignorer que ni le lieu ni les circonstances ne se prêteraient à un discours de propagande. S'il est sur ses terres, il ne saurait les considérer comme un terrain conquis. Le socialisme, en France et ailleurs, est une idéologie encore neuve que n'ont ni altérée, ni pervertie, ni encore moins déshonorée la perspective puis l'exercice du pouvoir. Il n'en est que davantage, aux yeux de beaucoup, une idéologie subversive.*

*Dès lors, comment sortir de la banalité inhérente aux discours de distribution des prix – puisque c'est bien de cela qu'il s'agit – sans effaroucher ou braquer une partie de ses auditeurs ? Comment faire passer un message sans sortir des limites autorisées ?*

*Tout d'abord, par la qualité de la forme. La période ample, la formule heureuse, l'image frappante, la richesse du vocabulaire, le style noble, la clarté de l'expression, la solidité de l'argumentation sont mis au service d'une réflexion profonde, étayée sur la connaissance de l'Histoire et nourrie par une expérience personnelle.*

*Ensuite, en visant ce qu'il y a de plus haut, de plus noble dans chacun des individus qui composent cette foule, son intelligence et son cœur, plutôt que ses pulsions et ses passions. Tant d'hommes politiques s'adressent à des adultes comme s'ils étaient des enfants, Jaurès parle aux enfants comme s'ils étaient des hommes.*

*Enfin, en évitant les deux sujets qui fâchent. Alors que s'apaisent lentement les tempêtes de l'affaire Dreyfus, de nouveaux orages grondent, suscités par la querelle de la séparation entre l'Église et l'État. Jaurès a milité pour la libération de l'officier innocent, c'est chose faite, il milite pour sa réhabilitation, en cours. Le moment de la bataille est passé, inutile d'attaquer les vaincus. Quant au combisme, cet anticléricalisme qui tient lieu de socialisme aux radicaux, Jaurès en approuve les principes sans en partager les outrances.*

*Ce qu'il a en tête, ce matin-là, face à un public qui n'est pas celui d'un meeting, c'est, sans mettre son drapeau dans sa poche, de ne pas l'agiter comme un chiffon rouge sous le nez d'un taureau. Ce qu'il réussit, en virtuose, c'est à faire accepter par la grâce de la rhétorique et la force de la pédagogie la totalité de son corpus idéologique.*

*Issu, nul ne l'ignore alors, de la famille opportuniste, celle des Gambetta et des Ferry, républicains modérés, même s'ils affirment ne pas être modérément républicains, venu au socialisme par détestation de l'injustice et des inégalités, élargissant désormais son horizon à l'entente entre les peuples, Jaurès voit dans son évolution personnelle l'image en réduction et l'anticipation de l'inéluctable cours des choses en France et dans le monde. Ainsi énumère-t-il ce qui nous semble aujourd'hui un chapelet d'évidences et qui était pour beaucoup une série de hardiesses, voire de provocations. À l'en croire, la République, autrement dit la démocratie politique, fondée sur le suffrage universel, est désormais un fait accompli, même si elle fait temporairement figure d'anomalie en Europe. Elle ne sera complète que lorsqu'elle sera également sociale. La guerre, qui fut si longtemps le grand, voire le seul moyen de la politique, a fait son temps. Elle est anachronique. D'une manière plus générale, ce qui paraissait anormal est devenu ordinaire, ce qui paraissait impossible est en train de se réaliser, ce qui semble utopique se fera. Feignant enfin de ne pas aborder le fond du problème, Jaurès entend montrer que le socialisme est possible et démontrer comment il l'est. Ainsi, dans un savant désordre apparent, présente-t-il ce qui, trente-trois ans plus tard, ramené à un slogan schématique, sera le programme du Front populaire : la liberté, le pain, la paix.*

*Commençant sagement, comme une rédaction de très bon élève, le discours d'Albi, passé dans l'Histoire sous le nom de « Discours à la jeunesse », va se gonflant et s'élargissant comme un fleuve grossi de ses affluents, vers un majestueux estuaire, l'annonce d'un avenir radieux, prédiction, assure l'orateur, qui ne résulte pas d'un optimisme béat, mais d'une confiance raisonnée dans l'homme, dans sa nature, dans sa capacité à résoudre les problèmes que lui pose l'Histoire, ce sphinx dont il doit déjouer les énigmes. Quand le socialisme a le visage que lui donne Jaurès, il est d'abord un humanisme.*

D. J.

## Thomas Woodrow Wilson

# LA PAIX DANS LE MONDE POUR L'ÉTABLISSEMENT DE LA DÉMOCRATIE

*(Congrès des États-Unis, 8 janvier 1918)*

C'est donc le programme de la paix du monde qui constitue notre programme. Et ce programme, le seul possible selon nous, est le suivant :

1. Des conventions de paix, au grand jour, préparées au grand jour.

2. Liberté absolue de la navigation sur mer, en dehors des eaux territoriales.

3. Suppression, autant que possible, de toutes les barrières économiques et établissement de conditions commerciales égales pour toutes les nations.

4. Échange de garanties suffisantes que les armements de chaque pays seront réduits au minimum compatible avec la sécurité intérieure.

5. Arrangement librement débattu de toutes les revendications coloniales, basé sur la stricte observation du principe que les intérêts des populations en jeu pèseront d'un même poids que les

revendications équitables du gouvernement dont le titre sera à définir.

6. Évacuation du territoire russe tout entier et règlement de toutes questions concernant la Russie, en vue de donner à la Russie toute latitude sans entrave ni obstacle, de décider, en pleine indépendance, de son propre développement politique et de son organisation nationale.

7. Il faut que la Belgique soit évacuée et restaurée.

8. Le territoire français tout entier devra être libéré et les régions envahies devront être restaurées ; le tort causé à la France par la Prusse en 1871 en ce qui concerne l'Alsace-Lorraine, préjudice qui a troublé la paix du monde pendant près de cinquante ans, devra être réparé afin que la paix puisse de nouveau être assurée dans l'intérêt de tous.

9. Une rectification des frontières italiennes devra être opérée, conformément aux données clairement perceptibles du principe des nationalités.

10. Aux peuples d'Autriche-Hongrie, dont nous désirons voir sauvegarder et assurer la place parmi les nations, devra être accordée au plus tôt la possibilité d'un développement autonome.

11. La Roumanie, la Serbie et le Monténégro devront être évacués ; les territoires occupés devront être restitués ; à la Serbie devra être assuré un libre et sûr accès à la mer.

12. Aux régions turques de l'Empire ottoman actuel devront être garanties la souveraineté et la sécurité ; mais, aux autres nations qui sont maintenant sous la domination turque, on devra garantir une sécurité absolue d'existence et la pleine possibilité de se développer d'une façon autonome ;

quant aux Dardanelles, elles devront rester ouvertes.

13. Un État polonais indépendant devra être créé, qui comprendra les territoires habités par des populations indiscutablement polonaises, auxquelles on devra assurer un libre accès à la mer.

14. Il faut qu'une association générale des nations soit constituée, ayant pour objet d'offrir des garanties mutuelles d'indépendance politique et d'intégralité territoriale aux petits comme aux grands États.

❦

## Nul n'est prophète en son pays

*Au rebours de Franklin Delano Roosevelt vingt-cinq ans plus tard, ce n'est qu'après bien des hésitations, bien des tergiversations et pour tout dire à son cœur défendant que Thomas Woodrow Wilson prit la décision, le 2 avril 1917, de faire entrer les États-Unis dans le conflit qui ravageait l'Europe depuis près de trois ans. Pacifiste par conviction, pacifique par raison, et réélu comme tel en novembre 1916, le président américain, lors de son premier mandat, avait affirmé haut et fort son intention de ne pas mêler son pays aux pitoyables et meurtrières querelles qui conduisaient les tribus du Vieux Continent à gaspiller le plus gros de leur or et à verser le meilleur de leur sang dans la plus stupide des guerres civiles. Aucun contentieux particulier n'opposait les États-Unis à aucun pays européen. Aucun de leurs intérêts vitaux n'était en jeu. Prendre parti pour l'un ou l'autre des belligérants mécontenterait à coup sûr une partie de l'opinion publique et, dans le cas où ce serait contre les empires centraux, les importantes minorités irlandaise et germano-américaine. Outre-Atlantique, il ne paraissait pas évident que la justice et la liberté fussent entièrement dans le camp franco-anglo-russe et que tous les torts fussent du côté de la Triple Alliance. Même le torpillage du* Lusitania*, en 1915, où périrent plus d'une centaine de citoyens américains, n'avait pas fait sortir Washington de sa neutralité.*

*Le renversement du régime tsariste en mars 1917 vint légitimer la thèse de ceux qui, de plus en plus nombreux, identifiaient la cause de Paris et de Londres à celle de la démocratie et voyaient dans les régimes de Berlin, Vienne et Istanbul des empires de proie dominés par une caste militaro-féodale. Mais l'élément déclencheur fut l'annonce faite par l'Allemagne dès février qu'elle traiterait désormais en ennemis et coulerait impitoyablement les navires des pays, quels qu'ils fussent, qui commerceraient avec ses propres adversaires. Cette mesure d'intimidation, fruit de l'arrogance bornée du grand état-major prussien, fit l'effet d'un chiffon rouge sur un pays qui tenait pour des principes sacrés la liberté de la navigation et celle du commerce.*

*La suite montra aux stratèges de Berlin, militairement compétents et politiquement nuls, qu'ils avaient quelque peu sous-estimé les capacités et la détermination de l'Oncle Sam. Les deux millions de « sammies » mobilisés en 1918 ne jouèrent pas comme en 1944 un rôle décisif sur le terrain, mais bien dans l'effondrement du moral des armées et finalement des régimes de la Triplice.*

*L'engagement américain dans ce qui, de ce fait même, devenait effectivement une guerre mondiale, ne marquait pas seulement l'accès des États-Unis au statut de grande puissance, mais, simultanément, une rupture totale avec une tradition et une doctrine vieilles déjà d'un siècle et demi. En 1776, les treize colonies fédérées par George Washington et Benjamin Franklin avaient signifié à la lointaine mère patrie leur volonté d'autodétermination.* Nous nous gouvernerons nous-mêmes. *En 1823, par la bouche du président Monroe, les États-Unis avaient dénié à toute puissance non américaine le droit d'intervenir sur leur continent.* Nous sommes les maîtres chez nous. *Napoléon III s'y était cassé les dents lorsqu'il avait prétendu faire don d'un empereur autrichien au Mexique. Pour la première fois, en 1917, sortant de leur sphère géopolitique, les États-Unis tapaient du poing sur la table du monde.* Nous allons mettre de l'ordre dans les affaires de la planète.

*Le raisonnement du président Wilson était simple, rigoureux, impeccable. La folie des hommes, la folie des Européens a mis l'Europe et, de proche en proche, le reste du monde à feu et à sang. Il faut leur imposer la sagesse. Le militarisme, l'impérialisme, la politique de puissance ont déclenché la guerre. Leur élimination seule assoira la paix sur des bases durables. C'est toute l'ambition de ce fameux programme en quatorze points qui, élaboré par Wilson, en l'absence de toute préparation, de toute concertation, de toute discussion, dans le silence de son cabinet, tête à tête avec Dieu, devait, dans son esprit, au-delà du seul traité de paix, organiser et garantir la paix pour les générations à venir.*

*Le malheur voudra que les solutions retenues par Wilson, inspirées par un idéalisme fort respectable, mais fondées sur une totale méconnaissance des réalités historiques, politiques et humaines, structureront dans l'immédiat le traité de Versailles et porteront en elles le germe de la nouvelle guerre à venir, tandis que ses préconisations à long terme, trop en avance sur leur temps, resteront lettre morte ou seront sabotées, déformées, détournées de leur sens alors que, réellement appliquées, elles auraient pu éviter le pire.*

*L'évacuation du territoire russe tout entier permettra à Lénine d'établir tranquillement la plus impitoyable des dictatures et au communisme de faire régner pendant soixante-dix ans l'hiver sur près de la moitié du monde. La restauration de la Belgique n'empêchera nullement l'Allemagne, en 1940, de violer pour la deuxième fois la neutralité belge. Le démantèlement de l'Empire austro-hongrois et de l'Empire turc, facteurs imparfaits mais efficaces de stabilité, la satisfaction irréfléchie donnée aux revendications nationalistes européennes, la création d'une multitude de petits États sur une base ethnique, accompagnée contradictoirement de l'oppression par ces mêmes petits États, sur leur propre sol, de minorités nationales allogènes, l'humiliation de l'Autriche, la vivisection de la Hongrie, la coupure de l'Allemagne en deux par le funeste corridor de Dantzig, la mainmise de l'Angleterre et de la France sur un Proche-Orient à peine émancipé du joug turc, autant d'erreurs qui donneront naissance, vingt ans après la « der des ders », à la Seconde Guerre mondiale.*

*Quant à la fin de la diplomatie secrète, à la liberté de la navigation et des échanges, au désarmement simultané et contrôlé, à la décolonisation, toutes ces idées généreuses et fécondes supposaient leur garantie par une « association générale des nations », couronnement grandiose de l'édifice wilsonien, concourant effectivement au maintien de la paix et au développement de la démocratie dans le monde. Si l'Organisation des Nations unies, depuis 1945, a perduré contre vents et marées et constitue encore une esquisse vaguement ressemblante de ce que devait être le monde selon Wilson, la Société des nations (SDN) ne fut dès son départ et tout au long de sa misérable existence que sa caricature. Comment aurait-il pu en être autrement dès l'instant que les deux « hyperpuissances » qui ne cessaient de proclamer leur attachement aux valeurs morales de la démocratie, la*

*France et l'Angleterre, ne songeaient qu'à tirer les bénéfices de leur victoire et à préserver leur supposée suprématie, que l'Allemagne, l'Italie, l'URSS et le Japon boycottaient, puis quittaient la SDN au gré de leurs intérêts du moment, dès lors surtout que les États-Unis, qui devaient en être la clé de voûte, n'y adhérèrent jamais ?*

*Car c'est des États-Unis que vint le premier coup, et mortel, porté à la construction wilsonienne. En refusant de ratifier le traité de Versailles, en refusant sa caution à la SDN, le Sénat américain, appuyé sur une majorité de l'opinion, envoya le signal le plus clair au reste du monde. Brutalement tirée de son isolationnisme par la guerre, la plus grande démocratie du monde déclina le rôle de gendarme que lui assignait implicitement son président. Ce qu'on lui reprocha bientôt aussi âprement qu'on lui reproche aujourd'hui l'attitude inverse. Ce refus faisait de la vision wilsonienne une rêverie et fit de l'homme un moment réputé le plus puissant de la planète un ectoplasme, condamné politiquement avant même d'être atteint physiquement. Nul n'est prophète en son pays.*

D. J.

MAHATMA GANDHI

# LE POUVOIR DE DIRE « NON »

*(Discours sur la non-violence,*
*Genève, 30 décembre 1931)*

Comment les travailleurs pourront-ils obtenir leur justice sans violence ? Si les capitalistes emploient la force pour supprimer leur mouvement, pourquoi ne s'efforceraient-ils pas de détruire leurs oppresseurs ? Réponse : cela, c'est la vieille loi, la loi de la jungle : œil pour œil, dent pour dent. Comme je vous l'ai déjà expliqué, tout mon effort tend précisément à nous débarrasser de cette loi de la jungle qui ne convient pas aux hommes.

Vous ne savez peut-être pas que je suis conseiller d'un syndicat ouvrier d'une ville appelée Ahmedabad, syndicat qui a obtenu des témoignages favorables d'experts en ces matières. Nous nous sommes efforcés de toujours employer la méthode de la non-violence pour régler les conflits qui ont pu s'élever entre le capital et le travail, au cours de ces quinze dernières années. Ce que je vais vous dire repose donc sur une expérience qui est dans la ligne même du sujet auquel se rapporte cette question.

À mon humble avis, le mouvement ouvrier peut être toujours victorieux s'il est parfaitement uni et décidé à tous les sacrifices, quelle que soit la force des oppresseurs. Mais ceux qui guident le mouvement ouvrier ne se rendent pas compte de la valeur du moyen qui est à leur disposition et que le capitalisme ne possédera jamais. Si les travailleurs arrivent à faire la démonstration, facile à comprendre, que le capital est absolument impuissant sans leur collaboration, ils ont déjà gagné la partie. Mais nous sommes tellement sous l'hypnose du capitalisme que nous finissons par croire qu'il représente toutes choses en ce monde.

Les travailleurs disposent d'un capital que le capitalisme lui-même n'aura jamais. À son époque, déjà, Ruskin déclarait que le mouvement ouvrier avait des chances inouïes ; malheureusement, il a parlé par-dessus nos têtes. À l'heure actuelle, un Anglais qui est à la fois un économiste et un capitaliste est arrivé par son expérience économique aux conclusions formulées intuitivement par Ruskin. Il a apporté au travail un message vital. Il est faux, dit-il, de croire qu'un morceau de métal constitue du capital ; il est également faux de croire que telle quantité de produits représente un capital. Si nous allons à la vraie source, nous verrons que c'est le travail qui est le seul capital, un capital vivant qui ne peut être réduit à des termes de métal.

C'est sur cette loi que nous avons travaillé dans notre syndicat. C'est en nous fondant sur elle que nous avons lutté contre le gouvernement et libéré 1 070 000 personnes d'une tyrannie séculaire. Je ne puis entrer dans les détails et vous expliquer en quoi consistait cette tyrannie, mais ceux qui veulent étudier le problème à fond pourront facilement le faire.

Je veux cependant vous dire, simplement, comment nous avons obtenu la victoire. Il existe en anglais, comme d'ailleurs en français et dans toutes les langues, un mot très important, quoique très bref. En anglais, il n'a que deux lettres, c'est le mot *no*. Le secret de toute l'affaire est simplement le suivant : lorsque le capital demande au travail de dire « oui », le travail, comme un seul homme, répond « non ».

À la minute même où les travailleurs comprennent que le choix leur est offert de dire « oui » quand ils pensent « oui » et « non » quand ils pensent « non », le travail devient le maître et le capital l'esclave. Et il n'importe absolument pas que le capital ait à sa disposition des fusils, des mitrailleuses et des gaz empoisonnés car il restera parfaitement impuissant si le travailleur affirme sa dignité d'homme en restant absolument fidèle à son « non ». Le travail n'a pas besoin de se venger, il n'a qu'à rester ferme et à présenter la poitrine aux balles et aux gaz empoisonnés, s'il reste fidèle à son « non », celui-ci finira par triompher.

Mais je vais vous dire pourquoi le mouvement ouvrier, si souvent, capitule. Au lieu de stériliser le capital, comme je l'ai suggéré en tant qu'ouvrier moi-même, il cherche à prendre possession du capital pour devenir capitaliste à son tour. Par conséquent, le capitalisme, soigneusement retranché dans ses positions et bien organisé, n'a pas besoin de s'inquiéter : il trouve dans le mouvement ouvrier les éléments qui soutiendront sa cause et seront prêts à le remplacer.

Si nous n'étions fascinés par le capital, chaque homme et chaque femme comprendrait cette vérité essentielle. Ayant moi-même participé à l'organisation ou organisé des expériences de ce genre dans toutes sortes de cas, et pendant longtemps, je puis dire que j'ai le droit de parler de cette question et que je possède quelque autorité en la matière. Il ne s'agit pas là de quelque chose de surhumain, mais au contraire d'une chose qui est possible à chaque travailleur, homme ou femme. En effet, ce que l'on demande à l'ouvrier ne diffère pas de ce qu'accomplit en certain sens le soldat, qui est chargé de détruire l'ennemi, mais qui porte sa propre destruction dans sa poche.

Je désire que le mouvement ouvrier imite le courage du soldat, mais sans copier cette forme brutale de sa tâche qui consiste à apporter la mort et les souffrances à son adversaire ; je me permets de vous affirmer, d'ailleurs, que celui qui est prêt à donner sa vie sans hésitation et en même temps ne prend aucune espèce d'arme pour faire du mal à son adversaire, montre un courage d'une valeur infiniment supérieure à l'autre.

## VÊTU DE PROBITÉ CANDIDE ET DE LIN BLANC

*« Il y a beaucoup de causes pour lesquelles je suis prêt à mourir, aucune pour laquelle je suis prêt à tuer »... « Quiconque s'est servi de l'épée périra par l'épée »... « Œil pour œil, et tout le monde est aveugle »... « Si l'on te frappe sur la joue droite, présente l'autre joue »... « C'est une erreur de croire qu'il n'y a pas de rapport entre la fin et les moyens : c'est comme si vous disiez qu'en semant de mauvaises herbes, on peut récolter des roses. » La deuxième et la quatrième de ces phrases sont, comme on sait, tirées de l'Évangile. Les trois autres ont été prononcées par Gandhi.*

*Que l'arbre ne cache pas la forêt. N'idéalisons pas l'Inde. L'histoire de ce pays-continent, comme celle de toutes les civilisations et de tous les peuples, est tissée de bruit et de fureur, faite de villes prises d'assaut, de viols, de massacres et de pyramides de têtes coupées. C'est au nom de l'islam que l'on a prêché et que l'on prêche le djihad. Au nom du Christ que l'on a entrepris les croisades. Aujourd'hui encore des fanatiques tuent et s'entretuent en se réclamant de l'hindouisme. Ce n'en est pas moins dans toutes les religions, et d'abord dans celle de ses ancêtres que le « Bapu », le père de l'indépendance indienne, qui avait coutume de dire : « Je suis hindou, chrétien, bouddhiste, musulman et juif », a puisé le message de paix, de tolérance et de douceur qu'il a propagé et incarné pendant un demi-siècle de lutte contre l'injustice, l'oppression, l'humiliation et la servitude.*

*Le personnage, littéralement et symboliquement vêtu de probité candide et de lin blanc tissé de ses propres mains (d'où le rouet qui figure sur le drapeau de l'Inde), qui, en ce mois de décembre 1931, au cours d'un voyage en Europe, s'adresse aux travailleurs de tous les pays, ne paie pas vraiment de mine. Il est petit, a les oreilles décollées, le visage fripé, sans prestance particulière. Mais les combats qu'il a menés et les résultats qu'il a obtenus l'ont rendu célèbre et lui ont attiré le respect du monde entier. En Afrique du Sud où il a vécu un temps, il a milité pour les droits civiques des minorités, indienne et chinoise notamment. De retour sur sa terre natale, il a marché à la tête d'immenses cortèges contre les discriminations, qu'elles soient le fait du colonisateur ou des Indiens eux-mêmes, contre les taxes arbitraires qui tondent la laine sur le dos de ceux qui n'ont même pas de vêtements, pour l'affranchissement des travailleurs esclaves, pour la libération des femmes. Et, depuis peu, il s'est lancé dans la bataille qui débouchera le 15 août 1947 sur l'indépendance de l'Inde.*

*On peut sur ce chapitre le considérer comme le précurseur de tous les hommes et de tous les mouvements qui, dans la deuxième moitié du XX^e siècle, engageront et gagneront la guerre contre le colonialisme. L'originalité et le caractère unique de la démarche de Gandhi tiennent à ses méthodes. Face au Goliath capitaliste comme au Goliath impérialiste – l'Empire britannique, ce monument qui semblait bâti pour l'éternité –, le David indien n'utilise même pas une fronde. Ses seules armes : le jeûne, le défilé pacifique, le boycott, la désobéissance civique.*

*Les succès et la victoire finale de Gandhi tiendront, il faut le dire, à deux rencontres rares. Celle, tout d'abord, d'un grand peuple et d'une « grande âme » – « Mahatma », son surnom. Laissant d'autres, et parmi les meilleurs de ses disciples, Chandra Bose, Jawaharlal Nehru, les dirigeants du parti du Congrès, se vautrer dans les eaux boueuses du calcul politique, Gandhi entraînera derrière lui et ralliera à ses principes des milliers, puis des centaines de milliers, puis des millions d'Indiens. Ils obéiront sans faillir aux consignes d'un leader qui ne sacrifiera jamais ses principes aux nécessités de l'action, dont l'action sera toujours soumise à la morale et qui donne l'exemple d'un accord parfait entre sa façon de penser et sa façon de vivre. Pour lui, avec lui et comme lui, ils affronteront les brimades, la prison (lui-même passera au total six années derrière les barreaux), les matraques de la police et les fusils de l'armée ; ils auront le plus souvent le plus grand des courages, celui de ne pas riposter.*

*La deuxième chance de Gandhi tient à ce que la courbe montante de sa popularité, de son influence et de son ascendant aura croisé la courbe descendante d'un impérialisme qui doute de lui-même et d'un système dont le point faible, face à la contestation, est dans le respect de sa propre légalité. Il bénéficiera des sympathies qu'il aura éveillées, de l'approbation qu'il aura trouvée et de l'appui qu'il recueillera chez l'adversaire même. La non-violence, forme la plus élaborée et la plus épurée de l'action politique, ne peut l'emporter que si elle s'adresse à des gens qui ont un minimum de respect pour la dignité et la vie humaines. Les camps nazis, le goulag ou le* lao gai *sont les trous noirs qui aspirent et étouffent toute forme de contestation. L'extermination de millions d'innocents, le suicide de Jan Palach, la fusillade de la place Tian'anmen ne vont pas contre les principes mais sont dans la logique même de dirigeants et de régimes qui méprisent, écrasent et finalement nient l'individu. Les lettres aussi naïves qu'émouvantes que Gandhi adressa à* « Herr Hitler » *et à* « Signor Mussolini » *pour les adjurer de renoncer à l'usage de la force ne furent pas honorées de la moindre réponse.*

*Blessé jusqu'au fond de l'âme par le déferlement de violence qui accompagna l'indépendance et la partition de l'Inde, Gandhi lui-même, on le sait, devait mourir de mort violente, le 30 janvier 1948, de la main d'autres Indiens.*

*La justice de son pays crut devoir venger sa mort en exécutant les assassins. Elle ne faisait qu'insulter à sa mémoire.*

D. J.

## Franklin Delano Roosevelt

# “LA SEULE CHOSE QUE NOUS AYONS À CRAINDRE, C’EST LA CRAINTE ELLE-MÊME”

*(Congrès des États-Unis, 4 mars 1933)*

Président Hoover, monsieur le président de la Cour Suprême, mes amis.

Voici un jour de consécration nationale. Et je suis certain qu’en ce jour, les Américains attendent que je m’adresse à eux avec la sincérité et la résolution qu’impose la situation présente de notre peuple.

C’est le moment de dire la vérité, toute la vérité, franchement et courageusement. Nous ne pouvons faire l’économie de l’honnêteté face à la situation de notre pays. Cette grande nation résistera, comme elle a résisté, se relèvera et prospérera.

Permettez-moi d’abord d’affirmer ma ferme conviction que la seule chose que nous ayons à craindre, c’est la crainte elle-même – l’indéfinissable, la déraisonnable, l’injustifiable terreur qui paralyse les efforts nécessaires pour convertir la déroute en marche en avant. Lors de chacune des heures noires de notre vie nationale, un franc et vigoureux commandement a rencontré cette compréhension et ce soutien du peuple même qui sont essentiels à la victoire. Et je suis convaincu que de nouveau, vous lui donnerez votre soutien en ces jours critiques.

C'est dans cet état d'esprit, de ma part et de la vôtre, que nous devons faire face à nos difficultés communes. Elles ne concernent, Dieu merci, que les choses matérielles.

Le cours des valeurs sont tombés à un niveau inimaginable ; les impôts se sont élevés ; nos possibilités de paiement se sont effondrées ; partout les gouvernements font face à de sérieuses réductions de revenus ; les moyens d'échange sont bloqués dans les canaux gelés du commerce ; les feuilles sèches de l'industrie jonchent partout le sol ; les fermiers ne trouvent plus de marchés pour leurs produits ; les économies amassées pendant de nombreuses années par des milliers de familles ont disparu.

Plus important encore : une foule de chômeurs ont à résoudre le terrible problème de l'existence, et un nombre tout aussi grand peine durement pour un salaire de misère. Seul un optimisme insensé peut nier les sombres réalités du moment.

Pourtant, notre détresse ne provient pas du manque de ressources. Nous ne sommes pas frappés par la plaie des sauterelles. La nature nous offre toujours ses largesses et les efforts humains les ont multipliées. L'abondance est à notre porte, mais un large usage de celle-ci est découragé par la simple vue de l'offre.

Tout cela vient essentiellement du fait que les responsables des échanges des biens de l'humanité ont échoué, de par leur propre entêtement et leur propre incompétence, ont admis leur échec, et ont abdiqué. Les pratiques de marchands du temple sans scrupules se trouvent incriminées devant le tribunal de l'opinion publique, et rejetées par les cœurs aussi bien que par l'esprit des hommes.

À la vérité, ces trafiquants ont tenté de faire quelque chose, mais leurs efforts portent l'empreinte d'une tradition périmée. Face à l'échec de l'émission de crédit, ils n'ont su proposer que le prêt de davantage d'argent. N'étant plus en mesure d'agiter l'appât du profit pour inciter le peuple à les suivre, ces faux leaders ont eu recours aux exhortations, plaidant avec des larmes dans les yeux pour un retour à la confiance. Ils ne connaissent que les règles d'une génération d'égoïstes. Ils n'ont aucune vision, et lorsqu'il n'y a pas de vision, le peuple meurt.

Les marchands du temple ont abandonné leurs sièges dans le temple de notre civilisation. Nous devons maintenant y faire revenir nos anciennes vérités. La mesure de cette restauration est l'ampleur avec laquelle nous appliquons des valeurs sociales, plus nobles que le simple profit monétaire.

Le bonheur ne réside pas dans la simple possession d'argent ; il tient à la joie d'accomplir, à l'émotion profonde de l'effort créateur. La joie et la stimulation morale du travail ne doivent plus être oubliées dans la folle poursuite de profits évanescents. Ces jours sombres, mes amis, vaudront tout ce qu'ils nous coûtent s'ils nous enseignent que notre véritable destinée n'est pas d'être secourus mais de nous secourir nous-mêmes, de secourir nos semblables.

Reconnaître que les richesses matérielles sont un faux critère de réussite va de pair avec le renoncement à cette idée fausse que les responsabilités publiques et les hautes positions politiques n'ont de valeur qu'en fonction de l'honneur et du profit personnel qu'on en tire ; et il doit être mis fin à ces conduites dans les banques et les affaires qui ont trop souvent donné à une confiance sacrée l'apparence d'un méfait cynique et égoïste. Il n'est pas étonnant que la confiance dépérisse, car celle-ci ne peut prospérer sans l'honnêteté, l'honneur, le caractère sacré des engagements, la protection fidèle, ni sans élans généreux ; sans tout cela, elle ne peut vivre.

Une refondation, cependant, ne nécessite pas seulement un changement d'éthique. Ce pays exige de l'action, et de l'action immédiate.

Notre toute première tâche est de mettre les gens au travail. Il ne s'agit pas d'un problème insoluble si nous y faisons face avec sagesse et courage. Nous pouvons en partie réussir si nous embauchons directement par l'entremise de l'État lui-même, nous mobilisant en vue de cette tâche comme nous le ferions dans une situation de guerre, mais en même temps, grâce à cette force de travail ainsi mobilisée, en accomplissant les grands projets dont nous avons besoin pour stimuler et réorganiser l'utilisation de nos ressources naturelles.

Nous devons aussi admettre qu'il y a excès de population dans nos centres industriels et, par la mise en œuvre d'une redistribution à l'échelle nationale, rechercher à obtenir un meilleur usage de la terre pour ceux qui sont les plus aptes à l'exploiter.

Oui, la tâche peut être soutenue par des efforts précis en vue d'élever les prix des produits agricoles, et avec eux le pouvoir d'achat qui absorbera la production de nos cités. On peut y travailler en mettant fin à la tragédie de la disparition croissante de nos petites entreprises et de nos fermes. On peut y travailler en insistant pour que les administrations fédérales, d'États et locales, réduisent énergiquement leurs dépenses. On peut y travailler en unifiant les activités de secours qui souffrent encore aujourd'hui de dispersion, de gaspillage et d'inégalité. On peut y travailler en établissant un plan national et une surveillance de toutes les formes de transport et de communication et d'autres activités qui ont définitivement un caractère de service public.

On peut y travailler de bien des manières, mais jamais seulement en paroles. Il faut agir et agir vite.

Nous devons agir. Nous devons agir vite.

Finalement, dans notre progression vers la reprise du travail, nous aurons besoin de deux protections contre un retour des maux de l'ordre ancien ; il devra y avoir une stricte supervision de toutes les activités bancaires, de crédit et d'investissement ; il devra en même temps être mis fin à la spéculation faite avec l'argent des autres, et des dispositions devront être prises pour assurer que notre monnaie soit à la fois disponible en quantité suffisante et suffisamment solide.

Telles sont, mes amis, les lignes d'attaques. Je vais tout à l'heure recommander au nouveau Congrès réuni en session spéciale des mesures détaillées en vue de leur réalisation, et je solliciterai l'assistance immédiate des quarante-huit États.

Par ce programme d'action, nous nous résoudrons à mettre notre demeure nationale en ordre et à rendre notre balance commerciale excédentaire. En raison de l'urgence et de la nécessité, nos relations commerciales internationales, bien qu'extrêmement importantes, ne sont pas une priorité pour l'établissement d'une économie nationale saine. Je préfère d'abord traiter concrètement ce qui est primordial. Je n'économiserai aucun effort pour rétablir le commerce mondial par des réajustements économiques internationaux ; mais l'urgence de la situation intérieure ne peut patienter jusqu'à cette réalisation.

La réflexion fondamentale qui guide ces moyens spécifiques de redressement national n'est pas étroitement nationaliste. Elle insiste, en première considération, sur l'interdépendance des divers éléments appartenant et composant les États-Unis d'Amérique – la reconnaissance de l'éternelle manifestation de l'esprit pionnier américain. C'est la voie du redressement. C'est la voie immédiate. C'est l'assurance la plus solide que ce redressement durera.

Dans le domaine international, je me consacrerai à une politique de bon voisinage : celle du voisin qui se respecte lui-même résolument, et par là même respecte les droits des autres, du voisin qui respecte ses obligations et respecte l'inviolabilité de ses accords dans et avec un monde de voisins.

Si je lis correctement le caractère de notre peuple, nous comprenons aujourd'hui, comme nous ne l'avons jamais compris, notre interdépendance les uns avec les autres. Nous comprenons que nous ne devons pas nous contenter de prendre, mais que nous devons aussi donner, que si nous avons décidé d'aller de l'avant, nous devons avancer comme une armée loyale et entraînée prête à se sacrifier pour le bien d'une discipline commune, car sans une telle discipline, il n'est point de progrès, et aucune direction ne peut devenir efficace.

Nous sommes, je le sais, prêts et disposés à soumettre nos vies et nos propriétés à une telle discipline, car elle rend possible une direction visant le plus grand bien. C'est cela que je propose de vous offrir, le serment que les plus grands desseins nous uniront, tout comme l'obligation sacrée et l'unité du devoir qui n'ont jusqu'ici été évoqués que dans les temps de conflits armés.

Ce serment pris, j'assume sans hésiter la direction de la grande armée de notre peuple, consacrée à l'attaque de nos problèmes communs.

Une action de cette nature est réalisable grâce à la forme de gouvernement que nous avons héritée de nos ancêtres. Notre Constitution est si simple, si pratique, qu'il est toujours possible de répondre à des besoins extraordinaires en modifiant son ordre d'importance et son agencement sans en perdre la substance essentielle. C'est pourquoi notre système constitutionnel s'est imposé comme le plus superbement résistant des mécanismes politiques que le monde moderne ait connu.

Il a été à la hauteur de toutes les tensions, dues à de vastes expansions de territoire, aux guerres étrangères, à d'amers conflits internes, aux relations internationales. Et il est à espérer que l'équilibre normal des pouvoirs législatif et exécutif sera parfaitement apte à réaliser la tâche sans précédent qui nous attend. Mais il se peut qu'une exigence hors norme ou un besoin immédiat d'action demande qu'on s'éloigne de cet équilibre normal de la procédure publique.

Je suis prêt à proposer, en vertu de mon pouvoir constitutionnel, les mesures que peut réclamer une nation blessée au milieu d'un monde blessé. Ces mesures, ou des mesures similaires que le Congrès pourrait produire de son expérience et de sa sagesse, je ferai en sorte, dans les limites de mon autorité constitutionnelle, de les faire adopter rapidement.

Mais, dans le cas où le Congrès échouerait à prendre l'une de ces deux voies, et dans le cas où l'urgence nationale l'exigerait, je n'hésiterais pas à faire face à mon devoir. Je demanderais au Congrès le dernier instrument restant pour affronter la crise : la vaste puissance exécutive pour mener la guerre contre l'urgence, aussi grande que la puissance qui me serait donnée si nous étions réellement envahis par un ennemi étranger.

En échange de la confiance qui m'a été accordée, j'offrirai le courage et le dévouement qui conviennent à l'heure présente. Je ne peux faire moins.

Nous ferons face aux jours difficiles qui nous attendent avec le chaleureux courage de l'unité nationale, avec la claire conscience de rechercher de vieilles et précieuses valeurs morales, avec la satisfaction claire de l'accomplissement sérieux du devoir par la personne âgée autant que par le jeune. Nous visons la sûreté d'une vie nationale complète et constante.

Nous n'avons pas perdu foi dans l'avenir de l'indispensable démocratie. Le peuple des États-Unis n'a pas échoué. Dans le besoin, il a appelé de ses vœux une action vigoureuse et directe, une discipline et une direction données de leur dirigeant. Ils m'ont fait le présent instrument de leurs souhaits. Dans l'esprit de ce don, j'accepte.

Dans cette consécration d'une nation, nous demandons humblement la bénédiction de Dieu.

Qu'Il nous protège tous et chacun d'entre nous.

Qu'Il nous guide dans les jours à venir.

## Le chat et les souris

*Douze millions de chômeurs, soit un quart de la population active ! Deux millions de sans-abri. Des millions de malheureux, émigrants à l'intérieur de leur propre pays, qui ont fui la campagne pour les villes, qui ont déserté le « Dust Bowl », le centre du pays ravagé par la sécheresse, pour l'Ouest et ses mirages, emplois inexistants, richesses évanouies. Des centaines de banques en faillite. Agriculture, industrie, commerce sinistrés. Un produit national brut tombé en quatre ans de 104 à 60 milliards de dollars. Une économie aux reins brisés. Un grand pays à genoux et apparemment incapable de se redresser. Tel est le tableau, en ce 4 mars 1933, où Franklin Delano Roosevelt, trente-deuxième président élu des États-Unis, prononce son discours inaugural devant le Congrès et, par-delà le Congrès, s'adresse à ses compatriotes. Un tableau noir.*

*Noir comme ce jeudi funeste, comme ce 24 octobre 1929, de sinistre mémoire, où tout a commencé. Ce jour-là, la Bourse de New York s'est effondrée : la bulle spéculative a explosé. Les grandes banques se sont débarrassées de leurs portefeuilles au moment où leurs titres ne valaient plus grand-chose, de sorte que bientôt ils n'ont plus rien valu. Du Pont de Nemours a vu la valeur de son action chuter de 90 %, Daimler-Benz a baissé de 96 %. Le public, inquiet, a vendu à son tour dans les pires conditions, puis il s'est précipité en masse, pris de panique, pour récupérer au moins ses dépôts, vers les guichets des banques, lesquelles n'ont pas pu répondre à sa demande. Des millions d'épargnants modestes, qui jusqu'alors vivaient dans l'euphorie et le surendettement, ont cessé d'honorer leurs propres engagements. L'immobilier est entré dans une crise qu'a aggravée la hausse du prix de l'argent. Les ventes de l'industrie automobile, qui tirait la croissance, se sont effondrées d'un tiers. La crise, d'un modèle inédit, n'était pas une crise de la production, mais de la consommation. La surproduction et la mévente ont tiré vers le bas les prix, les profits, les salaires. Cela alors que le monde, lui-même touché par la crise et tenté par l'autarcie, fermait ses marchés. Les petits fermiers, acculés à la banqueroute, ont vendu leurs exploitations à vil prix. Les industriels ont licencié massivement. Le pouvoir d'achat global s'est contracté. Les capitaux ont fui vers l'étranger. La défiance a accentué la récession avant que la récession justifie et alimente une défiance accrue, dans une spirale vicieuse et vertigineuse dont nul ne voyait plus où elle s'arrêterait, quand elle s'arrêterait, ni qui l'arrêterait.*

*En votant massivement pour Roosevelt, désigné par 57 % des suffrages, les électeurs américains ont d'abord fait payer au président républicain sortant, Herbert Hoover, et plus généralement à l'idéologie républicaine leur incapacité à sortir leur pays d'une crise qui, dépassant les frontières des États-Unis, était en fait une dépression mondiale. Ils n'ont pas pardonné au prédécesseur de Hoover, Harding, sa fameuse, tonitruante et inopportune déclaration de 1927 : « Les Américains sont plus près de vaincre la pauvreté que n'importe quelle nation dans l'Histoire. » Ils n'ont pas pardonné à Hoover, longtemps resté populaire, son optimisme béat et sa rengaine, inlassablement rabâchée contre toute évidence : « La reprise est au bout de la rue. » (Ainsi, en France, entre 1976 et 1980, Raymond Barre s'obstinera-t-il à voir approcher « le bout du tunnel ».) Ils l'ont surnommé « Do Nothing », celui qui ne fait rien, avec quelque injustice, car Hoover a aussi bien tenté de soutenir l'emploi en lançant un programme de travaux publics que de soutenir les prix agricoles par des subventions. Mais c'était trop peu et trop tard. Et surtout, alors même que des pans entiers de l'économie et de la société s'effondraient, l'opinion a vu en Hoover, avec raison, un doctrinaire fondamentalement fidèle à l'orthodoxie du libéralisme, préférant la rigueur à l'inflation, la monnaie au travail, et persuadé que tôt ou tard les mécanismes du marché rétabliraient la situation. En attendant ce jour hypothétique, tous ceux qui, dans cette Amérique de la souffrance, de la misère et des* Raisins de la colère, *se retrouvent sans emploi, sans toit, sans argent ou sans espoir, les travailleurs pauvres, les chômeurs, les Noirs, les minorités ethniques, les petits Blancs, se sont sentis abandonnés à leur sort par un pouvoir indifférent. C'est alors qu'ils se sont tournés vers les démocrates. C'est à eux, en premier, par-dessus la tête des honorables parlementaires, que le discours de Roosevelt s'adresse.*

*On retrouve sans surprise dans ce texte un condensé de la rhétorique la plus traditionnelle et la plus conventionnelle de la politique nord-américaine, l'évocation rituelle des ancêtres, des pères fondateurs, une touche de religiosité et la référence à l'esprit pionnier. Mais ce discours est essentiellement celui de la vérité et de la résolution. Ce président à peine élu, dont tout le pays sait qu'il a déployé une volonté farouche pour vaincre la maladie et vivre avec son handicap, trouve les mots qu'il faut au moment qu'il faut. Il ne cache rien, bien au contraire, de l'état du pays. Et c'est précisément parce qu'il a le courage de ne rien farder de la réalité qu'il demande à son peuple d'avoir le courage de se mobiliser pour la changer. C'est parce qu'il fait confiance qu'il demande en retour la confiance qui est à la base de tout, qui donne la volonté d'entreprendre et qui rend la force d'espérer.*

*Le discours du 4 mars 1933 annonce ce que sera la présidence selon Roosevelt : interventionniste, volontariste, entraînante. Ce qui ne signifie nullement que l'ère Roosevelt soit en rupture avec les dogmes toujours en vigueur au pays de la libre entreprise, du fédéralisme et de l'individualisme triomphant, mais simplement qu'il est des circonstances où les étiquettes, les idéologies et les doctrines doivent s'effacer devant la prise en compte des attentes, des besoins et des exigences de l'heure. L'urgence impose de ne plus regarder passer, en bonne vache libérale, les trains de l'économie. L'intérêt collectif prime sur les intérêts particuliers. Il est un temps pour le laisser-faire et un temps pour l'action. Le New Deal, dans les faits, ne sera rien d'autre qu'une série de réformes et de mesures, tantôt étatiques, tantôt sociales, tantôt libérales, qui ne visent qu'à apporter des réponses concrètes à des situations concrètes : grande politique de travaux publics, abandon de l'étalon-or, réouverture et contrôle des banques, fin de la prohibition, abandon du protectionnisme… Les adversaires américains de Roosevelt l'accuseront de socialisme, péché mortel outre-Atlantique. Roosevelt n'était ni plus ni moins « socialiste » que le travailliste Tony Blair, lorsque celui-ci déclarait que l'important n'est pas qu'une politique économique soit de droite ou de gauche, mais qu'elle réussisse, ou que le « communiste » Deng Xiaoping, selon qui il est indifférent que le chat soit noir ou blanc, pourvu qu'il attrape les souris. Roosevelt était de ceux qui tiennent qu'une politique se juge à ses résultats, et c'est en effet là-dessus qu'il sera jugé par ses concitoyens – et trois fois réélu.*

D. J.

## Sir Winston Churchill

# "I HAVE NOTHING TO OFFER, BUT BLOOD, TOIL, TEARS, AND SWEAT"

*(House of Commons, May 13th, 1940)*

*I beg to move,*

*That this House welcomes the formation of a Government representing the united and inflexible resolve of the nation to prosecute the war with Germany to a victorious conclusion.*

*On Friday evening last I received from His Majesty the mission to form a new administration. It was the evident will of Parliament and the nation that this should be conceived on the broadest possible basis and that it should include all parties.*

*I have already completed the most important part of this task.*

*A war cabinet has been formed of five members, representing, with the Labour, Opposition, and Liberals, the unity of the nation. It was necessary that this should be done in one single day on account of the extreme urgency and rigor of events. Other key positions were filled yesterday. I am submitting a further list to the king tonight. I hope to*

## Sir Winston Churchill

# "DU SANG, DE LA PEINE, DES LARMES ET DE LA SUEUR"

*(Chambre des communes, 13 mai 1940)*

Je sollicite de cette Chambre qu'elle fasse bon accueil à la formation d'un gouvernement qui reflétera l'inflexible détermination de notre nation de poursuivre la guerre contre l'Allemagne jusqu'à la victoire finale.

Vendredi dernier, dans la soirée, j'ai reçu de Sa Majesté l'ordre de former un nouveau gouvernement. Il est clair que le Parlement et la nation souhaitent qu'il s'appuie sur la base la plus large possible et comprenne tous les partis, aussi bien ceux qui ont soutenu le gouvernement précédent que ceux de l'opposition. J'ai réalisé la plus importante part de cette tâche. Le cabinet de guerre qui vient d'être formé, composé de cinq membres, y compris les libéraux de l'opposition, concrétise l'unité de la nation. Les trois chefs de parti ont accepté de servir aussi bien dans le cabinet de guerre que dans les hautes instances d'exécution. Les nominations pour l'armée, la marine et l'armée *complete the appointment of principal ministers during tomorrow.*

*The appointment of other ministers usually takes a little longer. I trust when Parliament meets again this part of my task will be completed and that the administration will be complete in all respects. I considered it in the public interest to suggest to the Speaker that the House should be summoned today. At the end of today's proceedings, the adjournment of the House will be proposed until May 21 with provision for earlier meeting if need be. Business for that will be notified to MPs at the earliest opportunity.*

*I now invite the House by a resolution to record its approval of the steps taken and declare its confidence in the new government.*

*The resolution : « That this House welcomes the formation of a government representing the united and inflexible resolve of the nation to prosecute the war with Germany to a victorious conclusion. »*

*To form an administration of this scale and complexity is a serious undertaking in itself. But we are in the preliminary phase of one of the greatest battles in history. We are in action at many other points-in Norway and in Holland-and we have to be prepared in the Mediterranean. The air battle is continuing, and many preparations have to be made here at home.*

*In this crisis I think I may be pardoned if I do not address the House at any length today, and I hope that any of my friends and colleagues or former colleagues who are affected by the political reconstruction will make all allowances for any lack of ceremony with which it has been necessary to act.*

de l'air sont achevées. Il était nécessaire de procéder à ces nominations en une seule journée si l'on considère l'urgence et la gravité de la situation. Un certain nombre d'autres postes clés ont été pourvus hier et je vais proposer ce soir une seconde liste à Sa Majesté. J'espère achever les nominations aux principaux ministères dans la journée de demain. La nomination des autres ministres prend généralement un peu plus de temps, mais je compte avoir achevé ma tâche à la prochaine réunion du Parlement et pouvoir présenter ainsi un gouvernement au complet.

J'ai considéré qu'il était de l'intérêt de tous que cette Chambre soit invitée à se réunir aujourd'hui. Monsieur le président a accepté et a pris les mesures nécessaires, conformément aux pouvoirs qui lui sont conférés par les délibérations de cette Chambre. À la fin de la séance d'aujourd'hui, nous proposerons d'ajourner la session jusqu'au mardi 21 mai, sous réserve, évidemment, que d'autres réunions se révèlent nécessaires. Les membres de cette assemblée seront informés aussitôt des affaires qui seront traitées au cours de la semaine. Je demande à présent à cette assemblée de voter la motion que je propose, d'approuver ainsi les mesures qui viennent d'être prises et de voter la confiance au nouveau gouvernement.

La formation d'un gouvernement d'une telle complexité et sur une telle échelle est une entreprise difficile en soi, mais nous devons garder à l'esprit que nous sommes au stade préliminaire d'une des plus grandes batailles de l'Histoire, que nous combattons sur bien d'autres fronts en Norvège et en Hollande,

*I say to the House as I said to ministers who have joined this government, I have nothing to offer but blood, toil, tears, and sweat. We have before us an ordeal of the most grievous kind. We have before us many, many months of struggle and suffering.*

*You ask, what is our Policy? I say it is to wage war by land, sea, and air. War with all our might and with all the strength God has given us, and to wage war against a monstrous tyranny never surpassed in the dark and lamentable catalogue of human crime. That is our policy.*

*You ask, what is our aim? I can answer in one word. It is victory. Victory at all costs – Victory in spite of all terrors – Victory, however long and hard the road may be, for without victory there is no survival.*

*Let that be realized. No survival for the British Empire, no survival for all that the British Empire has stood for, no survival for the urge, the impulse of the ages, that mankind shall move forward toward his goal.*

*I take up my task in buoyancy and hope. I feel sure that our cause will not be suffered to fail among men. I feel entitled at this juncture, at this time, to claim the aid of all and to say, « Come then, let us go forward together with our united strength ».*

que nous devons nous préparer à combattre en Méditerranée, que la bataille aérienne est incessante et qu'ici même, ainsi que n'a pas manqué de le mentionner mon honorable ami du parti, nous devons nous préparer. En ces temps de crise, j'espère qu'on me pardonnera de ne pas m'adresser plus en détail à cette assemblée. Je souhaite que mes amis et collègues – ou anciens collègues – sachent manifester toute leur indulgence pour le manque de cérémonie avec lequel j'ai dû procéder. Je dois déclarer à cette assemblée, ainsi que je l'ai dit à ceux qui ont rejoint mon gouvernement : « Je n'ai rien à offrir que du sang, de la peine, des larmes et de la sueur. »

L'épreuve que nous allons devoir affronter est la pire qui soit. Nous avons devant nous de longs mois de lutte et de souffrance. Si vous me demandez quelle sera notre politique, je vous répondrai qu'il faut faire la guerre sur mer, sur terre et dans les airs avec toute la puissance et la force que Dieu voudra bien nous accorder, faire la guerre à une monstrueuse tyrannie, insurpassée dans le long et pitoyable catalogue des crimes de l'humanité. Voilà ce que sera notre politique. Si vous me demandez : « Quel est notre objectif ? », je suis en mesure de vous répondre par un seul mot : la victoire. Quel qu'en soit le prix, la victoire malgré la terreur, la victoire, aussi longue et difficile que soit la route. Car, sans victoire, il n'existe pas de survie possible. Faisons tout pour l'obtenir. Sinon, il n'y aura pas de survie possible pour l'Empire britannique, pas de survie pour les valeurs qu'il défend, pas de survie pour les progrès séculaires de l'humanité.

Mais c'est avec espoir que, plein d'allant, je m'attelle à ma tâche. Je suis certain que notre cause ne manquera pas de triompher. En cet instant, je me sens autorisé à demander l'appui de tous et je déclare : « Allons, marchons de l'avant en unissant nos forces. »

❦

*THE RIGHT MAN, AT THE RIGHT TIME, AT THE RIGHT PLACE*[1]

*« Je n'ai rien à offrir que du sang, de la peine, des larmes et de la sueur... » Au moment où Winston Churchill s'adresse à la Chambre des communes, ce 13 mai 1940, il y a trois jours que le roi George VI lui a confié la tâche de former un nouveau gouvernement pour remplacer celui de Neville Chamberlain, démissionnaire. Trois jours que Hitler a lancé l'offensive qui mettait un terme à la « drôle de guerre ». Trois jours que les choses sérieuses, dont il est tout de suite apparu qu'elles étaient des choses tragiques, ont commencé. Le matin même, les Allemands ont percé à Sedan. Trois jours, un siècle. Premier ministre, pour la première fois, à l'âge de soixante-cinq ans, celui qui s'honore d'être le descendant en ligne directe, à la septième génération, du grand duc de Marlborough, revient de loin.*

*Lorsque a éclaté la Seconde Guerre mondiale, Churchill était un homme fini. Écarté, depuis dix ans, de toutes les combinaisons ministérielles. Tenu en suspicion*

1. L'homme qu'il faut, au moment qu'il faut, à l'endroit où il faut.

*par la classe politique comme par l'opinion publique. Mis en quarantaine dans son propre parti. Plombé par trop d'erreurs stratégiques, économiques, personnelles. Jugé coupable de l'échec, en 1915, de l'expédition des Dardanelles et donc du désastre de Gallipoli. Plus légitimement tenu pour responsable de la calamiteuse décision, en 1924, du rattachement de la livre sterling à l'étalon-or. Ne s'est-il pas attaqué, en téméraire et sans succès, à l'arrogance et à l'omnipotence syndicales, soixante ans avant Mrs Thatcher ? N'a-t-il pas, à contre-courant de l'Establishment, pris la défense d'Édouard VIII, éjecté du trône comme un malpropre pour avoir épousé une femme divorcée ? N'est-il pas, plus grave encore, passé des Tories aux libéraux puis repassé des libéraux aux Tories, au gré de ses humeurs et de ses intérêts du moment ? Trop brillant, trop fantasque, trop personnel pour se conformer aux usages, pour entrer dans le jeu et les raisons des partis et surtout pour en accepter la discipline, trop tout, en somme, il s'est coulé lui-même dans l'esprit des gens comme il faut. Il a gâché toutes les chances que lui avaient valu son nom et son talent. Son avenir est derrière lui. Tel est le sentiment commun.*

*En vain, inutile Cassandre, a-t-il décelé très vite dans Hitler le monstre naissant, en vain a-t-il prévu et condamné les ambitions, les empiètements, les agressions du dictateur et dénoncé les renoncements, les reculs, la lâcheté des démocraties et d'abord de son propre pays. On ne l'écoutait pas. Le lion rugissait dans le désert. Le désir de paix était tel qu'on en acceptait le coût, si exorbitant qu'il fût. Ce Churchill, chef de file dans son pays des opposants à Munich, n'était qu'un va-t-en-guerre, mironton mironton mirontaine, à l'image de son illustre ancêtre.*

*L'événement ne lui donna que trop raison, mais trop tard. Amère satisfaction d'avoir vu juste avant les autres. « Vous avez accepté le déshonneur pour éviter la guerre.*

*Vous avez eu le déshonneur et vous avez eu la guerre », avait-il pu constater. Alors, comme un lot de consolation, on l'avait désigné Premier Lord de l'Amirauté, poste qu'il avait déjà occupé, à quarante ans, en 1914. Il n'avait pas caché son plaisir de se retrouver aux affaires. Un plaisir entaché d'amertume. Pouvait-on mieux lui signifier, par ce retour aux mêmes lieux, dans le même poste, vingt ans après, qu'il piétinait sur place ?*

*Un jour de guerre et l'homme sur qui l'on n'aurait pas parié un penny devient celui vers qui tous les regards se tournent, deux jours de guerre et l'homme inutile devient l'homme indispensable, trois jours de guerre et l'homme infréquentable est devenu l'homme incontournable. Avec la dignité des vieux majordomes, Neville Chamberlain a déposé au vestiaire son melon et son parapluie, accessoires désormais périmés, bons pour le temps de la paix, à la rigueur utilisables en période d'incertitude, inadaptés à la guerre, puis il a refermé sur lui-même les portes du placard d'où il ne ressortira plus. C'est un soldat qui lui succède, soldat par son éducation et ses premières armes, soldat dans l'âme et qui pourra enfin sans ridicule assouvir son goût de l'uniforme, un homme qui ne s'est jamais caché d'aimer la guerre et qui en a le droit pour l'avoir vue de près et pratiquée avec éclat, à Cuba, en Inde, au Soudan, dans le Transvaal et sur la Somme.*

*L'heure n'est plus aux gens raisonnables et aux demi-mesures. Churchill ne cherche pas à enjoliver la situation et n'a pas besoin de la dramatiser. La tempête s'est levée, il faut un capitaine pour tenir la barre et il sera ce capitaine. Si on lui a confié – enfin, pense-t-il – le 10, Downing Street, c'est pour la même raison que les Français, en 1917, ont fait appel à Clemenceau, soixante-seize ans : pour faire la guerre.*

*La concision voulue de ce premier discours est déjà un signe, et par là même un acte. Pas besoin d'être long pour être clair. Les mots n'ont plus désormais de sens et d'intérêt que dans la mesure où ils sont une contribution à la guerre. Trois semaines plus tard, alors que les Pays-Bas sont occupés, que la Belgique a capitulé, que la France chancelle au bord de l'abîme et que l'Angleterre, dans les faits, se retrouve seule, en première ligne, face à Hitler, le Premier ministre mettra les points sur les* i *: « Nous nous battrons sur les mers et sur les océans, nous nous battrons sur les plages et les aéroports, nous nous battrons dans les champs et dans les rues, nous nous battrons dans les collines. Nous ne nous rendrons jamais. » Dès le 13 mai, chacun a pu comprendre. Les dés sont jetés. En homme ouvert, Churchill laisse cependant le choix : la victoire ou la mort.*

D. J.

## Philippe Pétain

# "IL FAUT CESSER LE COMBAT..."

*(Vichy, discours radiodiffusé, 17 juin 1940)*

Français !

À l'appel de monsieur le président de la République, j'assume à partir d'aujourd'hui la direction du gouvernement de la France. Sûr de l'affection de notre admirable armée qui lutte, avec un héroïsme digne de ses longues traditions militaires, contre un ennemi supérieur en nombre et en armes. Sûr que, par sa magnifique résistance, elle a rempli nos devoirs vis-à-vis de nos alliés. Sûr de l'appui des anciens combattants que j'ai eu la fierté de commander, sûr de la confiance du peuple tout entier, je fais à la France le don de ma personne pour atténuer son malheur.

En ces heures douloureuses, je pense aux malheureux réfugiés qui, dans un dénuement extrême, sillonnent nos routes. Je leur exprime ma compassion et ma sollicitude. C'est le cœur serré que je vous dis aujourd'hui qu'il faut cesser le combat. Je me suis adressé cette nuit à l'adversaire pour lui demander s'il est prêt à rechercher avec nous, entre soldats, après la lutte et dans l'Honneur, les moyens de mettre un terme aux hostilités. Que tous les Français se groupent autour du gouvernement que je préside pendant ces dures épreuves et fassent taire leur angoisse pour n'écouter que leur foi dans le destin de la Patrie.

## Charles de Gaulle

# “LA FLAMME DE LA RÉSISTANCE FRANÇAISE NE DOIT PAS S’ÉTEINDRE”

*(Appel prononcé à la radio de Londres, 18 juin 1940)*

Les chefs qui, depuis de nombreuses années, sont à la tête des armées françaises, ont formé un gouvernement. Ce gouvernement, alléguant la défaite de nos armées, s’est mis en rapport avec l’ennemi pour cesser le combat.

Certes, nous avons été, nous sommes submergés par la force mécanique, terrestre et aérienne de l’ennemi.

Infiniment plus que leur nombre, ce sont les chars, les avions, la tactique des Allemands qui nous font reculer. Ce sont les chars, les avions, la tactique des Allemands qui ont surpris nos chefs au point de les amener là où ils en sont aujourd’hui.

Mais le dernier mot est-il dit ? L’espérance doit-elle disparaître ? La défaite est-elle définitive ? Non !

Croyez-moi, moi qui vous parle en connaissance de cause et vous dis que rien n’est perdu pour la

France. Les mêmes moyens qui nous ont vaincus peuvent faire venir un jour la victoire.

Car la France n'est pas seule ! Elle n'est pas seule ! Elle n'est pas seule ! Elle a un vaste Empire derrière elle. Elle peut faire bloc avec l'Empire britannique qui tient la mer et continue la lutte. Elle peut, comme l'Angleterre, utiliser sans limites l'immense industrie des États-Unis.

Cette guerre n'est pas limitée au territoire malheureux de notre pays. Cette guerre n'est pas tranchée par la bataille de France. Cette guerre est une guerre mondiale. Toutes les fautes, tous les retards, toutes les souffrances, n'empêchent pas qu'il y a, dans l'univers, tous les moyens nécessaires pour écraser un jour nos ennemis. Foudroyés aujourd'hui par la force mécanique, nous pourrons vaincre dans l'avenir par une force mécanique supérieure. Le destin du monde est là.

Moi, général de Gaulle, actuellement à Londres, j'invite les officiers et les soldats français qui se trouvent en territoire britannique ou qui viendraient à s'y trouver, avec leurs armes ou sans leurs armes, j'invite les ingénieurs et les ouvriers spécialistes des industries d'armement qui se trouvent en territoire britannique ou qui viendraient à s'y trouver, à se mettre en rapport avec moi.

Quoi qu'il arrive, la flamme de la résistance française ne doit pas s'éteindre et ne s'éteindra pas.

Demain, comme aujourd'hui, je parlerai à la radio de Londres.

## La raison du plus fou

*Les 17 et 18 juin 1940, deux militaires français de haut rang adressent aux Français deux messages radiodiffusés.*

*Le premier d'entre eux, président du Conseil depuis la veille, est le maréchal Pétain. Dernier survivant des grands chefs qui, entre 1914 et 1918, ont mené nos armées à la victoire, le vainqueur de Verdun, auréolé d'une gloire impérissable, est l'objet d'un respect unanime qui confine à la vénération.*

*Inconnu du grand public, le colonel de Gaulle, soldat de profession, général de brigade à titre temporaire, dont seuls quelques spécialistes connaissent et estiment les ouvrages théoriques, a fait une apparition fugitive comme sous-secrétaire d'État à la Guerre dans le gouvernement démissionnaire de Paul Reynaud, à cette heure l'homme le plus exécré de France. C'est d'ailleurs en tant que « sous-ministre » qu'il se trouve en territoire britannique au moment où la France demande l'armistice.*

*Que dit le Maréchal – ainsi qu'on l'appelle à l'époque, sans qu'il soit nécessaire de préciser son nom ? L'évidence, hélas ! Nos armées sont disloquées. Deux millions de nos soldats ont été faits prisonniers. Dix millions de civils ont quitté leurs foyers et errent sur les routes. L'ennemi occupe les six dixièmes de notre sol. Vaincus en 1871, vainqueurs en 1918, nous avons perdu le troisième round de l'éternelle guerre franco-allemande. Il faut sauver ce qui peut encore l'être. Il faut arrêter le massacre. Il faut savoir arrêter une guerre, dans l'honneur et entre soldats. Qui disputerait ce rôle – et qui ferait mieux ? – au glorieux vieillard qui fait une fois de plus le sacrifice de sa personne à la France ?*

*Que dit l'obscur général qui s'adresse de Londres à ses compatriotes ? Contre l'évidence qui crève les yeux, alourdit les cœurs et accable les plus résolus, que la guerre n'est pas finie. Que la France peut s'appuyer sur son empire qu'elle tient à bout de bras, sur nos alliés britanniques – ces Britanniques qui, dans le même temps qu'ils proposaient une fusion entre les deux pays, rembarquaient en priorité leurs troupes à Dunkerque et ont abandonné le combat commun dans lequel ils nous ont lancés, et qui prétendent nous refuser le droit de conclure une paix séparée quand ils mènent une guerre séparée. Que nous pouvons compter sur les États-Unis... qui ne se sont pas départis de leur neutralité. Qu'il ne s'agissait pas, comme les petits esprits et les bonnes gens l'ont cru, d'une guerre française et du sort de la France, mais d'une guerre idéologique et mondiale qui a vocation, pour la deuxième fois en un quart de siècle, à embraser le monde. Et d'appeler, de sa seule autorité – car si la France n'est pas seule, ce de Gaulle l'est bien – à une « résistance » qui, en tout état de cause, commencerait par une rébellion !*

*Le maréchal Pétain, que Léon Blum, récemment encore, appelait « le plus humain de nos chefs », et qui n'a pas à démontrer sa compétence en matière militaire, ne se borne pas à tenir le langage de la raison. Il tient, en ces heures « douloureuses », à dire sa « compassion » et sa « sollicitude ». Il sait « l'angoisse » de ses compatriotes. Il partage et partagera leur « malheur » et c'est « le cœur serré » qu'il s'adresse à eux d'une voix tremblante dont le chagrin et la pitié, plus que l'âge, expliquent le chevrotement.*

*À l'inverse, ce général de Gaulle qui s'exprime avec superbe à la première personne – « moi, général de Gaulle » – affirme s'y connaître mieux que le Maréchal, que l'ensemble de nos dirigeants civils, que tout l'état-major, et parler « en connaissance de cause », en tant que technicien. Alors même qu'il s'adresse – de quel droit ? – à la France, il n'a pas un mot, pas une pensée pour les Français. Il manifeste en effet la froide détermination des fous.*

*D'un côté donc, un homme que seule son initiative démente vient de tirer de l'anonymat, au mieux un ambitieux chimérique, obscur et marginal, au pire un déserteur et un félon soudoyé par l'Angleterre, un de ces personnages douteux qui cherchent à tirer leur épingle du désastre et qui, de l'étranger, sur les ondes d'une radio étrangère, lance un appel peu entendu, encore moins suivi. De l'autre, écouté par tous, obéi par tous, détenteur non seulement de la légalité républicaine mais d'une légitimité indiscutée, le Maréchal, pour la deuxième fois sauveur de la France où il est resté et restera parce qu'on n'emporte pas la patrie à la semelle de ses souliers, et vers qui monte comme un encens la reconnaissance de toute la nation qui n'imagine pas un instant que le chemin du bon sens et de l'honneur puisse devenir celui de la résignation, de la passivité, de la collaboration et de la servilité.*

*Entre les deux hommes la partie n'est certes pas égale.*

*C'est du reste sans émotion particulière qu'on apprendra quelques mois plus tard la condamnation à mort, par contumace, de l'ex-général de Gaulle. Dégradé, déchu, déshonoré, c'est pourtant le maréchal Pétain qui finira ses jours derrière les barreaux et son présomptueux rival qui, par deux fois, gouvernera la France. Comme au temps de Jeanne d'Arc les sages étaient dans l'erreur, la raison et la victoire étaient dans le camp du plus fou.*

D. J.

## Charles de Gaulle

# "JE VOUS AI COMPRIS !"

*(Forum d'Alger, 4 juin 1958)*

Je vous ai compris !

Je sais ce qui s'est passé ici. Je vois ce que vous avez voulu faire. Je vois que la route que vous avez ouverte en Algérie, c'est celle de la rénovation et de la fraternité.

Je dis la rénovation à tous égards. Mais très justement vous avez voulu que celle-ci commence par le commencement, c'est-à-dire par nos institutions, et c'est pourquoi me voilà. Et je dis la fraternité parce que vous offrez ce spectacle magnifique d'hommes qui, d'un bout à l'autre, quelles que soient leurs communautés, communient dans la même ardeur et se tiennent par la main.

Eh bien ! de tout cela, je prends acte au nom de la France et je déclare, qu'à partir d'aujourd'hui, la France considère que, dans toute l'Algérie, il n'y a qu'une seule catégorie d'habitants : il n'y a que des Français à part entière, des Français à part entière, avec les mêmes droits et les mêmes devoirs.

Cela signifie qu'il faut ouvrir des voies qui, jusqu'à présent, étaient fermées devant beaucoup.

Cela signifie qu'il faut donner les moyens de vivre à ceux qui ne les avaient pas.

Cela signifie qu'il faut reconnaître la dignité de ceux à qui on la contestait.

Cela veut dire qu'il faut assurer une patrie à ceux qui pouvaient douter d'en avoir une.

L'armée, l'armée française, cohérente, ardente, disciplinée, sous les ordres de ses chefs, l'armée éprouvée en tant de circonstances et qui n'en a pas moins accompli ici une œuvre magnifique de compréhension et de pacification, l'armée française a été sur cette terre le ferment, le témoin, et elle est le garant, du mouvement qui s'y est développé.

❦

## La grande désillusion

*Lorsqu'on relit ou lorsqu'on réentend aujourd'hui le discours adressé le 4 juin 1958 par le général de Gaulle, depuis le balcon du Gouvernement général, à la foule immense rassemblée sur le Forum d'Alger, on serait tenté de dire, parodiant l'hommage rendu par Churchill à l'héroïsme des aviateurs de la RAF*[1] *: « Rarement autant d'hommes furent dupés par un seul. » Il y a bien un peu de cela, même si la thèse de*

---

1. « Jamais autant d'hommes n'ont été aussi redevables à aussi peu. »

*la pure et simple duplicité de l'homme du 18 juin, dès ce jour, est sans doute excessive.*

*De Gaulle connaît bien Alger et l'Algérie, quand bien même il n'y a remis les pieds qu'à deux reprises depuis 1943. Il connaît bien les pieds-noirs, ce peuple coloré, exubérant, bavard – « braillard », dit-il –, aux antipodes de son tempérament, avec lequel il ne se sent aucun atome crochu. Insensible au lourd tribut payé par l'armée d'Afrique lors des campagnes d'Italie et de France, il n'a pas oublié que, treize ans plus tôt, les Français d'Algérie lui ont préféré Pétain, Weygand, Darlan et Giraud, ou que son camarade de promotion à Saint-Cyr, Juin, le pied-noir, siégeait à la commission d'armistice franco-allemande de Wiesbaden et a fait tirer sur les Anglo-Américains avant de se rallier et de commander à Monte Cassino et sur le Garigliano. Il n'ignore pas davantage que, trois semaines plus tôt, les activistes algérois qui ont envahi le « G. G. », avec la complicité des militaires de garde, ne juraient que par Massu, Bigeard, Salan et Soustelle et qu'il a fallu l'insistance du féal Léon Delbecque pour que le commandant en chef se décidât à lâcher en pâture aux émeutiers le nom du libérateur de la France. Accessoirement, de Gaulle n'a ni sympathie ni considération pour les Arabes.*

*Pourtant, ce 4 juin, comment ne partagerait-il pas l'euphorie de cette foule où les musulmans, sous le soleil éclatant, pour la première fois depuis le début des événements, sont presque aussi nombreux que les Européens, et dont le service d'ordre, composé de paras et de membres des unités territoriales, contient à grand-peine l'enthousiasme ? C'est à ces gens, aux militaires comme aux civils, si sévère que soit le jugement qu'il porte sur eux, qu'il doit sa résurrection politique, sa sortie du tombeau où il était enterré depuis cinq ans et ce fabuleux retour de l'île de Colombe aux affaires. Et eux, les malheureux, ils croient dur comme fer qu'ils ont gagné la partie et qu'ayant dicté leur loi à la métropole et à M. Pflimlin, ils pourront en faire autant à de Gaulle. Le prendraient-ils pour Guy Mollet ?*

*Mais pour l'instant il est leur obligé, même s'il n'aime pas ça. Ils savent et il sait ce qu'il leur doit. Alors, du bout des lèvres, il rend hommage, sans rire, à la magnifique discipline de cette armée putschiste, à cette armée dont les généraux ont cédé à la pression de leurs colonels, dont les colonels ont suivi les capitaines et dont les capitaines ont emboîté le pas à leurs troupes d'élite, bien décidé déjà,* in petto, *à muter, à éloigner, à destituer s'il le faut ces galonnés et ces étoilés qui ont goûté au fruit défendu de la politique.*

*Quant aux autres, il les a « compris », au point qu'il leur prête une lucidité, une générosité, une grandeur d'âme dont ils ne se seraient jamais crus porteurs. Les circonstances, fugitivement, s'y prêtent. On est dans un de ces rares moments de grâce où tout semble possible, y compris une Algérie rénovée, fraternelle et française – on sait qu'à Mostaganem, deux jours plus tard, dans l'entraînement et peut-être la sincérité d'un autre discours, de Gaulle, une fois, une seule fois, se laissera aller à prononcer les deux mots « Algérie française ». Pour l'instant, il prend au piège de l'intégration cette foule qui rit de se voir si belle au miroir qu'il lui tend, piège qu'il qualifiera plus tard de « formule astucieuse, mais creuse ». Et de faire accepter, acclamer, avaler, avaliser par ces braves pieds-noirs tout ce qu'ils refusaient obstinément aux Algériens depuis trois générations, tout ce qu'ils avaient refusé à Napoléon III, à Blum et à Violette, à Ferhat Abbas et même à Soustelle : la suppression du double collège, l'égalité des droits, l'accès à la citoyenneté, avec toutes ses conséquences. Et de tendre pour la première fois la main à ces combattants qui, dans la terminologie officielle depuis le 1er novembre 1954, ne sont que des terroristes et des bandits. Comment les Français d'Algérie n'accepteraient-ils pas tout ce que leur propose celui dont le passé et la parole font le garant de l'essentiel, l'intégrité et l'indivisibilité de la République, donc des dix-sept départements d'Algérie ?*

*Dans l'indescriptible enthousiasme qui ponctue les moments forts du discours du Général, nul ne prend garde à la petite, la toute petite phrase nichée dans le creux de son texte comme un ver dans un fruit, un codicille à un testament, une clause en caractères minuscules au bas d'un contrat d'assurance : « Avec ces représentants élus,* nous verrons comment faire le reste. »

*« Le reste »... Quel reste ? C'est ce que se garde bien de dire l'éminent orateur dont on veut croire qu'en ce jour, à cette heure, la religion n'est pas encore faite et qu'il garde ouvertes toutes les options, y compris celle qui vient de le ramener au pouvoir. Mais dans ce « reste » non précisé se cache ce que le gouvernement selon Machiavel, de Gaulle et quelques autres comporte de recul, de distance et de secret. En ce jour radieux où l'Algérie française célèbre sa pérennité, la proposition de paix des braves, la condamnation de l'Algérie de papa, le référendum d'autodétermination, la guerre civile, l'écrasement de l'OAS, l'abandon des harkis, l'exode de plus d'un million d'hommes, l'indépendance enfin s'inscrivent déjà, subliminalement, en filigrane de l'avenir.*

D. J.

## John Fitzgerald Kennedy

# "ASK NOT WHAT YOUR COUNTRY CAN DO FOR YOU"

*(Inaugural Address, Capitol, January 20th, 1961)*

*Vice President Johnson, Mr Speaker, Mr Chief Justice, President Eisenhower, Vice President Nixon, President Truman, Reverend Clergy, fellow citizens:*

*We observe today not a victory of party but a celebration of freedom – symbolizing an end as well as a beginning – signifying renewal as well as change. For I have sworn before you and Almighty God the same solemn oath our forbears prescribed nearly a century and three-quarters ago.*

*The world is very different now. For man holds in his mortal hands the power to abolish all forms of human poverty and all forms of human life. And yet the same revolutionary beliefs for which our forebears fought are still at issue around the globe – the belief that the rights of man come not from the generosity of the state but from the hand of God.*

*We dare not forget today that we are the heirs of that first revolution. Let the word go forth from this*

## John Fitzgerald Kennedy

# "NE DEMANDEZ PAS CE QUE VOTRE PAYS PEUT FAIRE POUR VOUS"

*(Prestation de serment, Capitole, 20 janvier 1961)*

Monsieur le vice-président Johnson, monsieur le président, monsieur le président Eisenhower, monsieur le vice-président Nixon, monsieur le président Truman, messieurs les membres du clergé, mes chers compatriotes,

Nous ne célébrons pas aujourd'hui la victoire d'un parti, mais celle de la liberté, symbole d'une fin et d'un commencement, signe de renouveau et de changement. Car je viens prêter devant vous et devant Dieu tout-puissant le même serment que nos ancêtres exigent depuis près de cent soixante-quinze ans.

Le monde a bien changé depuis lors. Car l'homme détient entre ses mains mortelles le pouvoir d'abolir tant les formes de pauvreté humaine que toutes les formes de vie humaine. Et, pourtant, ce sont ces mêmes convictions révolutionnaires pour lesquelles nos ancêtres ont combattu qui sont *time and place, to friend and foe alike, that the torch has been passed to a new generation of Americans – born in this century, tempered by war, disciplined by a hard and bitter peace, proud of our ancient heritage – and unwilling to witness or permit the slow undoing of those human rights to which this nation has always been committed, and to which we are committed today at home and around the world.*

*Let every nation know, whether it wishes us well or ill, that we shall pay any price, bear any burden, meet any hardship, support any friend, oppose any foe to assure the survival and the success of liberty.*

*This much we pledge – and more.*

*To those old allies whose cultural and spiritual origins we share, we pledge the loyalty of faithful friends. United there is little we cannot do in a host of cooperative ventures. Divided there is little we can do – for we dare not meet a powerful challenge at odds and split asunder.*

*To those new states whom we welcome to the ranks of the free, we pledge our word that one form of colonial control shall not have passed away merely to be replaced by a far more iron tyranny. We shall not always expect to find them supporting our view. But we shall always hope to find them strongly supporting their own freedom – and to remember that, in the past, those who foolishly sought power by riding the back of the tiger ended up inside.*

*To those people in the huts and villages of half the globe struggling to break the bonds of mass misery, we pledge our best efforts to help them help themselves, for whatever period is required – not because the communists may be doing it, not because we seek* en jeu sur toute la planète : la conviction que les Droits de l'homme ne résultent pas de la générosité de l'État mais de la main de Dieu.

Nous n'oublierons pas aujourd'hui que nous sommes les héritiers de cette première révolution. Qu'il soit dit, à nos amis comme à nos ennemis, que le flambeau est passé entre les mains d'une nouvelle génération d'Américains, nés dans le siècle présent, aguerris par les combats, formés par une paix difficile et amère, fiers de leur héritage, qui refusent d'assister à la lente décomposition des Droits de l'homme pour lesquels notre nation s'est toujours engagée, pour lesquels elle est encore engagée aujourd'hui, ici et dans le monde entier.

Que chaque nation qui nous veut du bien ou qui nous veut du mal sache bien que nous paierons n'importe quel prix, que nous supporterons n'importe quel fardeau, que nous affronterons n'importe quelle épreuve, que nous soutiendrons n'importe quel ami et combattrons n'importe quel ennemi pour assurer la survie et le succès de la liberté.

Nous nous y engageons.

À nos vieux alliés dont nous partageons les origines culturelles et spirituelles, nous promettons la loyauté des amis fidèles. Unis, il y a peu de choses que nous ne soyons capables de réaliser ensemble. Divisés, il y en a peu que nous puissions faire car, dispersés, nous ne serons pas en mesure d'affronter de grands défis.

Aux jeunes États que nous accueillons parmi les États libres, nous promettons que l'ordre colonial ne sera pas remplacé par une tyrannie plus impitoyable encore. Nous n'attendons pas d'eux *their votes, but because it is right. If a free society cannot help the many who are poor, it cannot save the few who are rich.*

*To our sister republics south of our border, we offer a special pledge – to convert our good words into good deeds – in a new alliance for progress – to assist free men and free governments in casting off the chains of poverty. But this peaceful revolution of hope cannot become the prey of hostile powers. Let all our neighbors know that we shall join with them to oppose aggression or subversion anywhere in the Americas. And let every other power know that this Hemisphere intends to remain the master of its own house.*

*To that world assembly of sovereign states, the United Nations, our last best hope in an age where the instruments of war have far outpaced the instruments of peace, we renew our pledge of support – to prevent it from becoming merely a forum for invective – to strengthen its shield of the new and the weak – and to enlarge the area in which its writ may run.*

*Finally, to those nations who would make themselves our adversary, we offer not a pledge but a request : that both sides begin anew the quest for peace, before the dark powers of destruction unleashed by science engulf all humanity in planned or accidental self-destruction.*

*We dare not tempt them with weakness. For only when our arms are sufficient beyond doubt can we be certain beyond doubt that they will never be employed.*

*But neither can two great and powerful groups of nations take comfort from our present course – both* qu'ils soutiennent sans condition nos points de vue. Mais nous espérerons toujours qu'ils défendront avec force leur propre liberté et qu'ils se rappelleront que, dans le passé, ceux qui ont cherché à atteindre la puissance en chevauchant le tigre ont fini par être dévorés par lui.

À ceux qui habitent les cahutes et les villages de la moitié du globe et luttent pour briser les liens de la misère, nous promettons de faire tous nos efforts pour les aider à s'aider eux-mêmes, non parce que les communistes le feraient, non parce que nous sollicitons leurs suffrages, mais parce que c'est là que se trouve la justice. Si une société libre ne peut pas aider tous ceux, et ils sont nombreux, qui vivent dans la pauvreté, elle ne pourra pas non plus sauver la minorité des riches.

Aux républiques sœurs qui s'étendent au sud de notre frontière, nous faisons une promesse toute particulière, celle de transformer nos bonnes paroles en bonnes actions, dans une nouvelle alliance pour le progrès, pour aider les hommes libres et les gouvernements libres à briser les chaînes de la pauvreté. Mais cette révolution pacifique fondée sur l'espoir ne doit pas devenir la proie de puissances hostiles. Que nos voisins sachent bien que nous nous unirons à eux pour nous opposer à l'agression ou à la subversion partout dans les Amériques. Que les autres puissances sachent bien que notre continent entend rester maître en sa demeure.

À l'assemblée mondiale des États souverains, aux Nations unies, notre dernier espoir en ce siècle où les instruments de guerre l'emportent sur les *sides overburdened by the cost of modern weapons, both rightly alarmed by the steady spread of the deadly atom, yet both racing to alter that uncertain balance of terror that stays the hand of mankind's final war.*

*So let us begin anew – remembering on both sides that civility is not a sign of weakness, and sincerity is always subject to proof. Let us never negotiate out of fear. But let us never fear to negotiate.*

*Let both sides explore what problems unite us instead of belaboring those problems which divide us.*

*Let both sides, for the first time, formulate serious and precise proposals for the inspection and control of arms – and bring the absolute power to destroy other nations under the absolute control of all nations.*

*Let both sides seek to invoke the wonders of science instead of its terrors. Together let us explore the stars, conquer the deserts, eradicate disease, tap the ocean depths and encourage the arts and commerce.*

*Let both sides unite to heed in all corners of the earth the command of Isaiah – to « undo the heavy burdens... (and) let the oppressed go free ».*

*And if a beachhead of cooperation may push back the jungle of suspicion, let both sides join in creating a new endeavor, not a new balance of power, but a new world of law, where the strong are just and the weak secure and the peace preserved.*

*All this will not be finished in the first one hundred days. Nor will it be finished in the first one thousand days, nor in the life of this Administration, nor even perhaps in our lifetime on this planet. But let us begin.*

outils de paix, nous renouvelons notre promesse d'empêcher qu'elle ne devienne un forum voué aux invectives, de renforcer son bouclier pour protéger les nouveaux venus et les faibles, et d'étendre son domaine d'intervention.

Enfin, aux nations qui voudraient se muer en adversaires, nous ne faisons pas de promesses, mais nous leur adressons une requête : que les deux parties en présence entreprennent de nouveau la recherche de la paix, avant que les sombres puissances engendrées par la science n'entraînent l'humanité dans une autodestruction organisée ou accidentelle.

Nous ne les tenterons pas par l'étalage de notre faiblesse. Ce n'est que lorsque nos armes seront indubitablement suffisantes que nous serons indubitablement certains qu'on ne les emploiera pas.

Mais aucun des deux puissants camps ne peut se satisfaire de la situation présente, alors que les deux camps sont écrasés sous le poids du coût des armements modernes, qu'ils sont l'un et l'autre alarmés à juste titre par la dissémination atomique et pourtant l'un et l'autre lancés dans la course pour modifier l'équilibre incertain de la terreur qui empêche la guerre ultime de l'humanité.

Alors, essayons encore. Rappelons-nous qu'une attitude civilisée n'est pas un signe de faiblesse, qu'il faut toujours faire preuve de sincérité. Ne négocions pas sous l'emprise de la peur. Mais n'ayons jamais peur de négocier.

Que chaque camp mette en relief les problèmes qui nous unissent au lieu d'aggraver les problèmes qui nous divisent.

*In your hands, my fellow citizens, more than mine, will rest the final success or failure of our course. Since this country was founded, each generation of Americans has been summoned to give testimony to its national loyalty. The graves of young Americans who answered the call to service surround the globe.*

*Now the trumpet summons us again – not as a call to bear arms, though arms we need – not as a call to battle, though embattled we are – but a call to bear the burden of a long twilight struggle, year in and year out, « rejoicing in hope, patient in tribulation » – a struggle against the common enemies of man : tyranny, poverty, disease and war itself.*

*Can we forge against these enemies a grand and global alliance, North and South, East and West, that can assure a more fruitful life for all mankind? Will you join in that historic effort ?*

*In the long history of the world, only a few generations have been granted the role of defending freedom in its hour of maximum danger. I do not shrink from this responsibility – I welcome it. I do not believe that any of us would exchange places with any other people or any other generation. The energy, the faith, the devotion which we bring to this endeavor will light our country and all who serve it – and the glow from that fire can truly light the world.*

*And so, my fellow Americans : ask not what your country can do for you – ask what you can do for your country.*

*My fellow citizens of the world : ask not what America will do for you, but what together we can do for the freedom of man.*

Que chaque camp, pour la première fois, fasse des propositions sérieuses et précises pour assurer l'inspection et le contrôle des armements, pour placer le pouvoir absolu de détruire d'autres nations sous le contrôle absolu de toutes les nations.

Que chaque camp tâche d'évoquer les merveilles de la science au lieu d'évoquer les craintes qu'elle suscite. Explorons ensemble les étoiles, conquérons les déserts, faisons disparaître les maladies, exploitons les fonds océaniques, encourageons les arts et le commerce.

Que les deux camps s'unissent pour répondre partout sur la terre aux ordres d'Isaïe de « déposer les lourds fardeaux [*et*] libérer les opprimés ».

Et si un commencement de coopération peut repousser la jungle des soupçons, que les deux camps s'unissent pour se lancer dans de nouvelles tentatives, non vers un nouvel équilibre des pouvoirs, mais vers un monde nouveau, un monde de droit dans lequel les forts seront justes, les faibles vivront en sécurité et où la paix sera sauvegardée.

Tout cela ne se fera pas en cent jours. Pas même dans les mille premiers jours, ni pendant la durée de ce gouvernement, ni, peut-être, au cours de notre existence sur cette planète. Mais il est temps de commencer.

C'est dans vos mains, chers compatriotes, plus que dans les miennes, que repose le succès ou l'échec de notre entreprise. Depuis la fondation de notre nation, chaque génération d'Américains a dû faire la preuve de sa loyauté. Les tombes de jeunes Américains qui ont répondu à l'appel sont disséminées sur toutes les terres de la planète.

*Finally, whether you are citizens of America or citizens of the world, ask of us here the same high standards of strength and sacrifice which we ask of you. With a good conscience our only sure reward, with history the final judge of our deeds, let us go forth to lead the land we love, asking His blessing and His help, but knowing that here on earth God's work must truly be our own.*

Aujourd'hui, la trompette sonne de nouveau. Ce n'est pas un appel à prendre les armes, même si nous sommes engagés dans une bataille. C'est un appel à porter le fardeau d'une longue lutte, année après année, une lutte « qui entraîne la joie et l'espoir et réclame la patience dans l'épreuve », une lutte contre les ennemis communs de l'homme : la tyrannie, la pauvreté, la maladie et la guerre elle-même.

Pouvons-nous, contre ces ennemis, organiser une grande alliance, une alliance globale entre le Nord et le Sud, l'Est et l'Ouest, une alliance assurant une meilleure vie à toute l'humanité ? Êtes-vous prêts à vous associer à cet effort historique ?

Au cours de la longue histoire du monde, seules quelques générations ont été investies de la mission de défendre la liberté lorsqu'elle était menacée. Je ne recule pas devant cette responsabilité ; au contraire, je l'accepte. Je pense qu'aucun d'entre nous n'échangerait sa place pour vivre ailleurs ou à une autre époque. L'énergie, la foi, le dévouement auxquels nous ferons appel dans notre effort illumineront notre pays et tous ceux qui le servent. Et notre lumière éclairera le monde.

Vous qui, comme moi, êtes Américains, ne demandez pas ce que votre pays peut faire pour vous, mais demandez-vous plutôt ce que vous pouvez faire pour votre pays.

Vous qui, comme moi, êtes citoyens du monde, ne vous demandez pas ce que les États-Unis peuvent faire pour le monde, mais demandez-vous ce que vous pouvez faire pour le monde.

Enfin, que vous soyez des citoyens de l'Amérique ou des citoyens du monde, réclamez de nous la même force, les mêmes sacrifices que nous exigeons de vous. La conscience du devoir accompli sera notre récompense et l'Histoire nous jugera sur nos actes. À nous de guider le pays que nous aimons en demandant la bénédiction et l'aide de Dieu, tout en sachant que, sur terre, nous devons accomplir Son œuvre.

❦

## Contre nous de la tyrannie

« It's the economy, stupid ! » *(« L'économie, espèce d'andouille ! ») Alors que Bush le père, tout auréolé de ses succès internationaux – chute du mur de Berlin, effondrement du bloc soviétique, première guerre du Golfe –, ne mettait pas l'accent sur les problèmes économiques et négligeait d'exorciser le spectre de la récession, la formule magique, à en croire le brillant et opportuniste Bill Clinton, lui aurait ouvert les portes de la Maison-Blanche. Il s'en faut pourtant que cette clé universelle réponde en toute circonstance aux questions, aux défis, aux espoirs et aux craintes de l'opinion publique. Il y a des moments où l'on exige, aux États-Unis, en France ou ailleurs, du candidat aux plus hautes fonctions ou du Président élu qu'il reste au ras du sol et parle pouvoir d'achat, croissance, emploi, salaires, retraites, santé, inflation, balance commerciale. Il y a d'autres moments où l'on souhaite qu'il fasse rêver, qu'il désigne du mot et du doigt un horizon radieux, qu'il dessine une perspective exaltante et lointaine, qu'il promette de conduire son peuple vers de nouvelles frontières et, pourquoi pas, dans la Lune, qu'il annonce le changement, qu'il proclame que tout est possible –* yes, we can! *On ne sait pas très bien ce qu'il veut, mais on le veut ardemment avec lui.*

*Un homme jeune – quarante-trois ans –, beau garçon, télégénique, charismatique, au sourire charmeur, à la vie de famille exemplaire, et qu'importe qu'il soit inexpérimenté, qu'il appartienne à une minorité ethnique ou religieuse, qu'il reste vague sur les moyens d'arriver à ses fins, on le suivrait au bout du monde. L'histoire se passe en 1962 et pourrait bien se reproduire en 2008. Après Truman et Eisenhower, deux présidents rassurants et prosaïques, plutôt papys que pères de la nation, l'Amérique, en 1960, avait envie et besoin d'un grand coup de jeunesse, comme, après les turpitudes de George W. Bush, elle aspire à une grande lessive.*

*L'égalité des Noirs et des Blancs, la lutte contre le crime organisé, l'envoi d'un homme – américain – sur notre satellite, la relance de la machine économique grippée, (quand même) mais surtout la reprise de la compétition avec l'URSS, à qui reprendra la tête dans la course aux armements, tels avaient été les points forts de la campagne de John Fitzgerald Kennedy. On demeure frappé, à lire ou à relire ce discours inaugural, par sa tonalité guerrière ou pour le moins virile, par l'affirmation répétée que, quoi qu'il arrive et sur tous les terrains, l'ennemi, « la tyrannie », trouvera à qui parler. C'est que les Américains, traumatisés par l'apparente avance des Soviétiques dans la conquête de l'espace, impressionnés par les rodomontades constantes et les coups de bluff de Khrouchtchev, maître joueur de poker, ont besoin d'être rassurés. Ils ont le sentiment que le monde est de plus en plus dangereux et vivent dans la hantise de la catastrophe finale dont les grandes crises de l'après-guerre, la communisation de la Chine, la guerre de Corée, l'affaire de Suez, l'écrasement des révoltes populaires de l'autre côté du rideau de fer, n'auront été que les prémices. C'est en*

*1963 que sortira l'apocalyptique* Docteur Folamour *de Stanley Kubrick.*

*Dwight D. Eisenhower – « Ike » –, l'homme du Débarquement et de la victoire, n'avait pas à faire ses preuves. Tel n'est pas le cas du nouveau « commandant en chef », pour reprendre l'une des appellations courantes et des prérogatives du nouveau Président. On sait qu'il a combattu, courageusement, dans le Pacifique, mais on sait aussi qu'il n'a jamais commandé. La mise à l'épreuve ne tardera d'ailleurs pas : c'est, dès avril 1961, la désastreuse opération de la baie des Cochons, mal préparée par l'administration précédente, dont l'exécution et le ratage complet vont ébranler le prestige et la popularité du nouvel occupant de la Maison-Blanche. Ce sera, en octobre 1962, la fin heureuse de la « crise des fusées », qui aura effectivement mis le monde au bord du gouffre.*

*Kennedy, cependant, est trop intelligent et trop fin politique pour laisser ses auditeurs et ses compatriotes sur les impressions négatives que suscite sa longue mise en garde à l'adresse d'un adversaire à peine nommé mais très clairement identifié. À la longue description des menaces qui pèsent sur la paix et la tranquillité des États-Unis, de leurs alliés, du monde, succède l'évocation, agrémentée du zeste de religiosité indispensable à tout cocktail politique américain, d'un avenir plus beau, meilleur, réconcilié, de la grande alliance pour le progrès, de jours lumineux où, sous le regard de l'Éternel, régneront le droit, la justice et la prospérité. Et puis, soudain, comme la fameuse petite phrase dans la sonate de Vinteuil, inattendue, fraîche, harmonieuse, surgit peu avant la conclusion la phrase travaillée, ciselée, balancée, destinée à frapper, à être indéfiniment citée, reprise, et qui, en effet, est encore dans toutes les mémoires : « Ne demandez pas ce que votre pays peut faire pour vous, mais demandez-vous plutôt ce que vous pouvez faire pour votre pays... » Du grand art.*

*Les mots résistent à l'usure du temps, mais ceux qui les ont prononcés ne sont pas à l'épreuve des balles. Dans le système américain, du moins tel qu'il fonctionne depuis qu'il est interdit de briguer plus de deux mandats présidentiels, le premier quadriennat est celui de l'apprentissage, de la mise en place, éventuellement des erreurs, le second celui de l'accomplissement et de la sérénité. Quel président aurait été, s'il avait dirigé son pays jusqu'en 1968, celui qui n'avait pas quarante-sept ans lorsqu'il fut assassiné ? C'est ce que nous ne saurons jamais, c'est ce que l'on ne peut qu'imaginer. Encore un rêve !*

D. J.

## John Fitzgerald Kennedy

# "ICH BIN EIN BERLINER"

*(West Berlin, June 26th, 1963)*

*I am proud to come to this city as the guest of your distinguished Mayor, who has symbolized throughout the world the fighting spirit of West Berlin. And I am proud to visit the Federal Republic with your distinguished Chancellor who for so many years has committed Germany to democracy and freedom and progress, and to come here in the company of my fellow American, General Clay, who has been in this city during its great moments of crisis and will come again if ever needed.*

*Two thousand years ago the proudest boast was* « Civis romanus sum ». *Today, in the world of freedom, the proudest boast is* « Ich bin ein Berliner ».

*I appreciate my interpreter translating my German!*

*There are many people in the world who really don't understand, or say they don't, what is the great issue between the free world and the Communist world. Let them come to Berlin. There are some who say that communism is the wave of the future.*

## John Fitzgerald Kennedy

# "ICH BIN EIN BERLINER"

*(Berlin-Ouest, 26 juin 1963)*

Je suis fier de venir ici, dans cette ville, à l'invitation de votre maire, qui symbolise dans le monde entier l'esprit de combat qui habite Berlin-Ouest. Et je suis fier de rendre visite à la République fédérale allemande en compagnie de votre Chancelier qui a engagé, voici de longues années, l'Allemagne dans la voie de la démocratie, de la liberté et du progrès ; et de venir ici en compagnie de mon concitoyen, le général Clay, qui a vécu dans cette ville pendant ses grands moments de crise et qui reviendra si nécessaire.

Il y a deux mille ans, le cri le plus fier était : « *Civis romanus sum*[1]. » Aujourd'hui, dans le monde libre, le cri le plus fier est : « *Ich bin ein Berliner*[2]. »

Je remercie mon interprète de traduire mon allemand !

1. « Je suis citoyen romain. »
2. « Je suis un Berlinois. »

*Let them come to Berlin. And there are some who say in Europe and elsewhere we can work with the Communists. Let them come to Berlin. And there are even a few who say that it is true that communism is an evil system, but it permits us to make economic progress.* Laß sie nach Berlin kommen. *Let them come to Berlin.*

*Freedom has many difficulties and democracy is not perfect, but we have never had to put a wall up to keep our people in, to prevent them from leaving us. I want to say, on behalf of my countrymen, who live many miles away on the other side of the Atlantic, who are far distant from you, that they take the greatest pride that they have been able to share with you, even from a distance, the story of the last 18 years. I know of no town, no city, that has been besieged for 18 years that still lives with the vitality and the force, and the hope and the determination of the city of West Berlin. While the wall is the most obvious and vivid demonstration of the failures of the Communist system, for all the world to see, we take no satisfaction in it, for it is, as your Mayor has said, an offense not only against history but an offense against humanity, separating families, dividing husbands and wives and brothers and sisters, and dividing a people who wish to be joined together.*

*What is true of this city is true of Germany – real, lasting peace in Europe can never be assured as long as one German out of four is denied the elementary right of free men, and that is to make a free choice. In 18 years of peace and good faith, this generation of Germans has earned the right to be free, including the right to unite their families and their nation in*

Beaucoup de gens sur cette planète ne comprennent pas réellement, ou disent ne pas comprendre, quelle est la grande différence entre le monde libre et le monde communiste. Qu'ils viennent à Berlin. Il y en a qui disent que le communisme est l'avenir. Qu'ils viennent à Berlin. Il y en a qui disent, en Europe et ailleurs, que nous pouvons travailler avec les communistes. Qu'ils viennent à Berlin. Et il y en a même quelques-uns qui disent que, certes, le communisme est un système mauvais, mais qu'il permet un progrès économique. « *Laß sie nach Berlin kommen.* » Ils n'ont qu'à venir à Berlin.

La liberté n'est pas simple et la démocratie n'est pas parfaite, mais nous n'avons jamais eu besoin d'élever un mur pour conserver nos citoyens, pour éviter qu'ils ne nous fuient. Je veux vous dire, au nom de mes concitoyens qui vivent à des kilomètres d'ici, de l'autre côté de l'Atlantique, qui sont si loin de vous, qu'ils ressentent la plus grande fierté d'avoir pu, même à si grande distance, partager avec vous l'histoire des dix-huit dernières années. Je ne connais aucune cité, aucune ville qui ait été assiégée pendant dix-huit ans et qui continue à vivre avec la vitalité et la force, l'espoir et la détermination de la ville de Berlin-Ouest. Tandis que le Mur est la plus claire et vivante démonstration de l'échec du système communiste, étalé aux yeux du monde, nous n'en retirons aucune satisfaction parce qu'il s'agit, comme votre maire l'a dit, d'un crime non seulement contre l'Histoire, mais encore contre l'humanité, séparant des familles, divisant maris, *lasting peace, with good will to all people. You live in a defended island of freedom, but your life is part of the main. So let me ask you as I close, to lift your eyes beyond the dangers of today, to the hopes of tomorrow, beyond the freedom merely of this city of Berlin, or your country of Germany, to the advance of freedom everywhere, beyond the wall to the day of peace with justice, beyond yourselves and ourselves to all mankind.*

*Freedom is indivisible, and when one man is enslaved, all are not free. When all are free, then we can look forward to that day when this city will be joined as one and this country and this great Continent of Europe in a peaceful and hopeful globe. When that day finally comes, as it will, the people of West Berlin can take sober satisfaction in the fact that they were in the front lines for almost two decades.*

*All free men, wherever they may live, are citizens of Berlin, and, therefore, as a free man, I take pride in the words* « Ich bin ein Berliner ».

femmes, frères et sœurs, et divisant un peuple qui aspire à être réunifié.

Ce qui est vrai pour cette ville est vrai pour l'Allemagne. Une paix réelle et durable est impossible tant que sont refusés à un quart de l'Allemagne les droits fondamentaux des hommes libres et qui est de choisir librement. En dix-huit ans de paix et de repentir, cette génération d'Allemands a gagné le droit d'être libre, y compris d'unir leurs familles et leur nation dans une paix durable et une bonne volonté à l'égard de tous. Vous vivez dans un îlot de liberté préservée, mais votre vie fait partie de l'Histoire. Alors permettez-moi, en conclusion, de lever vos yeux par-delà les dangers d'aujourd'hui, vers les espoirs de demain, par-delà la liberté de cette ville de Berlin ou de votre pays d'Allemagne, vers les progrès de la liberté partout, par-delà le Mur, vers le jour de la paix juste, par-delà vous-mêmes et nous-mêmes, vers l'humanité tout entière.

La liberté est indivisible et quand un homme est asservi, tous ne sont pas libres. Lorsque tous seront libres, alors nous pourrons nous réjouir ensemble de ce jour où cette ville n'en formera plus qu'une, et ce pays, et ce grand continent d'Europe, dans un monde pacifié et rempli d'espoir. Lorsque ce jour viendra, le peuple de Berlin-Ouest pourra se satisfaire sobrement d'avoir été en première ligne pendant deux décennies.

Tout homme libre, où qu'il soit, est un citoyen de Berlin, aussi suis-je fier, en homme libre, de prononcer ces mots : « *Ich bin ein Berliner.* »

## AU PIED DU MUR

*Il y a deux sortes de murs. La plus courante, d'aussi loin que remonte la sédentarisation de l'espèce humaine, a pour vocation de constituer un abri contre les intrusions extérieures, qu'il s'agisse de protéger le domaine de la vie privée ou de garantir un territoire contre les invasions étrangères, pacifiques ou armées. Ainsi le* limes *romain, le mur d'Hadrien, ainsi la Grande Muraille, ainsi encore le mur que les États-Unis tentent aujourd'hui, assez vainement, d'opposer à l'immigration latino-américaine. Certains murs, en revanche, sont spécialement destinés à empêcher ceux qu'ils enferment de sortir ou de s'évader. Ainsi les murs des prisons, des casernes ou des asiles d'aliénés. Ainsi le mur de Berlin.*

*Création artificielle du vainqueur et occupant soviétique, la République démocratique allemande, appellation officielle de l'Allemagne de l'Est, a été conçue par l'URSS comme une riposte à la République fédérale allemande portée sur les fonts baptismaux par les Occidentaux, comme une vitrine exemplaire de la supériorité du système socialiste sur le système capitaliste. Hélas, douze ans après son inauguration, non seulement la vitrine reste désespérément vide, mais la « clientèle captive » du magasin s'évade. Entre 1949 et 1961, sur une population de vingt millions d'habitants à l'origine, trois millions six cent mille ont volontairement quitté leur paradis pour l'enfer. C'est, affirment les propagandistes du régime, qu'ils ont été attirés par les néons et les paillettes de ce prétendu « miracle » ouest-allemand qui n'est en réalité qu'un mirage. Une façon d'avouer, à demi-mot, l'échec de la RDA sur le plan économique, pour détourner l'attention de l'autre motivation, non moins forte, des fugitifs : les lumières de la liberté, éclatant contrepoint à la faillite politique et humaine de la RDA, que seuls structurent et pérennisent l'appareil du Parti, la police populaire (Vopos), la Sécurité d'État (Stasi) et son armée d'indicateurs.*

*Quoi qu'il en soit, le pays ne peut supporter plus longtemps l'hémorragie qui le vide de ses forces vives. La décision est prise, en grand secret, de suturer les artères par où s'écoule ce sang si précieux, en d'autres termes, de fermer les quelque soixante-sept* check points *berlinois qui permettent aux candidats à l'émigration de passer sans difficulté à l'Ouest. S'ajoutant à la frontière officielle, un mur isolera Berlin-Ouest, îlot de prospérité et de liberté enclavé en territoire est-allemand, du reste de la RDA. Le 13 août 1961, en pleine torpeur estivale, commence la construction du « mur de la honte », cette ligne fortifiée longue de plus de cent kilomètres qui, pendant vingt-huit ans, protégera ses « bénéficiaires » contre eux-mêmes et contre leurs tentations. Les travaux sont conduits avec une incomparable célérité, et la barrière se révélera efficace puisque, entre 1961 et 1989, cinq mille Allemands de l'Est, seulement, réussiront à s'évader au péril de leur vie. Faute de pouvoir dissoudre ou transformer son peuple, le régime est-allemand l'a incarcéré, et l'Occident a laissé faire.*

*Aussi bien les débuts de John Fitzgerald Kennedy sur la scène internationale ont-ils fait croire dans un premier temps à l'affaiblissement de la puissance et surtout de la détermination américaine. Président novice, ayant tout à découvrir, Kennedy s'est laissé mener en bateau par ses services secrets et a autorisé sans le soutenir le débarquement de mille deux cents exilés cubains sur la baie des Cochons, une équipée qui s'est terminée par un désastre humiliant pour les États-Unis et a scellé l'alliance entre le Cuba de Fidel Castro et l'URSS de Nikita Khrouchtchev. Dans le contexte de la guerre froide, cette confrontation permanente, idéologique, économique, géopolitique, parfois militaire et sanglante (hier la Corée, bientôt le Viêt-nam) des deux blocs qui se partagent le monde, et dont il faut bien que l'un triomphe de l'autre, les États-Unis, pour la première fois depuis 1945, ont plié devant l'adversaire et mis un genou en terre. C'est un signal de faiblesse, ou du moins il est interprété comme tel. En fait, l'effacement temporaire de Washington n'est que celui de son président, démoralisé et déprimé par sa déconvenue inaugurale. Il ne signifie nullement un changement dans le rapport des forces et je ne sais quelle démission américaine. On va bientôt s'en apercevoir.*

*La « crise des fusées » en sera l'occasion, qui, en octobre 1962, met le monde au bord d'une troisième guerre mondiale. Gonflé à bloc par le succès, Fidel Castro s'est fait fort de pouvoir installer des bases de missiles soviétiques sur son île, au nez et à la barbe des États-Unis, sans que ceux-ci réagissent, et l'impulsif Khrouchtchev, aussi prompt, en vrai matamore, à jouer les rodomonts et les tranche-montagne qu'à filer, la queue entre les jambes, s'il se heurte à plus fort que lui, s'est laissé persuader de tenter le coup. Il fera machine arrière, sans gloire, après un bras de fer de quarante-huit heures.*

*Du coup, les esprits et les choses se remettent en place. On s'était fait une frayeur sur des indices trompeurs. Le 20 janvier 1961, lors de son discours d'investiture, Kennedy n'a-t-il pas déclaré : « Que tous les pays le sachent, qu'ils nous veuillent du bien ou du mal. Nous sommes prêts à payer n'importe quel prix, à supporter toutes les charges, à endurer toutes les épreuves, à soutenir tous nos amis et à nous opposer à tout ennemi afin de garantir le succès et la survie de la liberté » ? Les mois passant, la « doctrine Kennedy » s'inscrit dans le prolongement exact de la politique d'un Truman et d'un Eisenhower.*

*Pour jeune, avenant, souriant et bronzé qu'il soit, le président play-boy est aussi déterminé que ses prédécesseurs à barrer la route au communisme, que ce soit en Amérique latine, quitte à s'allier avec les dictatures militaires du sous-continent, au Moyen-Orient, quitte à soutenir les monarchies les plus rétrogrades ou les moins populaires, que ce soit en Asie, quitte à intervenir par les armes, et c'est sous sa présidence que commencera l'engagement militaire américain au Viêt-nam. Reste à rassurer l'Europe de l'Ouest.*

*Le voyage de John F. Kennedy en Allemagne, au côté du chancelier Adenauer, et sa visite à Berlin-Ouest, à l'invitation du bourgmestre Willy Brandt, n'ont pas d'autre raison d'être. Les mots prononcés et les images diffusées à cette occasion, les uns et les autres d'une force extraordinaire, en assureront l'effet. Face à la porte de Brandebourg, murée, puis au balcon de l'hôtel de ville de Schöneberg, devant un million de Berlinois, à portée de vue, à portée d'oreille de cette autre Allemagne dont on s'étonne aujourd'hui que l'existence ait pu se prolonger près d'un demi-siècle, le président des États-Unis tient le discours qu'attend alors chaque Allemand et que chaque Allemand aurait aimé pouvoir tenir. Il donne une voix à un pays qui avait perdu le droit à la parole, il lui apporte l'espoir, il dissipe ses craintes. L'Allemagne n'est plus seule. Le « monde libre » a de nouveau un défenseur.*

D. J.

## Martin Luther King

# "I HAVE A DREAM"

*(Lincoln Memorial, Washington, August 28th, 1963)*

*I am happy to join with you today in what will go down in history as the greatest demonstration for freedom in the history of our nation.*

*Five score years ago, a great American, in whose symbolic shadow we stand today, signed the Emancipation Proclamation. This momentous decree came as a great beacon light of hope to millions of Negro slaves who had been seared in the flames of withering injustice. It came as a joyous daybreak to end the long night of their captivity.*

*But one hundred years later, the Negro still is not free. One hundred years later, the life of the Negro is still sadly crippled by the manacles of segregation and the chains of discrimination. One hundred years later, the Negro lives on a lonely island of poverty in the midst of a vast ocean of material prosperity. One hundred years later, the Negro is still languishing in the corners of American society and finds himself an exile in his own land. So we have come here today to dramatize a shameful condition.*

Martin Luther King

## "J'AI FAIT UN RÊVE"

*(Lincoln Memorial de Washington, 28 août 1963)*

Je suis heureux de me joindre à vous aujourd'hui, pour ce qui restera comme la plus grande manifestation pour la paix dans l'histoire de notre nation.

Il y a cent ans, un grand Américain, qui jette sur nous aujourd'hui son ombre symbolique, a signé la Proclamation d'émancipation. Cet arrêté d'une importance capitale venait porter lumière, comme un phare d'espoir, aux millions d'esclaves noirs marqués par les flammes d'une injustice foudroyante, et annonçait l'aube joyeuse qui allait mettre fin à la longue nuit de la captivité.

Mais un siècle plus tard, nous devons faire le constat tragique que les Noirs ne sont pas encore libres. Un siècle plus tard, la vie des Noirs reste entravée par la ségrégation et enchaînée par la discrimination. Un siècle plus tard, les Noirs représentent un îlot de pauvreté au milieu d'un vaste océan de prospérité matérielle. Un siècle plus tard, les Noirs languissent toujours dans les marges de la

*In a sense we have come to our nation's capital to cash a check. When the architects of our republic wrote the magnificent words of the Constitution and the Declaration of Independence, they were signing a promissory note to which every American was to fall heir. This note was a promise that all men, yes, black men as well as white men, would be guaranteed the unalienable rights of life, liberty, and the pursuit of happiness.*

*It is obvious today that America has defaulted on this promissory note insofar as her citizens of color are concerned. Instead of honoring this sacred obligation, America has given the Negro people a bad check, a check which has come back marked « insufficient funds ». But we refuse to believe that the bank of justice is bankrupt. We refuse to believe that there are insufficient funds in the great vaults of opportunity of this nation. So we have come to cash this check – a check that will give us upon demand the riches of freedom and the security of justice. We have also come to this hallowed spot to remind America of the fierce urgency of now. This is no time to engage in the luxury of cooling off or to take the tranquilizing drug of gradualism. Now is the time to make real the promises of democracy. Now is the time to rise from the dark and desolate valley of segregation to the sunlit path of racial justice. Now is the time to lift our nation from the quick sands of racial injustice to the solid rock of brotherhood. Now is the time to make justice a reality for all of God's children.*

*It would be fatal for the nation to overlook the urgency of the moment. This sweltering summer of the Negro's legitimate discontent will not pass until* société américaine, des exilés dans leur propre terre. C'est pourquoi, aujourd'hui, nous venons ici dramatiser notre effroyable condition.

Nous venons dans la capitale de notre nation pour demander, en quelque sorte, le paiement d'un chèque. Quand les architectes de notre République écrivirent les textes magnifiques de la Constitution et de la Déclaration d'indépendance, ils signèrent un billet à l'ordre de chaque Américain. C'était la promesse que chacun serait assuré de son droit inaliénable à la vie, à la liberté et à la poursuite du bonheur.

Il est aujourd'hui évident que l'Amérique a manqué à cet engagement quant à ses citoyens de couleur. Au lieu de faire honneur à cette obligation sacrée, l'Amérique a délivré au peuple noir un chèque qui lui revient marqué des mots « sans provision ». Mais nous ne saurions croire que la banque de la Justice a fait faillite. Nous ne saurions croire qu'il n'y a plus suffisamment de provisions dans les grands coffres d'opportunité nationaux. Alors, nous venons exiger paiement contre ce chèque, paiement sur demande des richesses de la liberté et de la sécurité que procure la Justice. Nous venons également rappeler à l'Amérique, en ce lieu sacré, l'urgence absolue du moment. Ce n'est pas le moment de se payer le luxe d'attendre que les esprits se calment, ni de nous laisser endormir par une approche gradualiste. Il est temps de quitter la vallée sombre et désolée de la ségrégation pour prendre le chemin ensoleillé de la justice raciale. Il est temps d'ouvrir les portes de l'opportunité à tous les enfants *there is an invigorating autumn of freedom and equality. Nineteen sixty-three is not an end, but a beginning. Those who hope that the Negro needed to blow off steam and will now be content will have a rude awakening if the nation returns to business as usual. There will be neither rest nor tranquility in America until the Negro is granted his citizenship rights. The whirlwinds of revolt will continue to shake the foundations of our nation until the bright day of justice emerges.*

*But there is something that I must say to my people who stand on the warm threshold which leads into the palace of justice. In the process of gaining our rightful place we must not be guilty of wrongful deeds. Let us not seek to satisfy our thirst for freedom by drinking from the cup of bitterness and hatred.*

*We must forever conduct our struggle on the high plane of dignity and discipline. We must not allow our creative protest to degenerate into physical violence. Again and again we must rise to the majestic heights of meeting physical force with soul force. The marvelous new militancy which has engulfed the Negro community must not lead us to a distrust of all white people, for many of our white brothers, as evidenced by their presence here today, have come to realize that their destiny is tied up with our destiny. They have come to realize that their freedom is inextricably bound to our freedom. We cannot walk alone.*

*As we walk, we must make the pledge that we shall always march ahead. We cannot turn back. There are those who are asking the devotees of civil rights,* de Dieu. Il est temps de tirer notre nation des sables mouvants de l'injustice raciale jusqu'au rocher solide de la fraternité.

Que la nation ne tienne pas compte de l'urgence du moment, qu'elle sous-estime la détermination des Noirs, lui serait fatal. Cet été étouffant du mécontentement légitime des Noirs ne prendra fin qu'à l'arrivée d'un automne vivifiant qui amènera liberté et égalité. L'année 1963 n'est pas une fin, mais un début. Ceux qui veulent croire que les Noirs se satisferont seulement de s'exprimer avec force s'exposent à un fâcheux réveil, si la nation revient aux affaires habituelles comme si de rien n'était. L'Amérique ne connaîtra ni repos ni tranquillité tant que les Noirs ne jouiront pas pleinement de leurs droits civiques. Les orages de la révolte continueront à secouer les fondations de notre pays jusqu'au jour où la lumière de la justice arrivera.

Mais il y a une chose que je dois dire à mon peuple, qui est sur le point de franchir le seuil de la Justice. Luttant pour prendre notre juste place, nous ne devrons pas nous rendre coupables d'actes injustes. Ne buvons pas à la coupe de l'amertume et de la haine pour assouvir notre soif.

Nous devons toujours conduire notre lutte dans un haut souci de dignité et de la discipline. Nous ne pouvons pas laisser notre protestation créative dégénérer en violence physique. Encore et encore, nous devons atteindre ce niveau exalté où nous opposons à la force physique la force de l'âme. Le magnifique militantisme qui a saisi la communauté

*« When will you be satisfied ? » We can never be satisfied as long as the Negro is the victim of the unspeakable horrors of police brutality. We can never be satisfied, as long as our bodies, heavy with the fatigue of travel, cannot gain lodging in the motels of the highways and the hotels of the cities. We cannot be satisfied as long as the Negro's basic mobility is from a smaller ghetto to a larger one. We can never be satisfied as long as our children are stripped of their selfhood and robbed of their dignity by signs stating « For Whites Only ». We cannot be satisfied as long as a Negro in Mississippi cannot vote and a Negro in New York believes he has nothing for which to vote. No, no, we are not satisfied, and we will not be satisfied until justice rolls down like waters and righteousness like a mighty stream.*

*I am not unmindful that some of you have come here out of great trials and tribulations. Some of you have come fresh from narrow jail cells. Some of you have come from areas where your quest for freedom left you battered by the storms of persecution and staggered by the winds of police brutality. You have been the veterans of creative suffering. Continue to work with the faith that unearned suffering is redemptive.*

*Go back to Mississippi, go back to Alabama, go back to South Carolina, go back to Georgia, go back to Louisiana, go back to the slums and ghettos of our northern cities, knowing that somehow this situation can and will be changed. Let us not wallow in the valley of despair.*

*I say to you today, my friends, so even though we face the difficulties of today and tomorrow, I still have* noire ne doit pas nous conduire à nous méfier de tous les Blancs, puisque beaucoup de nos frères blancs, comme le prouve leur présence aujourd'hui, se sont rendu compte que leur destin est lié au nôtre, et que leur liberté dépend étroitement de la nôtre. Nous ne pouvons pas marcher seuls.

Si nous marchons, nous devons jurer d'aller toujours de l'avant. Nous ne pouvons pas faire demi-tour. Il y en a qui demandent aux fervents des droits civiques : « Quand serez-vous satisfaits ? » Nous resterons insatisfaits tant que nous ne pourrons pas reposer nos corps fatigués dans les motels des routes et les hôtels des villes. Nous resterons insatisfaits tant que les Noirs ne pourront bouger que d'un petit ghetto dans un ghetto plus grand. Nous resterons insatisfaits tant que nos enfants seront spoliés de leur identité, dépouillés de leur dignité par des écriteaux stipulant « réservé aux Blancs ». Nous resterons insatisfaits tant qu'un Noir du Mississippi n'aura pas le droit de voter et tant qu'un Noir de New York ne verra aucune bonne raison de voter. Non, non, nous ne sommes pas satisfaits, et nous ne serons satisfaits que le jour où la justice se déchaînera comme les eaux, et que la rectitude sera comme un fleuve puissant.

Je n'ignore pas que certains d'entre vous arrivent ici après maintes épreuves et tribulations. Certains d'entre vous viennent directement des cellules étroites des prisons. Certains d'entre vous viennent des régions où votre quête pour la liberté vous a laissés meurtris par les orages de la persécution et renversés par le vent de la brutalité policière. Vous *a dream. It is a dream deeply rooted in the American dream.*

*I have a dream that one day this nation will rise up and live out the true meaning of its creed : « We hold these truths to be self-evident : that all men are created equal. »*

*I have a dream that one day on the red hills of Georgia the sons of former slaves and the sons of former slave owners will be able to sit down together at the table of brotherhood.*

*I have a dream that one day even the state of Mississippi, a state sweltering with the heat of injustice, sweltering with the heat of oppression, will be transformed into an oasis of freedom and justice.*

*I have a dream that my four little children will one day live in a nation where they will not be judged by the color of their skin but by the content of their character.*

*I have a dream today.*

*I have a dream that one day, down in Alabama, with its vicious racists, with its governor having his lips dripping with the words of interposition and nullification ; one day right there in Alabama, little black boys and black girls will be able to join hands with little white boys and white girls as sisters and brothers.*

*I have a dream today.*

*I have a dream that one day every valley shall be exalted, every hill and mountain shall be made low, the rough places will be made plain, and the crooked places will be made straight, and the glory of the Lord shall be revealed, and all flesh shall see it together.*

êtes les vétérans de la souffrance créative. Persévérez dans l'assurance que la souffrance non méritée vous portera rédemption.

Retournez au Mississippi, retournez en Alabama, retournez en Géorgie, retournez en Louisiane, retournez dans les ghettos et quartiers pauvres de nos villes du Nord, sachant que cette situation, d'une manière ou d'une autre, peut être changée et le sera. Ne nous complaisons pas dans la vallée du désespoir.

Je vous dis aujourd'hui, mes amis, que malgré les difficultés et les frustrations du moment, j'ai quand même fait un rêve. C'est un rêve profondément enraciné dans le rêve américain.

J'ai fait un rêve, qu'un jour cette nation se lèvera et vivra la vraie signification de sa croyance : « Nous tenons ces vérités comme allant de soi, que les hommes naissent égaux. »

J'ai fait un rêve, qu'un jour, sur les collines de terre rouge de la Géorgie, les fils des anciens esclaves et les fils des anciens propriétaires d'esclaves pourront s'asseoir ensemble à la table de la fraternité.

J'ai fait un rêve, qu'un jour même l'État du Mississippi, désert étouffant d'injustice et d'oppression, sera transformé en une oasis de liberté et de justice.

J'ai fait un rêve, que mes quatre enfants habiteront un jour une nation où ils seront jugés non pas sur la couleur de leur peau, mais sur le contenu de leur caractère.

J'ai fait un rêve, aujourd'hui.

J'ai fait un rêve, qu'un jour l'État de l'Alabama, dont le gouverneur actuel parle d'interposition et

*This is our hope. This is the faith that I go back to the South with. With this faith we will be able to hew out of the mountain of despair a stone of hope. With this faith we will be able to transform the jangling discords of our nation into a beautiful symphony of brotherhood. With this faith we will be able to work together, to pray together, to struggle together, to go to jail together, to stand up for freedom together, knowing that we will be free one day.*

*This will be the day when all of God's children will be able to sing with a new meaning, « My country, 'tis of thee, sweet land of liberty, of thee I sing. Land where my fathers died, land of the pilgrim's pride, from every mountainside, let freedom ring. »*

*And if America is to be a great nation this must become true. So let freedom ring from the prodigious hilltops of New Hampshire. Let freedom ring from the mighty mountains of New York. Let freedom ring from the heightening Alleghenies of Pennsylvania!*

*Let freedom ring from the snowcapped Rockies of Colorado !*

*Let freedom ring from the curvaceous slopes of California !*

*But not only that ; let freedom ring from Stone Mountain of Georgia !*

*Let freedom ring from Lookout Mountain of Tennessee !*

*Let freedom ring from every hill and molehill of Mississippi. From every mountainside, let freedom ring.*

*And when this happens, when we allow freedom to ring, when we let it ring from every village and every hamlet, from every state and every city, we will* de nullification[1], sera transformé en un endroit où des petits enfants noirs pourront prendre la main des petits enfants blancs et marcher ensemble comme frères et sœurs.

J'ai fait un rêve, aujourd'hui.

J'ai fait un rêve, qu'un jour, chaque vallée sera exhaussée, chaque colline et chaque montagne sera nivelée, les endroits rugueux seront aplanis et les endroits tortueux seront redressés, et la gloire du Seigneur sera révélée, et tous les hommes la verront ensemble.

Ceci est notre espoir. C'est avec cet espoir que je rentre au Sud. Avec cette foi, nous pourrons transformer les discordances de notre nation en une belle symphonie de fraternité. Avec cette foi, nous pourrons travailler ensemble, prier ensemble, lutter ensemble, être emprisonnés ensemble, nous révolter pour la liberté ensemble, sachant qu'un jour nous serons libres.

Quand ce jour arrivera, tous les enfants de Dieu pourront entonner avec un sens nouveau ce chant patriotique : « Mon pays, c'est toi, douce patrie de la liberté, c'est toi que je chante. Terre où reposent mes aïeux, fierté des pèlerins, de chaque montagne, que la liberté retentisse. »

Et si l'Amérique veut être une grande nation, ceci doit se faire. Alors, que la liberté retentisse des grandes collines du New Hampshire. Que la liberté retentisse des montagnes puissantes de l'État de

1. Nullification : suspension, sur le territoire d'un État américain, de l'exécution d'une loi fédérale jugée contraire à la Constitution.

*be able to speed up that day when all of God's children, black men and white men, Jews and Gentiles, Protestants and Catholics, will be able to join hands and sing in the words of the old Negro spiritual, « Free at last! free at last! thank God Almighty, we are free at last! »*

New York. Que la liberté retentisse des hautes Alleghenies de Pennsylvanie !

Que la liberté retentisse des Rocheuses enneigées du Colorado !

Que la liberté retentisse des beaux sommets de la Californie !

Mais ce n'est pas tout : que la liberté retentisse des Stone Mountains de la Géorgie !

Que la liberté retentisse des Lookout Mountains du Tennessee !

Que la liberté retentisse de chaque colline et de chaque taupinière du Mississippi !

Que la liberté retentisse !

Quand nous laisserons retentir la liberté, quand nous la laisserons retentir de chaque village et de chaque lieu-dit, de chaque État et de chaque ville, nous ferons approcher ce jour où tous les enfants de Dieu, Noirs et Blancs, juifs et gentils, catholiques et protestants, pourront se prendre par la main et chanter les paroles du vieux spiritual noir : « Enfin libres ! Enfin libres ! Dieu tout-puissant, merci, nous sommes enfin libres ! »

## L'homme qui changea les Blancs

*Être né quelque part... Fils d'un pasteur de l'Église baptiste, petit-fils d'un pasteur du côté maternel et, du côté paternel, d'un journalier qui travaillait dans les champs de coton, Martin Luther King, né en 1929, aura pu découvrir, en même temps qu'il apprenait à marcher et à parler,* *ce que c'était qu'être noir dans ce Sud profond, vaincu mais rebelle, dans ce Sud qui a subi mais n'a pas accepté sa défaite, dans ce Sud où les Blancs refusent farouchement de se plier aux injonctions et aux lois fédérales et s'obstinent à tenir le haut du pavé, littéralement. En 1939, le petit Martin, âgé de dix ans, participe au sein d'une chorale d'enfants noirs à la première d'*Autant en emporte le vent, *mais à Atlanta, sa ville natale, les Noirs n'ont pas accès aux restaurants, aux salles d'attente, aux bancs publics* « white only » *; dans les rues, lorsqu'ils croisent un Blanc, ils doivent lui céder le pas et descendre du trottoir, comme les Français pendant l'Occupation lorsqu'ils croisaient un soldat allemand.*

*En 1944, les Filles de la Révolution américaine* (sic) *prétendent interdire à la cantatrice Marian Anderson, au sommet de son art et de sa gloire, de se produire au Constitution Hall de Philadelphie. La chanteuse est pourtant citoyenne d'honneur de la ville. Elle pourra finalement chanter, mais aucun hôtel convenable n'accepte de la recevoir. Elle est noire. La même année, en juin, le jeune Martin participe à un concours d'éloquence à l'Université (noire) Booker T. Washington, en Caroline du Nord. C'est le premier texte de lui qui ait été conservé. « Nous ne pouvons, y dit-il, avoir une démocratie éclairée, quand un groupe humain y vit dans l'ignorance ; une nation en bonne santé, quand un dixième de la population est sous-alimenté, malade et véhicule des germes de contagion qui ignorent les lois de Jim Crow*[1]*. Nous ne pouvons vivre dans un pays ordonné quand un groupe humain est si déshérité qu'il est presque contraint à des attitudes antisociales et au crime. Nous ne pouvons être un pays véritablement chrétien tant*

1. Lois restrictives, promulguées dans les États du Sud après l'Émancipation (1865), introduisant notamment la ségrégation dans les écoles et les transports publics. Elles seront progressivement abolies entre 1954 et 1964.

*que nous bafouons le commandement central de Jésus : l'amour fraternel. Nous nous sacrifions pour défendre la liberté contre des attaques venues de l'extérieur. Donnons ici plus de chances aux gens... Viendra le jour où nous marcherons la tête haute à côté des Saxons, où l'on dira : c'est un Noir et pourtant c'est un homme... » L'égalité des droits, l'égalité des chances, la lutte contre le racisme, le combat contre la pauvreté sont déjà en germe dans ces quelques lignes. Ce sera le programme de Martin Luther King. Le discours du jeune homme est couronné. Alors qu'il rentre en autocar à Atlanta, le lauréat est sommé de laisser son siège à un Blanc. Il se rebiffe, mais son professeur, qui l'a accompagné, le persuade de se soumettre. Ceci se passait en 1944, au pays des héros et de la liberté.*

*C'est parce que le 1er décembre 1955 une jeune couturière noire, Rosa Parks, a refusé de céder sa place d'autobus à un passager blanc, enfreignant ainsi un arrêté municipal, que Martin Luther King, ordonné prêtre dès ses dix-neuf ans, responsable d'une paroisse dans cette même ville de Montgomery (Alabama), s'engage corps et âme, pour la première fois, dans le mouvement pour les droits civiques. À son appel, les cinquante mille Noirs vivant dans cette agglomération de cent mille habitants décident de boycotter les transports publics de Montgomery. Ils tiendront plus d'un an, en dépit des arrestations, des intimidations, des menaces. Luther King lui-même sera incarcéré à deux reprises, son domicile sera l'objet d'une tentative d'incendie. Mais le succès est au bout du chemin. Le 13 novembre 1956, la Cour suprême rend un arrêt condamnant la ségrégation dans les transports. Le 20 décembre, elle enjoint à la ville de Montgomery de se conformer à la loi. La protestation non violente l'a emporté.*

*La suite est bien connue, jalonnée d'un côté de marches pacifiques, de* sit-in, *de meetings, de l'autre d'emprisonnements, de violences, d'attentats. La force physique est dans un camp, la force morale dans l'autre. Marches de Birmingham pour les droits civiques en 1963. Marches de Selma et de Saint Augustine en 1964 et 1965, pour l'inscription des Noirs sur les listes électorales. Les deux présidents démocrates du moment, Kennedy (assassiné en 1963) puis Johnson, prennent acte du mouvement et l'opinion, noire comme blanche, prend conscience de sa force et de son bien-fondé. Le Civil Rights Act, en 1964, et le Voting Right Act, en 1965, font entrer définitivement dans la loi et dans la pratique des revendications restées insatisfaites depuis Lincoln et la victoire du droit, un siècle plus tôt.*

*Le fameux discours du 28 août 1963,* « I have a dream », *prononcé sur le Mall de Washington devant deux cent cinquante mille manifestants, marque le point culminant de la vie et de l'action de Martin Luther King. Le prix Nobel de la paix, en 1964, est sa consécration internationale. Lorsque par la suite Luther King, accusé de mollesse par l'extrémiste Malcolm X (assassiné en 1965), s'engage à fond dans la lutte contre la pauvreté et contre la guerre du Viêt-nam, son influence décline : sa radicalisation est jugée insuffisante par les Black Panthers, et excessive par une grande partie de l'opinion. Peu lui importe, sa mission sur terre est accomplie. La cause pour laquelle il a vécu a avancé en dix années à pas de géant. Enfin les États-Unis ont fait entrer leurs principes dans leur droit et dans leurs mœurs. Quoi que l'on pense de Barack Obama, s'il a pu se porter candidat à la présidence des États-Unis en 2008, si le fait de sa candidature et l'éventualité de sa victoire n'ont pas suscité le moindre remous, c'est à l'action de Martin Luther King et à son sacrifice qu'il le doit.*

*Que celui-ci ait rassemblé et entraîné derrière lui son « peuple » témoigne de l'immense demande de justice et de réparation qui émanait de la communauté noire des États-Unis. Qu'il ait réussi à éviter tout débordement dans la masse qui le suivait témoigne de son charisme. Le moins étonnant n'est pas qu'il ait également gagné peu à peu à ses idéaux l'adhésion de l'immense majorité d'une population blanche jusqu'alors soit indifférente, soit arc-boutée sur son misérable* statu quo, *cela en lui démontrant que la lutte des Noirs n'avait pas pour but la subversion mais l'intégration, qu'elle n'avait pas pour moyen l'émeute mais la non-violence, et qu'elle ne descendait dans la rue que pour solliciter la bienveillance du Congrès et rappeler la Cour suprême à ses devoirs. Le plus grand mérite, à vrai dire extraordinaire, de Martin Luther King est, en ouvrant les yeux aveugles, l'esprit borné et le cœur fermé des Blancs de son pays, de les avoir arrachés au déni qui était le péché de l'Amérique. Ce n'est pas par hasard ni en vain que, dans sa croisade, Martin Luther King s'est constamment réclamé des pères fondateurs, de Lincoln, de la Constitution, de la Bible, autrement dit des signes de l'identité nationale.*

*Le 3 avril 1968, Martin Luther King prononce un discours grave et prophétique : « Comme tout le monde, j'aimerais vivre vieux. Mais Dieu m'a permis de monter en haut de la montagne. De là, j'ai regardé et j'ai vu la Terre promise. Je n'irai peut-être pas là-bas avec vous… Je n'ai aucune crainte. Je n'ai peur de personne. Mes yeux ont vu la gloire du Seigneur. »*

*Le 4 avril 1968, à 18 h 01, un nommé James Earl Ray tirait sur Martin Luther King. Ces années-là, on tuait beaucoup aux États-Unis.*

D. J.

ERNESTO CHE GUEVARA

# "IL EST TEMPS DE SECOUER LE JOUG"

*(Deuxième séminaire de solidarité afro-asiatique, Alger, 24 février 1965)*

Mes frères,

Cuba se présente à cette conférence bien décidé à être, de sa propre initiative, la voix des peuples d'Amérique. Comme nous l'avons souligné en d'autres occasions, Cuba s'exprime en outre depuis sa condition de pays sous-développé attelé à construire le socialisme. Ce n'est pas un hasard si notre délégation est autorisée à formuler son opinion dans le cercle des peuples d'Asie et d'Afrique. Une aspiration commune, la défaite de l'impérialisme, nous unit dans notre marche vers l'avenir, un passé commun de lutte contre un même ennemi nous a unis tout au long du chemin déjà parcouru.

Ceci est une assemblée des peuples en lutte. Le combat, qui exige la somme de tous nos efforts, se développe sur deux fronts d'égale importance. La lutte contre l'impérialisme, pour se débarrasser des entraves coloniales ou néocoloniales, qui se mène par les armes politiques, par les armes à feu ou en combinant les deux, n'est pas indépendante de la lutte contre le retard et la pauvreté. Ce sont deux étapes sur une même route conduisant à la création d'une société nouvelle, riche et juste à la fois. Il est impératif d'obtenir le pouvoir politique et de liquider les classes des oppresseurs, mais, ensuite, il faut se frotter à la deuxième étape de la lutte, qui requiert, si seulement c'est possible, des caractéristiques plus difficiles encore que la première.

Depuis qu'ils se sont emparés du monde, les capitaux monopolistiques maintiennent dans la pauvreté la majorité du genre humain et partagent le gâteau entre les pays les plus puissants. Le niveau de vie de ces pays repose sur la misère des nôtres. Pour élever le niveau de vie des peuples sous-développés, il faut donc lutter contre l'impérialisme. Chaque fois qu'un pays s'arrache de l'arbre impérialiste, ce n'est pas seulement une victoire dans une bataille partielle contre notre ennemi fondamental, mais aussi une contribution à son réel affaiblissement et un pas vers la victoire définitive.

Il n'y a pas de frontières dans cette lutte à mort, il nous est impossible de rester indifférents à ce qui se produit ailleurs sur la terre. Une victoire d'un pays, quel qu'il soit, contre l'impérialisme, est toujours notre victoire, tout comme la défaite d'une nation, quelle qu'elle soit, est une défaite pour tous. La pratique de l'internationalisme prolétarien n'est pas seulement une obligation des peuples en lutte pour garantir un avenir meilleur, c'est aussi une absolue nécessité. Lorsque l'ennemi impérialiste, d'Amérique du Nord ou d'ailleurs, développe son action contre les peuples sous-développés et les pays socialistes, une logique élémentaire impose la nécessité d'une alliance des peuples sous-développés et des pays socialistes. Même s'il n'y avait aucun autre facteur d'union, l'ennemi commun devrait en constituer un.

Il est clair que ces unions ne peuvent pas germer spontanément, sans discussions, sans un pacte préalable qui est parfois douloureux.

Chaque fois qu'un pays est libéré, je l'ai déjà dit, c'est une défaite du système impérialiste mondial. Pourtant, il nous faut en convenir, cet émiettement n'est pas le simple fruit d'une proclamation d'indépendance ou d'une victoire par les armes dans une révolution ; il survient lorsque cesse de s'exercer la domination économique impérialiste sur un peuple. Les pays socialistes ont donc un intérêt vital à voir cet émiettement se produire vraiment, et il est de notre devoir international, celui que fixe l'idéologie qui guide nos pas, de contribuer par nos efforts à une libération aussi rapide et profonde que possible.

Il y a une conséquence à tirer de tout cela : le développement des pays qui empruntent aujourd'hui le chemin de la libération doit être financé par les pays socialistes. Je le dis ainsi, sans intention de me livrer à un chantage, sans ménager d'effet d'annonce ni tenter un rapprochement facile avec l'ensemble des peuples afro-asiatiques. C'est une conviction profonde.

Il ne peut pas y avoir de socialisme s'il n'y a pas un changement dans les consciences qui soit la source d'une nouvelle attitude fraternelle envers l'humanité. Ce changement est autant de nature individuelle, dans la société où se construit le socialisme ou dans celle où il est déjà construit, que de nature mondiale, concernant tous les peuples qui souffrent de l'oppression impérialiste.

Nous croyons que c'est dans cet état d'esprit qu'il faut faire face à notre devoir d'assistance envers les pays dépendants, et qu'il n'est plus question de parler de développer un commerce fondé sur le principe du bénéfice mutuel, comme il se fait sur la base de prix que la théorie de la valeur et les relations internationales des échanges inégaux, produits de cette même théorie de la valeur, opposent aux pays attardés.

Comment peut-on entendre par « bénéfice mutuel » la vente aux prix du marché mondial des matières premières qui coûtent sueur et souffrances sans limites aux pays sous-développés contre l'achat aux prix du marché mondial des machines fabriquées dans les grandes usines automatisées actuelles ?

Si nous établissons ce genre de relations entre pays sous-développés et pays socialistes, il nous faut admettre que ces derniers sont, d'une certaine manière, complices de l'exploitation impériale. On peut argumenter sur le fait que le montant des échanges avec les pays sous-développés constitue la part mineure du commerce extérieur des pays socialistes. C'est une grande vérité, mais elle n'élimine pas le caractère immoral de l'échange.

Les pays socialistes ont le devoir moral de mettre un terme à leur complicité tacite avec les pays exploiteurs de l'Occident. Le volume aujourd'hui limité des échanges commerciaux ne laisse présager de rien. En 1950, Cuba ne vendait qu'occasionnellement du sucre à l'un ou l'autre des pays du bloc socialiste, principalement par l'entremise de courtiers anglais ou d'autres nationalités. De nos jours, quatre-vingts pour cent de son commerce s'effectue avec les pays socialistes. Tous ses approvisionnements vitaux viennent du camp socialiste, dont Cuba fait d'ailleurs désormais partie. Il serait aussi inexact d'affirmer que notre adhésion au camp socialiste a pour seule origine l'augmentation des échanges commerciaux, que d'attribuer l'augmentation des échanges à l'élimination des vieilles structures et à l'adoption d'une version socialiste du développement. Ces deux extrêmes se rejoignent et ils sont interdépendants.

Nous ne progressons pas dans la voie qui nous mène au communisme en franchissant toutes les étapes prévues ; notre progression n'est pas la conséquence logique d'un développement idéologique mené selon une fin déterminée. Les vérités du socialisme, et les rudes vérités de l'impérialisme, ont progressivement forgé notre peuple, lui montrant la voie que nous avons ensuite adoptée en toute conscience. Les peuples d'Afrique et d'Asie qui voudront aller vers leur libération définitive devront suivre cette même route. Ils y viendront tôt ou tard, même si aujourd'hui un adjectif quelconque définit leur socialisme. À nos yeux, il n'y a pas d'autre définition valable du socialisme que l'abolition de l'exploitation de l'homme par l'homme. Tant que celle-ci ne se produit pas, nous n'en sommes qu'à la période de construction de la société socialiste. Si cette abolition n'a pas lieu, si, à la place, l'éradication de l'exploitation stagne ou même recule, il est exclu d'évoquer la construction du socialisme.

Nous devons créer les conditions requises pour que nos frères s'engagent de manière directe et consciente dans la voie de l'abolition définitive de l'exploitation, mais nous ne pouvons pas les inviter à s'y engager si nous sommes l'un des complices de cette exploitation. Si l'on nous demandait quelle méthode permet de fixer des prix équitables, il nous serait impossible de répondre, nous ignorons l'étendue pratique de la question. La seule chose que nous savons, c'est que, après des discussions politiques, l'Union soviétique et Cuba ont signé des accords qui nous avantagent, grâce auxquels nous vendrons jusqu'à cinq millions de tonnes de sucre à un prix fixe, supérieur aux prix habituels du prétendu marché libre mondial du sucre. La République populaire de Chine s'en tient aux mêmes tarifs.

Ce n'est qu'une information pertinente. Le véritable travail consiste à fixer les prix qui permettent le développement. Un changement de taille sera celui qui concernera les priorités dans les relations internationales ; le commerce extérieur ne doit plus déterminer les politiques ; au contraire, il doit être subordonné à une politique fraternelle envers les peuples.

Nous analyserons brièvement la question des crédits à long terme destinés à développer les industries de base. Nous découvrons fréquemment que les pays bénéficiaires de ces crédits se disposent à mettre en place des bases industrielles qui dépassent de loin leurs capacités actuelles. Leurs produits ne seront pas consommés chez eux, et leurs réserves seront compromises par l'effort.

Notre raisonnement est que les investissements des pays socialistes dans leur propre territoire pèsent directement sur le budget de l'État, et que le processus de fabrication doit impliquer une chaîne de production complète, jusque dans les plus petits détails de la manufacture, pour que celui-ci récupère son investissement. Nous proposons que de tels investissements soient envisagés dans les pays sous-développés.

On pourrait ainsi mettre en marche une force colossale qui couve dans nos continents misérablement exploités, mais jamais aidés dans leur développement, et commencer une nouvelle étape de véritable partage international du travail, prenant pour base non pas l'histoire de ce qui a été fait jusqu'à ce jour, mais l'histoire future de ce qu'on pourrait faire.

Les États dont le territoire accueillera les nouveaux investissements disposeront sur ces derniers de tous les droits inhérents à une propriété souveraine, sans en passer par le moindre paiement ou crédit. En échange, ils seront soumis à l'obligation de fournir une quantité déterminée de produits aux pays investisseurs pendant une certaine durée et à un prix fixé d'avance.

Il n'est pas inutile d'étudier aussi la manière de financer la partie locale des dépenses que doit consentir un pays qui réalise des investissements de cette nature. Une forme d'aide, qui ne signifie pas une distribution de devises convertibles, pourrait être la fourniture aux gouvernements des pays sous-développés de produits faciles à vendre, moyennant des crédits à long terme.

Un autre problème, difficile lui aussi à résoudre, est celui de la conquête de la technique. Le déficit de techniciens dont nous souffrons, nous autres pays du tiers-monde, est bien connu de tous. Nous manquons de centres d'enseignement et de cadres formateurs. Ce dont nous manquons parfois, c'est d'une conscience réelle de nos besoins et de la volonté de mener à bien une politique de développement technique, culturel et idéologique à laquelle soit assignée la priorité.

Les pays socialistes doivent apporter l'assistance nécessaire à la création des organismes d'enseignement technique, insister sur son caractère primordial, et fournir les cadres nécessaires pour pallier le déficit actuel. Il est nécessaire d'insister sur ce dernier point : les techniciens qui viendront dans nos pays devront être exemplaires. Il s'agira de camarades qui devront se frotter à un milieu inconnu, souvent hostile à la technique, parlant une autre langue et aux habitudes en tout point différentes. Les techniciens qui seront confrontés à cette tâche difficile devront être, avant tout, des communistes, dans l'acception la plus noble et la plus profonde du terme. Cette seule qualité, accompagnée d'une once d'organisation et de flexibilité, fera des merveilles. Nous savons que c'est possible puisque les pays frères nous ont envoyé un certain nombre de techniciens, et que ces techniciens ont fait davantage pour le développement de notre pays que dix centres de formation, et qu'ils ont davantage contribué à notre amitié que dix ambassadeurs ou cent réceptions diplomatiques.

Si les points énoncés pouvaient se concrétiser et si, en outre, était mise à la portée des pays sous-développés toute la technologie des pays développés sans en appeler au système des licences obligatoires et brevets qui protègent de nos jours les découvertes des uns et des autres, nous aurions bien progressé dans notre labeur commun.

Les batailles partielles où il a été défait sont nombreuses, mais, dans le monde, il faut faire avec l'impérialisme qui reste une force considérable, et il est impossible d'aspirer à sa défaite définitive sans l'effort et le sacrifice de chacun.

Pourtant, l'ensemble des mesures que nous proposons est irréalisable unilatéralement. Le développement des pays sous-développés doit être financé par les pays socialistes, c'est un fait, mais les forces des pays sous-développés doivent aussi s'impliquer et s'orienter résolument vers la construction d'une société nouvelle – quel que soit le nom qu'on lui donne –, dans laquelle la machine, instrument de travail, ne sera pas un instrument d'exploitation de l'homme par l'homme. Il est impossible d'exiger la confiance des pays socialistes lorsqu'on joue à mettre en balance capitalisme et socialisme, et qu'on s'applique à utiliser ces deux forces et leurs antagonismes afin de tirer avantage de leur rivalité. C'est une politique nouvelle, d'un sérieux absolu, qui doit déterminer les relations entre les deux groupes de sociétés. Il est nécessaire de souligner, une fois encore, que, pour éliminer progressivement les signes de l'exploitation, les moyens de production doivent être préférentiellement entre les mains de l'État.

Impossible par ailleurs d'abandonner le développement à la plus complète improvisation : il faut planifier la construction de la nouvelle société.

La planification est l'une des lois du socialisme, il n'existerait pas sans elle. Sans une planification adéquate, impossible de garantir une association harmonieuse des secteurs économiques d'un pays dans le but de réussir les bonds en avant qu'exige notre époque. La planification n'est pas un problème qui concerne nos pays de manière isolée. Nos petits pays au développement dénaturé sont détenteurs de quelques matières premières, ou sont les fabricants d'un petit nombre de produits manufacturés ou semi-manufacturés, et ils manquent de presque tous les autres. Dès le premier instant, la planification devra tendre à une certaine régionalité. C'est ainsi que pourront s'harmoniser les économies des pays et que nous pourrons atteindre une intégration sur la base d'un véritable bénéfice mutuel.

Nous croyons notre voie actuelle pleine de dangers, et il ne s'agit pas de dangers inventés de toutes pièces ni prévus dans un avenir lointain par un esprit supérieur. Les dangers qui nous guettent sont le résultat tangible des réalités qui s'abattent sur nous. La lutte contre le colonialisme en est à sa phase finale, mais, à notre époque, le statut colonial reste la simple conséquence de la domination impérialiste. Par définition, tant qu'existera l'impérialisme, sa domination s'exercera sur d'autres pays. De nos jours, cette domination s'appelle néocolonialisme.

C'est en Amérique du Sud, dans tout un continent, que le néocolonialisme s'est d'abord développé. Il commence aujourd'hui à se faire remarquer, de manière croissante, en Afrique et en Asie. Il y pénètre et s'y étend de différentes manières. La première est la manière brutale que nous avons connue au Congo. La force brute, sans tergiversation ni fausse pudeur, est l'arme ultime dont il dispose. Mais il en est une autre plus subtile : la pénétration dans les pays qui accèdent à la liberté politique, le tissage de liens avec les bourgeoisies autochtones naissantes, le développement d'une classe bourgeoise parasitaire qui entretient une solide alliance avec les intérêts de la métropole, qui s'appuient sur une relative aisance ou sur un développement provisoire du niveau de vie des peuples. Ce développement trouve son origine dans le simple passage des relations féodales aux relations capitalistes, qui dans les pays très attardés représentent déjà un grand progrès, indépendamment des conséquences, néfastes à long terme, que ces relations peuvent avoir pour les travailleurs. Le néocolonialisme a sorti ses griffes au Congo. Ce n'est pas une preuve de force, mais de faiblesse ; il a dû recourir à son arme ultime, utiliser la force en guise d'argument économique, ce qui génère de puissantes réactions adverses. Mais le néocolonialisme s'exerce aussi dans d'autres pays d'Afrique et d'Asie de manière bien plus subtile ; ce que certains ont appelé la sur-américanisation de ces continents avance rapidement. Le terme se rapporte au développement d'une bourgeoisie parasitaire qui n'ajoute rien à la richesse nationale, qui dépose même dans les banques capitalistes hors du pays ses énormes revenus abusivement entassés et qui pactise avec l'étranger pour obtenir encore des bénéfices, méprisant tout ce qui touche au bien-être de son peuple.

D'autres dangers nous guettent, comme la compétition entre pays frères, politiquement armés et parfois voisins, qui s'efforcent de développer des investissements identiques, dans le même temps, et pour des marchés souvent incapables de le supporter.

Cette compétition a pour défaut un gaspillage des énergies qui pourraient être utilisées pour mettre en place une complémentarité économique bien plus développée. Sans oublier qu'elle autorise le jeu des monopoles impérialistes.

Parfois, lorsqu'il est réellement impossible de réaliser un certain investissement avec l'aide du camp socialiste, il est mené à bien moyennant un accord avec les capitalistes. Ces investissements capitalistes n'ont pas pour seul inconvénient la manière dont sont accordés les prêts, d'autres y sont associés, qui ont une grande importance, comme la création de sociétés mixtes avec un voisin dangereux. Puisque les investissements sont généralement parallèles à ceux d'autres États, les divisions entre pays amis pour différends économiques sont encouragées. Il y a aussi les risques liés à une corruption qui émane de la présence constante du capitalisme. Le capitalisme est habile lorsqu'il s'agit d'exhiber des images de développement et de bien-être qui troublent l'entendement de bon nombre de gens.

Ensuite, la chute des cours sur les marchés est la conséquence de la saturation de ceux-ci par un même produit. Les pays touchés se voient obligés de demander de nouveaux prêts, ou d'autoriser les investissements complémentaires qu'impose la concurrence. L'économie tombe alors dans l'escarcelle des monopoles, et les pays retombent lentement mais sûrement dans le passé. Voilà la conséquence ultime d'une telle politique. À nos yeux, la seule manière sûre de réaliser des investissements qui impliquent des puissances impérialistes est la participation directe de l'État en qualité d'acquéreur des biens dans leur intégralité. Cela limite aux seuls contrats d'approvisionnement les agissements des impérialistes et les empêche d'aller plus loin que la porte de notre maison. Dans ce cas, profiter des contradictions internes des impérialistes pour obtenir des tarifs plus avantageux n'a rien d'illicite. Il faut se pencher sur les aides « désintéressées », qu'elles soient économiques, culturelles ou autres, que l'impérialisme octroie directement ou à travers des États fantoches, mieux accueillis que lui-même dans certaines parties du globe.

Faute de percevoir à temps tous les dangers signalés, des pays qui ont amorcé avec foi et enthousiasme leur parcours sur la route menant à la libération nationale empruntent en fait la voie néocoloniale. La domination des monopoles s'y établit subtilement, et sa progression y est si mesurée que ses effets restent difficiles à percevoir avant le jour où ils sont brutalement ressentis.

Un travail considérable nous attend. D'immenses problèmes se posent à nos deux mondes, celui des pays socialistes et celui qu'on appelle le tiers-monde. Nos problèmes sont étroitement liés à l'être humain et à son bien-être, et à la lutte contre le principal responsable de notre retard.

Confrontés à ces problèmes, nous autres, pays et peuples conscients de nos devoirs, des dangers qu'implique notre situation et des sacrifices que suppose le développement, nous devons prendre des mesures concrètes pour établir des liens d'amitié sur deux plans : le plan économique et le plan politique. Il est impossible de les dissocier. Nous devons former un vaste bloc compact qui aide de nouveaux pays à se libérer à leur tour, non seulement du pouvoir politique, mais aussi du pouvoir économique impérialiste. La question de la libération d'un pouvoir politique oppresseur par les armes doit être traitée en appliquant les règles de l'internationalisme prolétarien. Il serait absurde de considérer qu'un chef d'entreprise d'un pays socialiste puisse hésiter à envoyer au front les chars que produit sa société sans garanties de paiement. Nous devons juger tout aussi absurde l'idée qu'on enquête sur la solvabilité d'un peuple qui lutte pour sa libération ou qui a déjà besoin d'armes pour défendre sa liberté. Dans le monde où nous évoluons, les armes ne peuvent pas être une marchandise, elles doivent être fournies gratuitement et en quantité suffisante, mais réaliste, aux peuples qui les demandent et qui ont en mire notre ennemi commun. C'est dans cet esprit que l'URSS et la République populaire de Chine nous ont accordé leur aide militaire. Nous sommes socialistes, nous sommes la garantie d'une utilisation idoine de ces armes, mais d'autres traversent une situation comparable à la nôtre, et le traitement doit être égalitaire.

Il faut riposter aux abominables attaques nord-américaines contre le Viêt-nam et contre le Congo en fournissant à ces pays frères tous les instruments nécessaires à leur défense, ou en leur accordant notre pleine et inconditionnelle solidarité.

Sur le plan économique, nous devons faire le chemin du développement avec les technologies les plus modernes. Nous ne pouvons pas commencer à suivre la lente progression de l'humanité qui va du féodalisme aux temps atomiques et automatiques. Cette voie, partiellement inutile, exigerait d'immenses sacrifices. Il faut prendre la technologie là où elle se trouve. Nous devons exécuter le grand bond technologique pour réduire l'écart qui nous sépare des pays les plus développés. La technologie doit être présente dans les grandes usines, et dans une agriculture convenablement développée, mais surtout elle doit s'appuyer sur une culture idéologique et technique assez forte, et sur une base populaire suffisante, pour alimenter continuellement les centres de formation et les centres de recherche qui doivent voir le jour dans tous les pays et pour fournir des hommes capables d'utiliser les technologies actuelles et de s'adapter aux technologies futures.

Ces cadres doivent avoir une conscience claire de leur devoir envers la société où ils vivent. Une culture technologique appropriée est impossible si elle n'est pas associée à une culture idéologique. Dans la majorité de nos pays, il est impossible d'atteindre une base industrielle suffisante – c'est elle qui détermine le niveau de développement dans la société moderne – si on ne commence pas par assurer au peuple la nourriture nécessaire, les biens de consommation indispensables et une éducation adéquate.

Il faut dépenser une bonne partie des revenus nationaux dans l'investissement prétendument improductif qu'est l'éducation, et il est nécessaire d'accorder une attention préférentielle au développement de la productivité agricole. Dans beaucoup de pays capitalistes, cette dernière atteint des niveaux incroyables, tels qu'ils donnent naissance à ce contresens qu'est la crise de surproduction, et donc d'invasion de céréales, d'autres denrées alimentaires ou de matières premières destinées à l'industrie venant de pays développés, alors que tout un monde souffre de la faim. C'est pourtant un monde comptant terres et hommes en quantités suffisantes pour produire plusieurs fois la nourriture dont a besoin la terre entière.

L'agriculture doit être considérée comme un pilier fondamental du développement, et, dans ce but, les modifications dans la structure agricole et l'adaptation aux nouvelles possibilités techniques et aux nouvelles obligations que suppose l'éradication de l'exploitation de l'homme doivent être des aspects fondamentaux de notre travail.

Avant de prendre des décisions coûteuses qui pourraient provoquer des dommages irréparables, il est nécessaire de se livrer à une prospection minutieuse du territoire national. C'est l'une des étapes préliminaires de l'enquête économique et de l'exigence élémentaire d'une planification correcte.

Nous appuyons chaleureusement la proposition algérienne d'institutionnaliser nos relations. Nous tenons seulement à présenter quelques considérations complémentaires.

En premier lieu, pour que l'union soit un instrument de la lutte contre l'impérialisme, le concours des peuples latino-américains et l'alliance avec les pays socialistes sont nécessaires.

En deuxième lieu, il faut veiller au caractère révolutionnaire de l'union, en interdire l'accès aux gouvernements ou mouvements qui ne s'identifient pas avec les aspirations générales des peuples, et créer des voies permettant d'exclure ceux qui, peu ou prou, s'éloignent du bon chemin, s'agisse-t-il de gouvernements ou de mouvements populaires.

En troisième lieu, il faut soutenir l'établissement de nouvelles relations, sur un pied d'égalité, entre nos pays et les pays capitalistes. Il est nécessaire d'établir une jurisprudence révolutionnaire qui nous protège en cas de conflit et donne un nouveau contenu à nos relations avec le reste du monde.

Nous parlons un langage révolutionnaire et luttons honnêtement pour le triomphe de la révolution, mais il nous arrive souvent de nous prendre dans les mailles d'un droit international dont la création résulte des confrontations entre les puissances impérialistes, et non de la lutte des peuples libres et des peuples justes.

Nos peuples souffrent, par exemple, de l'angoissante pression que représentent les bases militaires étrangères installées sur leur territoire, ou ils sont forcés de supporter le lourd fardeau de dettes externes qui atteignent d'incroyables proportions. L'histoire de ces handicaps est bien connue de tous. Des gouvernements fantoches, des gouvernements affaiblis par une longue lutte de libération ou par le développement des lois capitalistes du marché, ont autorisé la signature d'accords qui menacent notre stabilité interne et compromettent notre avenir. Il est temps de secouer le joug, d'imposer la renégociation des dettes écrasantes et d'obliger les impérialistes à abandonner leurs bases d'agression.

Je ne voudrais pas terminer cette intervention, redite de concepts bien connus de vous tous, sans attirer l'attention de ce séminaire sur le fait que Cuba n'est pas le seul pays d'Amérique – c'est tout simplement le seul qui ait la chance de s'exprimer aujourd'hui devant vous – et que d'autres peuples versent en ce moment leur sang pour obtenir les droits dont nous jouissons. Depuis cette tribune, lors de toutes les conférences, et même partout, où qu'ils soient représentés, en même temps que nous adressons un salut simultané aux peuples du Viêt-nam, du Laos, de cette Guinée qu'on appelle portugaise, d'Afrique du Sud et de Palestine, et à tous les pays exploités qui luttent pour leur émancipation, nous devons faire entendre notre voix amicale, tendre notre main et offrir notre souffle aux peuples frères du Venezuela, du Guatemala et de Colombie qui, aujourd'hui, les armes à la main, opposent un « non » définitif à l'ennemi impérialiste.

Peu de théâtres aussi symboliques qu'Alger, l'une des plus héroïques capitales de la liberté, pourraient accueillir ces propos. Que le magnifique peuple algérien, entraîné comme peu d'autres dans les souffrances de l'indépendance, sous la direction de son Parti, mené par notre cher camarade Ahmed Ben Bella, nous serve d'inspiration dans cette lutte sans quartier contre l'impérialisme mondial.

## Le fiancé de la mort

*On ne l'aura pas vu s'accrocher à son fauteuil comme le lierre au tronc et les frères Castro au pouvoir. On ne l'aura pas vu, coiffé de son légendaire béret frappé d'une étoile, jouer un rôle dans la comédie de ces sinistres et grotesques Gérontes qui ne se résignent pas à baisser le rideau sur la scène poussiéreuse du Théâtre du peuple cubain, de ces octogénaires qui prétendent maintenir le cap du navire vermoulu ancré depuis maintenant un demi-siècle dans le port de La Havane. Il n'aura jamais figuré, de son plein gré et contre rémunération, dans une publicité pour Louis Vuitton ou pour les lames Gillette.*

*La grande lueur qui avait embrasé l'Est de l'Europe s'est éteinte depuis longtemps. Après le modèle soviétique, le modèle yougoslave, le modèle chinois et le modèle algérien, le modèle cubain, qui brilla d'un tel prestige auprès des intellectuels français, a rejoint le Musée des Antiquités révolutionnaires et des Illusions perdues. Il n'y a plus aujourd'hui, chez nous, qu'une Danielle Mitterrand pour regarder avec les yeux nostalgiques de Chimène le régime castriste et qu'un Olivier Besancenot qui, dans l'hypothèse la plus pessimiste, ne croit pas et dans la plus favorable ne sait pas ce qu'il dit, pour nous inciter à suivre la voie tracée par les* barbudos *de 1959, et à nous engager hardiment dans l'impasse de la misère, du sous-développement et de la tyrannie où l'apprenti-sorcier Chavez rêve de faire aussi bien que ses maîtres et de fourvoyer le Venezuela.*

*Mais le « Che » est vivant ! Il est vivant ! Il est vivant ! Il est vivant parce qu'il est mort à trente-neuf ans seulement sous les balles de soudards boliviens sponsorisés par la CIA. Il est vivant parce que sur ses photos légendaires, le cigare vissé au coin de la bouche, figé pour toujours dans une jeunesse rebelle et bohème, il nargue pour l'éternité le capitalisme, l'impérialisme, les États-Unis et le monde tel qu'il est, le monde où nous vivons, au nom du monde qu'il a rêvé et pour lequel il est mort. Il en est des pères et des idoles de la révolution comme des pères et des saints de l'Église : pour accéder au statut d'icône, il leur faut passer par le martyre. Ainsi Karl Liebknecht et Rosa Luxemburg, ainsi Robespierre et Saint-Just, ainsi Malcolm X et Léon Trotsky figurent-ils en bonne place, innocents et assassins sanctifiés par leur mort, sur les calendriers révolutionnaires. Ainsi Ernesto « Che » Guevara est-il encore aujourd'hui sur toutes les poitrines, dans tous les cœurs, sur toutes les lèvres, idole de générations successives qui ne savent rien de sa vie, qui ignorent tous de ses actes, qui n'ont pas lu une ligne de son œuvre et qui admirent de confiance un loser, un criminel, un irresponsable. Extraordinaire exemple de rachat, de transfiguration, et quasiment de transsubstantiation par le sang versé – c'est du sien que je parle ici.*

« Hasta la victoria siempre. » *Jusqu'à la victoire toujours. Le slogan est connu, dont avait fait sa devise l'héroïque* comandante *qui, fidèle lieutenant de Fidel, avait avec une poignée de* compañeros, *au terme d'une chanson de geste moderne, jeté bas le détestable Fulgencio Batista pour entrer à La Havane aux acclamations de tout un peuple qui se croyait libéré. Mais une chose est de triompher d'une dictature corrompue et impopulaire, une autre de gouverner, une troisième d'exporter la révolution.*

*L'auréole dont la légendaire épopée de la Sierra Maestra nimbe le « Che » a occulté de son vivant comme après sa disparition la suite ininterrompue d'échecs qui jalonnent son parcours. Guevara a échoué dans sa politique d'industrialisation et de collectivisation de l'agriculture. Lui qui rêvait d'une société communiste dans la pleine acception de l'idée, où le règne de l'État et celui de l'argent seraient également abolis, a contribué à l'instauration d'un État totalitaire encadrant une population réduite à la misère, tentée par l'exil et obsédée par le dollar. La désastreuse gestion castriste de l'économie a amené Cuba à importer du sucre. Fidel eût-il régné sur le Sahara, le sable y aurait sans doute manqué. Le « Che » a échoué dans toutes ses tentatives, mal préparées, mal étudiées, mal dirigées et surtout malvenues, pour susciter au Panamá, à Saint-Domingue, au Congo, en Bolivie enfin, des révolutions dont le peuple, pour diverses raisons, ne voulait pas.*

*Promoteur et responsable d'une justice populaire où il jouait tous les rôles, procureur, président de l'instance d'appel et bourreau, Guevara a requis, prononcé et fait exécuter des centaines de sentences de mort contre des soutiens réels ou supposés du régime abattu, condamnant indistinctement innocents et coupables en homme qui considérait les droits de l'homme comme des « conventions bourgeoises ». Il a mis en place le système des camps de travail, Goulag tropical dont il faudra attendre la chute du système pour en connaître le détail, en mesurer l'ampleur et en dresser le bilan. Jean-Paul Sartre a défini le « Che » comme « l'être humain le plus complet » qu'il eût rencontré, fasciné, lui qui n'était jamais passé du mot à l'acte, par la figure accomplie d'un intellectuel aux mains sales. Sartre admirait Guevara, et Guevara ne jurait que par Staline.*

*Déçu de l'URSS et du communisme tel que l'incarnait désormais un Khrouchtchev, porteur d'une très classique politique de grande puissance, à la fois impérialiste, bureaucratique et timorée, Guevara ne cachait pas que s'il avait pu disposer des missiles soviétiques installés à Cuba, il les aurait utilisés, quitte à déclencher l'Apocalypse. L'auteur du célèbre slogan : « Un, deux, trois Vietnam... » dirait aujourd'hui « Un, deux, trois Irak... ». Docteur Folamour d'une guerre à mort entre le Bien – la révolution – et le Mal – le capitalisme –, il était prêt à embraser le monde, mais dans l'espoir de voir naître de ses cendres un monde nouveau, à tuer autant d'hommes qu'il faudrait pour voir surgir l'homme nouveau qu'il appelait de ses vœux.*

*Ce qui sauve le « Che » de l'exécration comme de l'oubli, ce qui fait la sombre grandeur de cette étrange figure, c'est la force de ses convictions, la sincérité de son engagement, la cohérence entre ses idées et ses actes, la parfaite logique de sa fulgurante et hasardeuse trajectoire.*

*Sa seule perspective politique était la révolution, non pas telle qu'il l'avait vue partout travestie et récupérée, support d'une aventure personnelle ou, pire encore, cheval de Troie d'un nationalisme plus ou moins déguisé, mais subversion planétaire ignorant les nationalités et les frontières. La force et le pouvoir n'avaient d'intérêt à ses yeux qu'au service de l'idée. Jamais homme ne fut moins soucieux de gloire, d'honneurs et de satisfactions personnelles. Dur envers les autres, il était inflexible avec lui-même. Capable de sacrifier l'humanité entière à son rêve, il était le premier prêt à se sacrifier au Moloch révolutionnaire et s'il s'était fait égorgeur, il n'en était pas moins de la race des témoins qui se font égorger. Aussi bien peut-on condamner son action et sa pensée, mais on ne peut lui refuser le respect.*

*La vie et la mort de Guevara donnent la résonance particulière d'un testament aux dernières lignes de son message aux peuples du monde en avril 1967 : « Toute notre action est un cri de guerre contre l'impérialisme et un appel vibrant à l'unité des peuples contre le grand ennemi du genre humain : les États-Unis d'Amérique du Nord. Qu'importe où nous surprendra la mort. Qu'elle soit la bienvenue pourvu que notre cri de guerre soit entendu, qu'une main se tende pour empoigner nos armes et que de nouveaux hommes se lèvent pour entonner des chants funèbres dans le crépitement des mitrailleuses au milieu de nouveaux cris de guerre et de victoire. »*

*Un homme qui n'avait en commun avec Guevara que son appartenance à l'hispanité, le général Franco, avait rapporté de son passage au commandement de la Légion une chanson qu'il sifflotait constamment :* El novio de la muerte. *La suite et sa fin montrèrent que ce n'étaient pour lui que des paroles et que s'il était fort capable de donner la mort il était peu disposé à l'accueillir. Guevara, lui, unissait dans une même et morbide passion la mort et la révolution. Le véritable fiancé de la mort, c'était lui.*

D. J.

## Salvador Allende

# "L'HISTOIRE EST À NOUS, C'EST LE PEUPLE QUI LA FAIT"

*(Radio Magallanes, Chili, 11 septembre 1973)*

Je paierai de ma vie la défense des principes chers à la patrie. La honte tombera sur ceux qui ont trahi leurs convictions, manqué à leur propre parole et se sont tournés vers la doctrine des forces armées. Le peuple doit être vigilant, il ne doit pas se laisser provoquer ni massacrer, mais il doit défendre ses acquis. Il doit défendre le droit de construire avec son propre travail une vie digne et meilleure. Quant à ceux qui se sont autoproclamés démocrates, je veux dire qu'ils ont incité à la révolte et, d'une façon insensée et douteuse, ont mené le Chili dans le gouffre. Dans l'intérêt suprême du peuple, au nom de la patrie, je vous exhorte à garder l'espoir. L'Histoire ne s'arrête pas, ni avec la répression, ni avec le crime. C'est une étape à franchir, un moment difficile. Il est possible qu'ils nous écrasent, mais l'avenir appartiendra au peuple, aux travailleurs. L'humanité avance vers la conquête d'une vie meilleure.

Compatriotes, il est possible de faire taire les radios, alors je prendrai congé de vous. En ce moment, des avions sont en train de passer, qui pourraient nous bombarder. Mais sachez que nous sommes là pour montrer que, dans ce pays, il y a des hommes qui remplissent leurs fonctions jusqu'au bout. Moi, je le ferai, mandaté par le peuple et en tant que Président, conscient de la dignité de ma charge.

C'est certainement la dernière occasion que j'ai de vous parler. Les forces armées aériennes ont bombardé les antennes de radio. Mes paroles ne sont pas amères, mais déçues. Elles sont une punition morale pour ceux qui ont trahi le serment qu'ils ont prêté.

Soldats du Chili, commandants en chef, amiral Merino, méprisable général Mendosa, qui hier manifestait sa solidarité et sa loyauté au gouvernement et s'est nommé aujourd'hui commandant général des armées… Face à ces événements, je dis aux travailleurs que je ne renoncerai pas. Dans cette étape historique, je paierai par ma vie ma loyauté au peuple. J'ai la certitude que la graine confiée au peuple chilien ne pourra pas être détruite. Ils ont la force, ils pourront nous asservir, mais ils n'obtiendront pas les progrès sociaux avec le crime ou avec la force.

L'Histoire est à nous, c'est le peuple qui la fait.

Travailleurs de ma patrie, je veux vous remercier pour la loyauté dont vous avez toujours fait preuve, pour la confiance que vous avez accordée à un homme qui fut le seul interprète du grand désir de justice, qui jure avoir respecté la Constitution et la loi. En ce moment crucial, la dernière chose que je voudrais vous dire, c'est que la leçon sera retenue.

Le capital étranger, l'impérialisme ont créé le climat qui a brisé les traditions : celles que montre Scheider et qu'aurait réaffirmées le commandant Araya[1]. C'est de chez lui, avec l'aide étrangère, que celui-ci espérera reconquérir le pouvoir afin de continuer à défendre ses propriétés et ses privilèges. Je voudrais m'adresser à la femme simple de notre terre, à la paysanne qui a cru en nous, à l'ouvrière qui a travaillé dur et à la mère qui a toujours bien soigné ses enfants. Je m'adresse aux fonctionnaires, à ceux qui depuis des jours luttent contre le coup d'État, contre ceux qui ne défendent que les avantages d'une société capitaliste. Je m'adresse à la jeunesse, à ceux qui ont chanté et ont transmis leur gaieté et leur esprit de lutte. Je m'adresse aux Chiliens, ouvriers, paysans, intellectuels, à tous ceux qui seront persécutés, car dans notre pays le fascisme est présent depuis un bon moment. Les attentats terroristes, les ponts dynamités, les voies ferrées coupées, les oléoducs et les gazoducs détruits, le silence de ceux qui avaient l'obligation d'intervenir : l'Histoire les jugera.

Bientôt, ils réduiront Radio Magallanes au silence. Vous n'entendrez plus le son métallique et calme de ma voix. Peu importe, vous continuerez à m'écouter, car je serai toujours près de vous. Au

---

1. Le 27 juillet 1973, le commandant Arturo Araya, aide de camp naval du président Allende, était assassiné par un commando d'extrême droite.

moins aurez-vous le souvenir d'un homme digne qui fut loyal avec la patrie.

Le peuple doit se défendre et non pas se sacrifier, il ne doit pas se laisser exterminer et se laisser humilier. Travailleurs, j'ai confiance dans le Chili et dans son destin ! D'autres hommes, au contraire, attendent le moment gris et amer où la trahison s'imposera. Allez de l'avant, sachant que bientôt s'ouvriront de grandes avenues où passera l'homme libre pour construire une société meilleure.

Vive le Chili ! Vive le peuple ! Vivent les travailleurs ! Ce sont mes dernières paroles. J'ai la certitude que le sacrifice ne sera pas vain et qu'au moins surviendra une punition morale pour la lâcheté et la trahison.

## Putsch, on ne joue plus !

*Élu pour une durée de six ans, le 4 septembre 1970, Salvador Allende a exercé les fonctions de président de la République chilienne du 3 novembre 1970 au 11 septembre 1973, jour de sa mort. L'histoire de ce mandat controversé et tragiquement interrompu peut s'écrire en deux versions cohérentes, également étayées sur des faits incontestables, et pourtant parfaitement contradictoires.*

*Il est avéré que l'administration nord-américaine – Nixon président, Kissinger secrétaire d'État – ne supportait pas l'idée de voir un deuxième État d'Amérique latine rejoindre le chemin déjà emprunté par Cuba, que la CIA mobilisa tous ses moyens pour empêcher l'arrivée au pouvoir de la coalition d'Unité populaire, emmenée par Allende, qui regroupait socialistes, communistes et extrême gauche révolutionnaire, que ce soit en tentant de lui opposer un front uni du centre et de la droite, ou que ce soit, à la veille de l'investiture du nouveau président, en suscitant une première tentative de putsch qui échoua lamentablement après avoir coûté la vie au commandant en chef des forces armées. Il est également établi qu'après la prise de fonction d'Allende, la centrale d'espionnage et la multinationale ITT financèrent et instrumentalisèrent notamment la grande grève semi-insurrectionnelle des camionneurs. On peut douter que l'obstruction parlementaire, l'opposition forcenée de la majeure partie des médias et les manifestations populaires eussent été si vite aussi violentes si elles n'avaient été appuyées en sous-main, encouragées et peut-être même structurées par les États-Unis. La fuite des capitaux chiliens vers l'extérieur, la cessation de tout investissement américain dans le pays ont largement contribué à étrangler une économie déjà mal en point.*

*Les États-Unis, qui à l'époque soutenaient sans complexe le cordon sanitaire de dictatures militaires censées mettre l'Amérique du Sud à l'abri de la contagion marxiste et castriste, étaient-ils directement impliqués dans le complot ourdi par la clique de généraux factieux qui renversèrent Allende ? En attendant que le secret des archives concernant cette période et cet épisode soit intégralement et définitivement levé, on observera seulement que le coup d'État sanglant de Pinochet fut instantanément avalisé par Washington. Il est permis de penser que le nouveau Caudillo, homme jusqu'alors plutôt prudent, voire timoré, n'eût pas pris un tel risque sans avoir reçu des assurances formelles.*

*Cela dit, il n'est pas excessif d'observer que la présidence tronquée de Salvador Allende n'aura été qu'une longue suite de fautes et d'erreurs, que sa gestion politique fut pour le moins aventureuse et sa gestion économique tout bonnement calamiteuse.*

*Élu sur un programme socialiste par une minorité de 33,3 % des suffrages, Allende, en décidant d'appliquer immédiatement son programme et par la suite d'aller plus loin encore, choisit dès le premier jour de faire la politique de cette minorité. Or, il n'avait nullement été mandaté pour instaurer le socialisme dans un pays qui n'en voulait pas. Rencontrant sur sa route l'opposition d'un Parlement dont près des deux tiers des membres lui étaient hostiles, il choisit d'emblée de gouverner par décrets, contournant ainsi l'obstacle et ignorant froidement les multiples condamnations du Conseil constitutionnel chilien. Après que les élections législatives de mi-terme eurent donné 55 % des voix à l'opposition, il forma d'étranges gouvernements civilo-militaires qui persistèrent à passer outre aux votes hostiles de la représentation nationale.*

*L'une des premières mesures prises par le gouvernement d'Unité populaire fut une augmentation générale des salaires de 35 à 60 %, accompagnée d'un moratoire des dettes. Cette injection massive de pouvoir d'achat qui n'était gagée sur aucune croissance entraîna une forte montée de la consommation et des importations. Dans le même temps, une vague désordonnée de nationalisations, et en particulier celle de l'industrie du cuivre, première ressource du Chili, alors même que le cours de cette matière première plongeait, se traduisit par une chute des exportations. Explosion du déficit commercial, de la dette publique intérieure et extérieure, flambée de l'inflation, passée de 35 à 500 % par an, vaine taxation des prix, dépréciation de la monnaie, pénurie, rationnement, marché noir : en trois ans, Allende avait fait de son pays un champ de ruines.*

*Tandis que les plus défavorisés, à qui subventions et distributions alimentaires maintenaient la tête hors de l'eau, applaudissaient et soutenaient la généreuse politique sociale du gouvernement de la gauche, commerçants, artisans, classes moyennes en voie de paupérisation rejoignaient massivement, dans les urnes et dans la rue, les rangs de l'opposition. Pour briser cette opposition qui prenait une forme de plus en plus violente, Allende encouragea les paysans sans terre à procéder à des expropriations sauvages, les ouvriers à constituer des « cordons industriels » qui organisèrent à leur idée, c'est-à-dire désorganisèrent complètement la production des usines, et d'une manière générale ses partisans à former des milices. Des milliers d'agents des services spéciaux cubains et de militants révolutionnaires chiliens ou étrangers se préparaient à encadrer la révolution en marche. La présidence annonçait l'épuration des cadres de la police et de l'armée dont la fidélité lui paraissait désormais problématique, alors même que le Chili s'enorgueillissait depuis le début du siècle d'être immunisé contre l'épidémie de* pronunciamientos *qui ravageait le reste de l'Amérique latine. L'une des dernières nominations décidées par Allende fut, le 23 août 1973, celle du général Pinochet au commandement en chef de l'armée de terre. On pouvait faire confiance, lui avaient assuré ses conseillers, à ce militaire républicain qui avait réprimé le soulèvement d'un régiment de blindés le 29 juin précédent. Sous la férule sans faiblesse d'un chef d'État résolu à marquer l'histoire de son pays et à briser les résistances, le Chili semblait rouler inexorablement sur la pente qu'avait suivie Cuba. Le spectre de la guerre civile planait sur Santiago.*

*Le passage à l'acte de l'armée – le coup du 11 septembre 1973 – était-il pour autant justifié par les circonstances ? Certes, le président Allende dont l'intempérance, verbale et autre, était bien connue, s'était laissé aller à prononcer cette phrase menaçante : « Si la révolution ne peut passer en souplesse, elle passera en force. » Mais le leader socialiste, vieux routier de la vie politique, député à vingt-cinq ans, ministre à trente et un ans, était plus retenu et plus respectueux des libertés fondamentales dans les faits que dans le langage. S'il n'avait recueilli qu'un tiers des voix lors de l'élection présidentielle de 1970, la gauche était montée à 45 % en juin 1973. Il avait indéniablement suscité un vaste mouvement d'espoir et d'adhésion dans les couches populaires et il annonçait son intention de soumettre à référendum sa politique et les nécessaires modifications de la Constitution. C'était donc, fût-ce une dernière fois, au peuple qu'il demandait de rendre un arbitrage dont les militaires se chargèrent avec la brutalité et les suites que l'on sait : cent trente mille arrestations, deux cent mille exilés, trente mille détenus torturés, trois mille exécutions, la chape de plomb, dix-sept ans durant, d'une dictature sommaire, expéditive, efficace et odieuse.*

*Autant la vie et l'action politiques de Salvador Allende peuvent prêter à discussion, autant son comportement face à la soldatesque révoltée et sa fin tragique ne peuvent et ne doivent susciter que l'admiration. Lorsqu'il s'adressa une dernière fois à son peuple, en ce fatal 11 septembre, depuis le palais de la Moneda encerclé par les chars, bombardé par les avions, par le biais improbable d'une dernière radio libre, si sa voix tremblait, ce n'était certes pas de peur, mais de colère, d'indignation et malgré tout d'espoir. Ce jour-là, en ces instants-là, la démocratie avait le visage de ce sexagénaire hédoniste et rondouillard, le casque de traviole, tout embarrassé de son pistolet-mitrailleur.*

*Deux remarques pour finir.*

*La première s'adresse à ceux, nombreux, qui ne prêtent guère d'attention et n'accordent guère d'importance aux institutions. Si la Constitution chilienne, qui prévoyait l'élection du président au suffrage universel, n'avait pas disposé que pour être élu il suffisait d'arriver en tête au tour unique de scrutin, n'importe le pourcentage obtenu, jamais Allende ou tout autre n'aurait été investi avec le tiers des suffrages, jamais le choc de deux légitimités, celle du Parlement et celle du chef de l'État, sans aucune procédure d'arbitrage, ne se serait produit. Ces imperfections ont été corrigées depuis.*

« Rosebud. » *On se souvient du dernier mot de Citizen Kane, le nom du petit traîneau d'enfant où se résume l'énigme de sa vie. La clé de la personnalité et des actes de Salvador Allende, trop impulsif et autoritaire pour présider aux destinées d'une République sereine et apaisée, trop humain pour franchir le Rubicon de la dictature, réside sans doute dans l'inscription gravée sur la crosse du pistolet-mitrailleur AK 47 dont le* Lider maximo *lui avait fait don : « À son ami Salvador Allende de la part de Fidel, qui poursuit le même but par d'autres moyens. »*

*On ne saurait mieux dire.*

D. J.

## Anouar el-Sadate

# "QUAND SONNERONT LES CLOCHES DE LA PAIX"

*(Jérusalem, 21 novembre 1977)*

Monsieur le Président, mesdames et messieurs,

Paix à tous sur la terre arabe, en Israël et partout dans ce vaste monde, tourmenté par ses conflits sanglants, foisonnant de contradictions aiguës, menacé périodiquement par des guerres dévastatrices menées par l'homme pour détruire l'homme, son frère. À la fin de ces affrontements, parmi les ruines de ce qui avait été édifié et parmi les victimes humaines, il ne peut y avoir ni vainqueur ni vaincu. L'éternel vaincu est l'homme, suprême création de Dieu – l'être humain créé par Dieu, comme l'a dit Gandhi, l'apôtre de la paix, « pour marcher sur ses pieds, construire la vie et adorer Dieu ».

Je suis venu à vous aujourd'hui sur deux pieds assurés, afin que nous puissions construire une vie nouvelle, établir la paix pour nous tous sur cette terre, la terre de Dieu – nous tous, musulmans, chrétiens et juifs, de la même façon – et afin que nous puissions adorer Dieu, un Dieu dont les enseignements et les commandements sont l'amour, la rectitude, la pureté et la paix.

Ceux-là qui ont accueilli avec surprise et saisissement ma décision, quand je l'ai annoncée au monde entier de la tribune du Conseil du peuple égyptien, sont excusables. Certains de ceux chez qui a prévalu la surprise ont imaginé que cette décision n'était rien d'autre qu'une manœuvre verbale destinée à l'opinion publique mondiale. D'autres y ont vu une tactique visant à camoufler mon intention de déclencher une nouvelle guerre. Je peux même vous dire que l'un de mes adjoints des services de la présidence m'a appelé chez moi à une heure tardive, après mon retour du Conseil du peuple, pour me demander avec anxiété : « Et que feriez-vous, monsieur le Président, si Israël vous lançait effectivement une invitation ? » J'ai répondu calmement : « Je l'accepterais sur-le-champ. » J'ai déclaré que j'irais jusqu'au bout de la Terre, que j'irais en Israël, parce que je veux exposer tous les faits devant le peuple d'Israël.

Je peux trouver une excuse à tous ceux qui ont été choqués par cette décision ou qui ont nourri des doutes sur mes bonnes intentions. Personne n'imaginait que le chef d'État du plus grand pays arabe, sur les épaules duquel reposent la plus grande partie du fardeau et la responsabilité principale dans le problème de la guerre et de la paix au Proche-Orient, pourrait se déclarer disposé à se rendre sur la terre de l'adversaire, alors que nous étions encore dans un état de guerre et souffrions encore des effets de quatre guerres en trente ans.

Les familles des victimes d'octobre 1973 continuent à vivre les tragédies du veuvage et des deuils provoqués par la perte de fils, de pères et de frères.

Comme je l'ai déjà dit, je n'ai consulté au sujet de cette décision aucun de mes collègues ni aucun de mes frères, les chefs des pays arabes ou des États engagés dans la confrontation. Ceux qui ont pris contact avec moi après l'annonce de ma décision y ont fait objection parce qu'une profonde suspicion et un manque total de confiance entre les États arabes et le peuple palestinien d'une part, et Israël d'autre part, persistent dans tous les esprits. Il suffit que de nombreux mois, au cours desquels la paix aurait pu être établie, aient été perdus en disputes et discussions inutiles au sujet des procédures en vue de la conférence de Genève – tout cela reflétant une profonde suspicion et une totale absence de confiance.

Mais je dois vous dire en toute franchise que j'ai longtemps réfléchi avant de prendre cette décision, n'ignorant pas les risques. Si Dieu m'a donné pour destin d'assumer la responsabilité du peuple d'Égypte et de prendre part à l'avenir du peuple arabe et du peuple de Palestine, mon premier devoir, dans le cadre de cette responsabilité, est d'épuiser tous les moyens possibles pour épargner à mon peuple arabe d'Égypte, tout aussi bien qu'à tous les peuples arabes, les maux d'une autre guerre tragique et destructrice dont les conséquences ne sont connues que de Dieu.

Après y avoir mûrement réfléchi, je suis parvenu à la conviction que ma responsabilité devant Dieu et devant le peuple exigeait que j'aille jusqu'au bout de la Terre, que j'aille même à Jérusalem pour m'adresser aux membres de la Knesset, représentants du peuple israélien, afin de leur exposer tous les faits présents à mon esprit. Je vous laisserai décider par vous-mêmes, et que la volonté de Dieu soit faite.

Il est des moments dans la vie des nations et des peuples où des personnes qui ont sagesse et ampleur de vue doivent regarder au-delà du passé avec toutes ses complications et ses séquelles, et oser se lancer vers de nouveaux horizons. Ceux qui, comme nous, ont cette responsabilité devraient être les premiers à avoir le courage de prendre des décisions fatidiques à la mesure de la situation. Nous devons tous nous élever au-dessus de toutes les formes de fanatisme et de mensonge envers soi-même, au-dessus des sentiments périmés de supériorité. Il nous importe de ne pas oublier que seul Dieu est infaillible.

Ayant dit que je voulais épargner à tous les peuples arabes les maux de nouvelles et tragiques guerres, je dis franchement devant vous que j'ai les mêmes sentiments et porte la même responsabilité vis-à-vis de chaque être humain au monde, et en définitive vis-à-vis du peuple israélien.

Toute vie perdue dans la guerre est la vie d'un être humain, qu'il soit arabe ou israélien. Toute femme qui perd son mari est un être humain qui a le droit de vivre dans une famille heureuse, qu'elle soit arabe ou israélienne.

Les enfants innocents qui sont privés des soins de leur père sont les enfants de chacun d'entre nous, en terre arabe ou en Israël, et nous avons le grand devoir de leur donner un présent heureux et un bel avenir.

Pour toutes ces raisons, et afin de protéger la vie de nos enfants et de nos frères, pour que nos communautés puissent œuvrer en sécurité et en sûreté au développement de l'homme, de son bonheur et de son droit à une vie décente, eu égard à notre responsabilité vis-à-vis des générations futures, pour qu'un sourire apparaisse sur le visage de chaque enfant sur notre terre, pour toutes ces raisons, j'ai pris la décision de venir vers vous, en dépit de tous les risques, pour dire ce que j'ai à dire.

Je me suis acquitté et je continue à m'acquitter des responsabilités historiques. C'est pourquoi j'ai déclaré voici quelques années, le 4 janvier 1971 précisément, que j'étais prêt à signer un accord de paix avec Israël. C'était la première déclaration de ce genre d'un dirigeant arabe depuis le début du conflit israélo-arabe ; poussé par tous les motifs qui tiennent à la responsabilité d'un chef, j'ai fait le 16 octobre 1973, devant le Conseil du peuple égyptien, une déclaration par laquelle je demandais une conférence internationale pour établir une paix juste et permanente. À cette époque, je n'étais pas dans la position de quelqu'un qui mendiait la paix ou réclamait un cessez-le-feu.

Poussés également par tous les motifs que nous donnaient les devoirs imposés par l'Histoire et notre rôle dirigeant, nous avons signé le premier accord sur le dégagement dans le Sinaï puis le second. Nous sommes allés de l'avant, nous avons frappé à toutes les portes, ouvertes et fermées, pour rechercher un chemin approprié vers une paix permanente et juste. Nous avons ouvert nos cœurs aux peuples du monde entier afin qu'ils puissent comprendre nos motifs et nos objectifs et qu'ainsi ils puissent se convaincre que nous sommes les avocats de la justice et les bâtisseurs de la paix.

Poussé à agir par tous ces motifs, j'ai décidé de venir vers vous l'esprit ouvert, le cœur ouvert, avec détermination, afin que nous puissions établir une paix permanente fondée sur la justice.

Le destin a voulu que mon voyage – une mission de paix – coïncide avec la fête musulmane d'Al Adha, la fête du sacrifice consenti par Abraham – l'ancêtre des Arabes et des Juifs –, obéissant ainsi au commandement de Dieu et s'en remettant à lui, non par faiblesse, mais par force spirituelle et dans une totale liberté, accepta de sacrifier son fils avec une foi inébranlable, établissant ainsi pour nous des idéaux qui donnent à la vie une profonde signification.

Peut-être cette coïncidence apporte-t-elle un sens nouveau à nos esprits. Peut-être sera-t-elle à l'origine d'un espoir authentique pour les premiers pas de la sécurité, de la sûreté et de la paix.

Parlons franchement, usons de mots directs et d'idées claires et non biaisées. Parlons franchement aujourd'hui, alors que le monde entier, l'Ouest et l'Est, observe ces moments uniques qui pourraient marquer un tournant crucial dans la marche de l'Histoire de cette partie du monde, si ce n'est du monde entier.

Parlons franchement au moment où nous tentons de répondre à la grande question : comment parvenir à une paix permanente et juste ?

Je suis venu à vous, porteur de ma réponse, franche et claire, à cette grande question, afin que chacun, en Israël et dans le monde entier, puisse l'entendre, et qu'elle soit entendue par tous ceux dont les appels sincères me sont parvenus. Nous espérons qu'en fin de compte nous obtiendrons un résultat désiré par des millions d'observateurs de cette réunion historique.

Avant d'exposer ma réponse, je voudrais vous donner l'assurance que je me fonde sur un certain nombre de faits auxquels nul ne peut échapper.

Le premier fait est qu'il ne peut y avoir de bonheur pour quiconque au prix du malheur d'autrui.

Le deuxième est que je n'ai jamais parlé et ne parlerai jamais un double langage. Je n'ai jamais traité et ne traiterai jamais sur la base de deux politiques. Je parle un seul langage, j'ai une seule politique, j'ai un seul visage.

Le troisième fait est que la confrontation directe, la ligne droite sont les méthodes les meilleures et les plus fructueuses pour atteindre un objectif clair.

Le quatrième fait est que l'appel à une paix permanente et juste, fondée sur le respect des résolutions des Nations unies, traduit aujourd'hui la volonté sans équivoque de la communauté internationale, que ce soit dans les capitales officielles qui font la politique et prennent les décisions ou au niveau de l'opinion publique mondiale, d'influer sur l'élaboration de la politique et sur la prise des décisions.

Le cinquième fait, et peut-être le plus important, est que la nation arabe ne part pas, dans la recherche d'une paix permanente et juste, d'une position de faiblesse ou d'hésitation. Au contraire, elle bénéficie des atouts de la force et de la stabilité et, dans ces conditions, sa politique découle d'un désir authentique de paix, fondé sur la compréhension du fait que, pour éviter une véritable catastrophe pour nous, pour vous et pour le monde entier, il n'y a pas d'alternative à l'établissement d'une paix permanente et juste, insensible aux vents du doute et aux arrière-pensées.

Sur la base de ces faits, dont je voulais que vous preniez connaissance, j'ai aussi l'honneur de vous mettre en garde, en toute franchise, contre certaines idées susceptibles de vous venir à l'esprit. Le devoir de franchise me fait obligation de vous dire ce qui suit.

Premièrement, je ne suis pas venu chez vous pour conclure un accord séparé entre l'Égypte et Israël. Cela n'entre pas dans la politique de l'Égypte. Le problème n'est pas entre l'Égypte et Israël, et une paix séparée entre l'Égypte et Israël – ou entre un des États belligérants et Israël – n'apporterait pas une paix juste à la région tout entière. De plus, si la paix était établie entre tous ces États et Israël, sans qu'intervienne une juste solution du problème palestinien, cela ne conduirait jamais à la paix permanente et juste que le monde entier appelle de ses vœux.

Deuxièmement, je ne suis pas venu chez vous rechercher une paix partielle qui consisterait à mettre fin aux belligérances actuelles et à repousser à une étape ultérieure le règlement global du problème. Cela n'est pas la solution de fond qui conduirait à une paix permanente.

En conséquence, je ne suis pas venu chez vous pour conclure un troisième accord de retrait dans le Sinaï, les hauteurs du Golan et sur la rive occidentale du Jourdain. Cela signifierait simplement que nous reporterions la mise à feu de la fusée à une date ultérieure. Cela signifierait que nous n'aurions pas le courage de faire face à la paix et que nous serions trop faibles pour porter le poids et la responsabilité d'une paix permanente et juste.

Je suis venu chez vous pour qu'ensemble nous puissions construire une paix permanente et juste et éviter que soit versée une seule goutte de sang d'un seul Arabe ou d'un seul Israélien.

C'est pour cette raison que j'ai déclaré que j'étais disposé à me rendre au bout de la terre.

Je reviens à ma réponse à la grande question : comment parvenir à une paix permanente et juste ?

À mon avis, et je le déclare de cette tribune au monde entier, la réponse n'est pas impossible. Elle n'est pas non plus difficile, en dépit des années d'effusion de sang, d'amertume, de haine, et des générations élevées dans le boycott et l'hostilité. La réponse n'est ni difficile ni impossible, si nous prenons la ligne droite avec sincérité et confiance.

Vous voulez vivre avec nous dans cette partie du monde. Je vous le dis en toute sincérité : nous vous accueillerons avec joie parmi nous, en sûreté et en sécurité. Ce seul point constitue un tournant historique et décisif. Nous avions coutume de vous rejeter et nous avions nos raisons. Oui, nous avions coutume de refuser de vous rencontrer, où que ce soit. Oui, nous avions coutume de vous décrire comme le « soi-disant » Israël. Oui, nous avions coutume de participer à des conférences ou des réunions internationales où nos représentants n'échangeaient aucun souhait de bienvenue, et ne le font toujours pas. Oui, tout cela est arrivé et arrive encore. Nous avions coutume d'exiger, comme préalable à toute négociation, qu'un médiateur rencontre chaque parti séparément. Oui, c'est de cette manière que les premières conversations sur le désengagement se sont tenues, puis sur le second accord de désengagement.

De plus, nos représentants se sont rencontrés à la première phase de la conférence de Genève sans échanger un mot directement. Oui, cela aussi est arrivé. Mais je vous dis aujourd'hui et je déclare au monde entier que nous sommes d'accord pour vivre avec vous dans une paix permanente et juste. Nous ne voulons pas vous assiéger avec des fusées armées pour la destruction et nous ne voulons pas que vous nous assiégiez de la même façon. Nous ne voulons pas de fusées, de haine et d'amertume.

J'ai déclaré plus d'une fois qu'Israël est devenu un fait que le monde a reconnu et dont la sécurité et l'existence ont été garanties par les deux superpuissances.

Étant donné que nous voulons authentiquement et sincèrement la paix, nous sommes heureux que vous viviez au milieu de nous en sûreté et en sécurité. Une haute et massive barrière s'élevait entre nous, que vous avez tenté d'édifier pendant un quart de siècle. Mais elle s'est effondrée en 1973.

C'était une barrière de guerre psychologique, d'intimidation par la force brute, dont on disait qu'elle était capable de balayer d'un bout à l'autre la nation arabe tout entière. On assurait qu'en tant que nation nous étions devenus un cadavre. Certains d'entre vous ont même déclaré que pour les cinquante prochaines années les Arabes seraient incapables de faire un mouvement. C'était une barrière qui présentait toujours la menace d'une arme capable d'atteindre n'importe où n'importe quel objectif. C'était une barrière qui nous prévenait que nous serions exterminés si nous tentions d'exercer notre droit légitime de libérer notre terre occupée.

Nous devons admettre ensemble que cette barrière s'est effondrée en 1973. Mais il reste une autre barrière. Cette autre barrière entre nous est une barrière psychologique complexe. C'est une barrière de doute, de dégoût, de crainte de la tromperie. C'est une barrière de doute au sujet de toute action, ou de toute initiative, ou de toute décision. C'est une barrière d'interprétations erronées de tout événement et de toute déclaration.

Dans des déclarations officielles, j'ai dit que cette barrière constitue 70 % du problème.

Au moment où je vous rends visite, je vous demande : pourquoi ne nous tendons-nous pas la main, dans la droiture, la confiance et la sincérité, pour faire tomber ensemble cette barrière ? Pourquoi ne nous accordons-nous pas, dans la droiture, la confiance et la sincérité, pour éliminer ensemble tous les doutes, la peur, la traîtrise, les visées tortueuses de la dissimulation des véritables intentions ? Pourquoi n'agissons-nous pas ensemble avec le courage des hommes et la fermeté des héros qui vouent leur vie à atteindre un noble objectif ? Pourquoi n'agissons-nous pas ensemble avec courage et fermeté pour construire un imposant édifice de paix ? Pour construire, et non pas pour détruire un édifice qui, pour le bénéfice des générations à venir, diffusera le message humain de bonheur, de développement et de progrès de l'homme.

Pourquoi laisserions-nous aux générations futures un héritage de sang et de mort, des orphelins, des veuves, des familles brisées et les gémissements des victimes ? Pourquoi n'imitons-nous pas la sagesse de notre Créateur, telle qu'elle est exprimée dans les sentences de Salomon : « La trahison est dans le cœur de ceux qui pensent au mal. Pour ceux qui recommandent la paix, la joie est leur partage. Un morceau de pain sec avec la paix est meilleur qu'une maison pleine de vivres, mais avec des querelles. »

Pourquoi ne répétons-nous pas ensemble le psaume de David : « Mon cri monte vers toi, ô Dieu ! Écoute ma prière quand je fais appel à toi en demandant ton aide et quand je lève la main vers toi. Ne me confonds pas avec les hommes d'iniquité, ceux qui parlent de paix à leurs compagnons alors que le mal est dans leur cœur. Donne à ceux-là ce que méritent leur action et leurs méfaits. Je demande et je recherche la sécurité. »

Je vous dis, en vérité, que la paix ne sera réelle que si elle est fondée sur la justice et non sur l'occupation des terres d'autrui. Il n'est pas admissible que vous demandiez pour vous-mêmes ce que vous refusez aux autres. Franchement, dans l'esprit qui m'a poussé à venir aujourd'hui chez vous, je vous dis : vous devez abandonner une fois pour toutes vos rêves de conquêtes. Vous devez abandonner aussi la croyance que la force est la meilleure façon de traiter avec les Arabes. Vous devez tirer les leçons de notre affrontement. L'expansion ne vous apportera aucun bénéfice.

Pour parler clairement, notre terre n'est pas objet de compromis ou de marchandage. Notre sol national est, pour nous, aussi sacré que la vallée dans laquelle Dieu a parlé à Moïse. Aucun d'entre nous n'a le droit et aucun d'entre nous n'acceptera de céder un pouce de ce sol. Aucun d'entre nous n'acceptera le principe d'un marchandage ou d'un compromis sur ce point.

Je vous le dis, en vérité : nous avons devant nous aujourd'hui une occasion de paix qui ne se représentera jamais, que nous devons saisir si nous prétendons lutter sérieusement pour la paix. Si nous amenuisons ou réduisons à néant cette occasion, celui qui aura conspiré pour qu'elle soit perdue attirera sur sa tête la malédiction de l'humanité et de l'Histoire.

Qu'est-ce que la paix pour Israël ? Vivre dans la région avec ses voisins arabes, en sûreté et en sécurité ? À cela, je dis oui. Vivre à l'intérieur de ses frontières, à l'abri de toute agression ? À cela, je dis oui. Obtenir toutes sortes de garanties qui sauvegarderaient ces deux points ? À cette demande, je dis oui.

Nous déclarons même que nous accepterons toutes les garanties internationales que vous pourriez imaginer, d'où qu'elles viennent…

Nous déclarons que nous accepterons toutes les garanties que vous voudrez – des deux superpuissances ou de l'une d'elles, de tous ou de certains des Cinq Grands.

Je déclare de nouveau très clairement que nous accepterons toutes les garanties acceptables pour vous, car nous obtiendrions en retour les mêmes garanties.

Permettez-moi de résumer ma réponse à la question : qu'est-ce que la paix pour Israël ? La réponse est qu'Israël doit vivre à l'intérieur de ses frontières, à côté de ses voisins arabes, en sécurité et en paix, dans le cadre de garanties acceptables que l'autre partie obtiendra également.

Comment y parvenir concrètement ? Comment pouvons-nous arriver à ce résultat et obtenir une paix permanente et juste ?

Voici des faits auxquels il faut faire face avec courage et clarté.

Israël a occupé et continue à occuper des terres arabes par la force des armes. Nous insistons sur un retrait complet de ces territoires, y compris la partie arabe de Jérusalem, Jérusalem où je suis venu comme dans une cité de paix, la cité qui fut et qui sera toujours l'incarnation vivante de la coexistence entre les fidèles des trois religions.

Il est inacceptable que quiconque puisse penser à la position spéciale de Jérusalem en termes d'annexion ou d'expansion. Jérusalem doit être une ville libre, ouverte à tous les fidèles.

Plus important encore, la ville ne doit pas être coupée de ceux qui s'y sont rendus durant des siècles.

Plutôt que de réveiller des haines du type des Croisades, nous devrions ressusciter l'esprit d'Omar el-Khattab et de Saladin, en d'autres termes l'esprit de tolérance et de respect du droit.

Les édifices du culte, islamiques et chrétiens, ne sont pas seulement les lieux où l'on accomplit des rites religieux. Ils portent témoignage de notre présence ininterrompue en cet endroit, politiquement, spirituellement et intellectuellement. Nul ne doit se tromper sur l'importance que nous, chrétiens et musulmans, attachons à Jérusalem et la vénération que nous lui portons.

Laissez-moi vous dire sans la moindre hésitation que je ne suis pas venu chez vous, sous cette coupole, pour présenter un plaidoyer en faveur du retrait de vos forces des territoires occupés. Le retrait total des terres occupées depuis 1967 est élémentaire, non négociable et ne peut faire l'objet d'un plaidoyer de la part de quiconque.

Toute discussion au sujet d'une paix permanente et juste sera sans signification, toute mesure visant à garantir notre vie dans cette partie du monde en sûreté et en sécurité sera sans signification aussi longtemps que vous occuperez le sol par la force des armes. La paix ne peut être viable et ne peut se bâtir lorsqu'une terre reste occupée par un autre peuple.

Oui, c'est là une chose élémentaire, qui ne peut faire l'objet de controverses si les intentions sont bonnes et si l'effort pour arriver à une paix permanente et juste est authentique, pour le bénéfice de notre génération et de toutes les générations à venir.

Quant au problème palestinien, personne ne nie qu'il est au cœur de toute l'affaire. Nul au monde n'accepte aujourd'hui les slogans de ceux qui, ici, en Israël, ignorent l'existence du peuple palestinien et se demandent même où se trouve un tel peuple. Le problème du peuple palestinien et de ses droits légitimes n'est plus nié ni dédaigné par qui que ce soit aujourd'hui. Il est inconcevable qu'il soit ignoré ou nié. C'est une réalité à laquelle la communauté internationale, à l'Ouest comme à l'Est, a répondu par le soutien et la reconnaissance, dans des documents internationaux et des déclarations officielles.

Il serait futile de faire la sourde oreille à une question dont on entend parler jour et nuit ou de fermer les yeux devant une réalité historique. Même les États-Unis, votre premier allié, le premier à s'engager à protéger l'existence et la sécurité d'Israël, auquel il a accordé et continue à accorder tout le soutien moral, matériel et militaire, même les États-Unis d'Amérique, dis-je, ont choisi de faire face à la réalité et de reconnaître que le peuple palestinien a des droits légitimes, que la question palestinienne est le cœur et le fond du problème et que, aussi longtemps qu'elle restera sans solution, le conflit continuera à s'intensifier.

En toute honnêteté, je vous dis que la paix ne peut être obtenue sans les Palestiniens. Ce serait une grossière erreur, aux conséquences imprévisibles, que de détourner nos yeux du problème ou de le laisser de côté.

Je ne me lancerai pas dans une digression pour passer en revue les événements du passé depuis la déclaration Balfour, il y a soixante ans. Vous connaissez très bien ces faits.

Puisque vous avez trouvé la justification légale et morale d'établir un foyer national sur un territoire qui n'était pas le vôtre, vous devez comprendre aussi la détermination du peuple palestinien à établir son propre État dans sa patrie. Quelques extrémistes exigent des Palestiniens qu'ils abandonnent cet objectif suprême ; autant leur demander d'abandonner leur identité et tout espoir en l'avenir.

Je me félicite que des voix israéliennes aient lancé un appel en faveur de la reconnaissance des droits du peuple palestinien.

En conséquence, je vous dis, mesdames et messieurs, qu'il serait illusoire de ne pas reconnaître le peuple palestinien et son droit à l'établissement de son propre État, ainsi que son droit au retour.

Nous, Arabes, avons déjà vécu cette expérience avec vous, du fait de l'existence d'Israël. Le conflit nous a entraînés d'une guerre à l'autre avec, pour résultat, que vous et nous sommes au bord d'un abîme effrayant et menacés d'une catastrophe horrible qui ne pourra être évitée si nous ne saisissons pas ensemble l'occasion qui se présente aujourd'hui d'une paix permanente et juste.

Vous devez faire face courageusement aux faits, exactement comme je leur ai fait face. Aucun problème ne sera jamais résolu en s'en détournant ou en s'en désintéressant. Aucune paix ne peut être établie tant que l'on tente d'imposer certaines conditions illusoires auxquelles le monde a tourné le dos, demandant de façon unanime le respect des droits.

Nul besoin d'entrer dans un cercle vicieux au sujet des droits des Palestiniens. Il n'y a aucune raison de créer des obstacles qui retarderont la marche de la paix ou l'excluront totalement.

Comme je vous l'ai dit, il ne peut y avoir de bonheur pour quiconque au prix de la misère d'autrui. La confrontation directe et la ligne droite sont le meilleur moyen, et le plus fructueux, d'atteindre un objectif clairement défini.

L'établissement d'un État palestinien ne peut intervenir qu'en traitant directement du problème palestinien et en n'utilisant qu'un seul langage pour remédier à la situation, afin d'obtenir une paix permanente et juste.

Avec toutes les garanties internationales que vous demandez, un État nouveau, qui aura besoin de l'aide de tous les pays du monde pour tenir debout, ne devrait guère inspirer de craintes.

Quand sonneront les cloches de la paix, il n'y aura personne pour battre les tambours de la guerre. Et quand bien même un tambour battrait, il ne serait pas entendu. Et vous pouvez imaginer avec moi avec quelle joie nous annoncerions à un monde affamé de paix qu'un accord de paix a été conclu à Genève.

Un tel accord serait fondé sur les points suivants.

Premièrement, la fin de l'occupation par Israël des terres arabes saisies en 1967.

Deuxièmement, la réalisation des droits fondamentaux du peuple palestinien et de son droit à l'autodétermination, y compris le droit à l'établissement de son propre État.

Troisièmement, le droit pour tous les pays de la région de vivre en paix à l'intérieur de frontières sûres et garanties par des mesures concertées sauvegardant les frontières internationales, en plus d'autres garanties internationales appropriées.

Quatrièmement, tous les pays de la région s'engagent à régulariser leurs relations, en accord avec les objectifs et les principes de la charte des Nations unies, particulièrement en ce qui concerne le non-recours à la force et le règlement de leurs conflits par des moyens pacifiques.

Cinquièmement, fin de l'état de belligérance existant dans la région.

La paix n'est pas seulement une signature au bas d'un texte. C'est une nouvelle écriture de l'Histoire.

La paix n'est pas la manipulation des slogans qui la réclament, à seule fin de convoitise ou de dissimuler des ambitions. La paix, dans son essence, est opposée à toutes les convoitises et à toutes les ambitions.

L'expérience de l'Histoire nous enseignera peut-être, à nous tous, que les fusées, les navires de guerre et les armes nucléaires ne peuvent établir la sécurité, mais, au contraire, détruisent tout ce qu'elle bâtit.

Nous devons, pour le bien de nos peuples et du monde civilisé, garder partout l'homme de la domination des armes. Nous devons augmenter le pouvoir de l'humanité des valeurs et des principes qui rehaussent le prestige de l'homme.

Qu'il me soit permis d'adresser l'appel suivant, de cette tribune, au peuple d'Israël. J'adresse mes paroles, des paroles sincères, à chaque homme, à chaque femme et à chaque enfant d'Israël.

Je vous apporte un appel du peuple d'Égypte, qui bénit ce message sacré de paix. Je vous apporte le message de paix du peuple égyptien, qui ignore le fanatisme, et dont les fils – musulmans, chrétiens et juifs – vivent ensemble dans la cordialité, l'amour et la tolérance. De cette Égypte dont le peuple m'a confié un message sacré de sécurité, de sûreté et de paix.

À chaque homme, à chaque femme et à chaque enfant d'Israël, je dis : encouragez vos dirigeants à lutter pour la paix. Faisons en sorte que tous les efforts soient canalisés vers la construction d'un édifice de paix, plutôt que vers celle de forteresses et d'abris protégés par des fusées.

Présentons au monde entier l'image de l'homme nouveau de cette région, de façon que nous puissions offrir un exemple pour l'homme contemporain, un homme de paix. Soyez des héros pour vos fils. Dites-leur que les guerres passées ont été les dernières et la fin du chagrin. Dites-leur que nous sommes prêts à un nouveau départ, au début d'une vie nouvelle d'amour, de justice, de liberté et de paix.

Vous, mères qui pleurez ; vous, femmes qui avez perdu votre mari ; vous, qui avez perdu un frère ou un père, remplissez vos cœurs des espérances de la paix, faites que l'espoir devienne une réalité qui vive et s'épanouisse ; faites de l'espoir un code de conduite, car la volonté des peuples est issue de la volonté de Dieu.

Avant de venir ici, à chaque battement de mon cœur et à chaque phrase, j'ai prié le Dieu tout-puissant, à la mosquée al-Aqsa et en visitant l'église du Saint-Sépulcre, de me donner la force et la confiance de croire que cette visite atteindra les objectifs que j'ai envisagés, en vue d'un présent heureux et d'un avenir encore plus heureux.

J'ai choisi de rompre avec tous les précédents et toutes les traditions des pays en guerre, en dépit du fait que l'occupation des territoires arabes se poursuit. La déclaration dans laquelle je me suis dit prêt à venir en Israël a été une grande surprise qui a soulevé beaucoup d'émotion, a choqué de nombreux esprits, et qui a amené certaines personnes à émettre des doutes sur les desseins d'une telle visite.

En dépit de tout cela, ma décision a été inspirée par la lumière et la pureté de la foi, et par l'expression authentique de la volonté et des intentions de mon peuple. J'ai choisi de venir à vous le cœur et l'esprit ouverts. J'ai choisi de donner une impulsion à tous les efforts internationaux en faveur de la paix.

J'ai choisi de vous présenter, dans votre maison, la réalité toute nue. Je ne suis pas venu pour manœuvrer ou pour gagner une manche, mais pour que nous gagnions ensemble la manche la plus importante, la bataille la plus importante de l'Histoire contemporaine – la bataille d'une paix juste et permanente.

Ce n'est pas ma bataille, à moi seul, et ce n'est pas non plus la bataille des dirigeants israéliens. C'est la bataille de chaque citoyen dans chacun de nos pays, qui ont le droit de vivre en paix. C'est un engagement de conscience et de responsabilité dans les cœurs de millions de personnes.

Quand j'ai proposé cette initiative, beaucoup se sont interrogés sur ma perception des événements à venir et sur ce que j'en attendais. J'ai répondu à ces questions et je déclare devant vous que je n'ai pas songé aux résultats d'une telle initiative. Je suis venu ici pour transmettre un message. Et, Dieu m'en est témoin, j'ai transmis ce message.

Je répète, avec Zacharie : « Amour, droit et paix. »

Du Coran sacré, je tire le verset suivant : « Nous croyons en Dieu, en ce qui nous a été révélé et en ce qui fut révélé à Abraham, à Ismaël, à Isaac, à Jacob et aux tribus et dans les Livres donnés à Moïse, à Jésus et au Prophète par le Seigneur. Nous ne faisons aucune distinction entre eux et nous nous soumettons à la volonté de Dieu. »

Que la paix soit avec vous !

## Un homme est passé

*Avec qui faire la paix, si ce n'est avec l'adversaire ? Mais c'est précisément ce que la haine n'acceptera jamais. Plus de trente ans ont passé depuis ce jour de novembre 1977 où, s'invitant lui-même, à la stupéfaction générale, sous le toit de l'ennemi, Anouar el-Sadate, prenant la parole devant le Parlement israélien, au cœur de Jérusalem, après quatre guerres perdues, était venu déclarer la paix à Israël. Plus de trente ans, et les droits du peuple palestinien ne sont toujours pas reconnus, et les armes parlent toujours, et de plus en plus fort, à Gaza et en Cisjordanie, et des hommes tombent chaque jour de chaque côté, militaires et civils, combattants ou innocents. La démarche du président égyptien, son courage physique, son courage moral, plus grand encore, et son sacrifice auraient donc été vains ?*

*Lorsque, le 6 octobre 1981, jour anniversaire du déclenchement de la guerre du Kippour devenu fête nationale en Égypte, le raïs, sanglé dans son uniforme chamarré de maréchal, vit marcher sur lui, un pistolet-mitrailleur à la main, le lieutenant Khaled Istambouli, alors que, dans la tribune officielle en proie à la panique, les invités se levaient en désordre, tentaient de fuir ou se cachaient sous leurs chaises dorées, Anouar el-Sadate ne marqua ni surprise ni effroi, il ne fit pas un geste, il ne prononça pas une parole, il ne cilla même pas. Il se savait depuis longtemps condamné. Il savait que le monde arabe, que son propre peuple, que les rues du Caire le maudissaient, qu'il n'était qu'un « chien à abattre ». Il n'était pas étonné de tomber sous les coups d'un officier de sa propre armée. C'était écrit dans la fatwa qu'avaient rendue contre lui le cheikh Omar Abdel Rahman (aujourd'hui incarcéré aux États-Unis à la suite du premier attentat contre le World Trade Center, en 1993) et Ayman al-Zawahiri (aujourd'hui principal lieutenant d'Oussama ben Laden, en cavale) au nom de la Gama'a al Islamyia, au nom du Djihad islamique, au nom du même Dieu dont il se réclamait et qui pour lui était un Dieu d'amour. C'était écrit dans son destin. Il en avait mesuré le risque, il avait accepté d'en payer le prix. « Les hommes de paix, avait-il dit, attirent la violence, mais je suis un croyant. Si je suis tué, ce sera un grand honneur pour moi car ce sera la reconnaissance de mon action pour mettre fin à la guerre. »*

*Couvert de fleurs et abreuvé d'amertume, il était le premier à savoir que son geste n'avait pas été payé de retour. Son interlocuteur israélien, Menahem Begin, tout en faisant des façons, avait saisi avec empressement la main qu'il lui tendait et l'occasion de mettre fin aux hostilités avec le pays arabe le plus peuplé, le plus puissant et le plus dangereux pour l'État hébreu. Mais le Premier ministre israélien n'était pas venu à Stockholm recevoir avec lui le prix Nobel de la paix. Des accords signés à Camp David sous l'égide du président Carter, un seul avait été appliqué, celui qui consacrait l'état de paix entre l'Égypte et Israël et accordait en échange de la restitution du Sinaï désert la liberté de navigation aux navires israéliens. Mais rien n'avait changé dans les territoires occupés depuis 1967. Les pays de la Ligue arabe, qui avait exclu l'Égypte de ses rangs, condamnaient sa trahison et se gaussaient du marché de dupes qu'il avait conclu.*

*Que lui importait ? Une force plus grande que lui-même l'avait poussé à agir, à tenter de mettre fin à la souffrance et à la mort, à dire « non » au dieu du carnage. Il avait rempli « une mission divine », disait-il. Un laïque aurait dit plus simplement qu'il avait obéi à la voix de sa conscience. Il avait fait ce qu'il devait. Il voyait bien que la route sur laquelle il s'était engagé serait encore jalonnée de morts, et qu'il était de ceux-là. Mais il s'en allait en paix. Au moins avec lui-même.*

D. J.

ROBERT BADINTER

# "DEMAIN, VOUS VOTEREZ L'ABOLITION DE LA PEINE DE MORT"

*(Paris, Assemblée nationale, 17 septembre 1981)*

Monsieur le président, mesdames, messieurs les députés, j'ai l'honneur, au nom du gouvernement de la République, de demander à l'Assemblée nationale l'abolition de la peine de mort en France.

En cet instant, dont chacun d'entre vous mesure la portée qu'il revêt pour notre justice et pour nous, je veux d'abord remercier la commission des lois parce qu'elle a compris l'esprit du projet qui lui était présenté et, plus particulièrement, son rapporteur, M. Raymond Forni, non seulement parce qu'il est un homme de cœur et de talent mais parce qu'il a lutté dans les années écoulées pour l'abolition. Au-delà de sa personne et, comme lui, je tiens à remercier tous ceux, quelle que soit leur appartenance politique qui, au cours des années passées, notamment au sein des commissions des lois précédentes, ont également œuvré pour que l'abolition soit décidée, avant même que n'intervienne le changement politique majeur que nous connaissons.

Cette communion d'esprit, cette communauté de pensée à travers les clivages politiques montrent bien que le débat qui est ouvert aujourd'hui devant vous est d'abord un débat de conscience et le choix auquel chacun d'entre vous procédera l'engagera personnellement.

Raymond Forni a eu raison de souligner qu'une longue marche s'achève aujourd'hui. Près de deux siècles se sont écoulés depuis que, dans la première assemblée parlementaire qu'ait connue la France, Le Peletier de Saint-Fargeau demandait l'abolition de la peine capitale. C'était en 1791.

Je regarde la marche de la France.

La France est grande, non seulement par sa puissance, mais au-delà de sa puissance, par l'éclat des idées, des causes, de la générosité qui l'ont emporté aux moments privilégiés de son histoire.

La France est grande parce qu'elle a été la première en Europe à abolir la torture malgré les esprits précautionneux qui, dans le pays, s'exclamaient à l'époque que, sans la torture, la justice française serait désarmée, que, sans la torture, les bons sujets seraient livrés aux scélérats.

La France a été parmi les premiers pays du monde à abolir l'esclavage, ce crime qui déshonore encore l'humanité.

Il se trouve que la France aura été, en dépit de tant d'efforts courageux, l'un des derniers pays, presque le dernier – et je baisse la voix pour le dire – en Europe occidentale, dont elle a été si souvent le foyer et le pôle, à abolir la peine de mort.

Pourquoi ce retard ? Voilà la première question qui se pose à nous.

Ce n'est pas la faute du génie national. C'est de France, c'est de cette enceinte, souvent, que se sont levées les plus grandes voix, celles qui ont résonné le plus haut et le plus loin dans la conscience humaine, celles qui ont soutenu, avec le plus d'éloquence, la cause de l'abolition. Vous avez, fort justement, monsieur Forni, rappelé Hugo, j'y ajouterai, parmi les écrivains, Camus. Comment, dans cette enceinte, ne pas penser aussi à Gambetta, à Clemenceau et surtout au grand Jaurès ? Tous se sont levés. Tous ont soutenu la cause de l'abolition. Alors pourquoi le silence a-t-il persisté et pourquoi n'avons-nous pas aboli ?

Je ne pense pas non plus que ce soit à cause du tempérament national. Les Français ne sont certes pas plus répressifs, moins humains que les autres peuples. Je le sais par expérience. Juges et jurés français savent être aussi généreux que les autres. La réponse n'est donc pas là. Il faut la chercher ailleurs.

Pour ma part j'y vois une explication qui est d'ordre politique. Pourquoi ?

L'abolition, je l'ai dit, regroupe, depuis deux siècles, des femmes et des hommes de toutes les classes politiques et, bien au-delà, de toutes les couches de la nation.

Mais si l'on considère l'histoire de notre pays, on remarquera que l'abolition, en tant que telle, a toujours été une des grandes causes de la gauche française. Quand je dis gauche, comprenez-moi, j'entends forces de changement, forces de progrès, parfois forces de révolution, celles qui, en tout cas, font avancer l'histoire.

Examinez simplement ce qui est la vérité. Regardez-la.

J'ai rappelé 1791, la première Constituante, la grande Constituante. Certes elle n'a pas aboli, mais elle a posé la question, audace prodigieuse en Europe à cette époque. Elle a réduit le champ de la peine de mort plus que partout ailleurs en Europe.

La première assemblée républicaine que la France ait connue, la grande Convention, le 4 brumaire an IV de la République, a proclamé que la peine de mort était abolie en France à dater de l'instant où la paix générale serait rétablie.

La paix fut rétablie mais avec elle Bonaparte arriva. Et la peine de mort s'inscrivit dans le code pénal qui est encore le nôtre, plus pour longtemps, il est vrai.

Mais suivons les élans.

La révolution de 1830 a engendré, en 1832, la généralisation des circonstances atténuantes ; le nombre des condamnations à mort diminue aussitôt de moitié.

La révolution de 1848 entraîna l'abolition de la peine de mort en matière politique, que la France ne remettra plus en cause jusqu'à la guerre de 1939.

Il faudra attendre ensuite qu'une majorité de gauche soit établie au centre de la vie politique française, dans les années qui suivent 1900, pour que soit à nouveau soumise aux représentants du peuple la question de l'abolition. C'est alors qu'ici même s'affrontèrent, dans un débat dont l'histoire de l'éloquence conserve pieusement le souvenir vivant, et Barrès et Jaurès.

Jaurès – que je salue en votre nom à tous – a été, de tous les orateurs de la gauche, de tous les socialistes, celui qui a mené le plus haut, le plus loin, le plus noblement l'éloquence du cœur et l'éloquence de la raison, celui qui a servi, comme personne, le socialisme, la liberté et l'abolition.

[...]

Mais je dois rappeler, puisque, à l'évidence, sa parole n'est pas éteinte en vous, la phrase que prononça Jaurès : « La peine de mort est contraire à ce que l'humanité depuis deux mille ans a pensé de plus haut et rêve de plus noble. Elle est contraire à la fois à l'esprit du christianisme et à l'esprit de la Révolution. »

En 1908, Briand, à son tour, entreprit de demander à la Chambre l'abolition. Curieusement, il ne le fit pas en usant de son éloquence. Il s'efforça de convaincre en représentant à la Chambre une donnée très simple, que l'expérience récente – de l'école positiviste – venait de mettre en lumière.

Il fit observer en effet que, par suite du tempérament divers des présidents de la République, qui se sont succédé à cette époque de grande stabilité sociale et économique, la pratique de la peine de mort avait singulièrement évolué pendant deux fois dix ans : 1888-1897, les présidents faisaient exécuter ; 1898-1907, les présidents – Loubet, Fallières – abhorraient la peine de mort et, par conséquent, accordaient systématiquement la grâce. Les données étaient claires : dans la première période où l'on pratique l'exécution : 3 066 homicides ; dans la seconde période, où la douceur des hommes fait qu'ils y répugnent et que la peine de mort disparaît de la pratique répressive : 1 068 homicides, près de la moitié.

Telle est la raison pour laquelle Briand, au-delà même des principes, vint demander à la Chambre d'abolir la peine de mort qui, la France venait ainsi de le mesurer, n'était pas dissuasive.

Il se trouva qu'une partie de la presse entreprit aussitôt une campagne très violente contre les abolitionnistes. Il se trouva qu'une partie de la Chambre n'eut point le courage d'aller vers les sommets que lui montrait Briand. C'est ainsi que la peine de mort demeura en 1908 dans notre droit et dans notre pratique.

Depuis lors – soixante-quinze ans – jamais une assemblée parlementaire n'a été saisie d'une demande de suppression de la peine de mort.

Je suis convaincu – cela vous fera plaisir – d'avoir certes moins d'éloquence que Briand, mais je suis sûr que, vous, vous aurez plus de courage et c'est cela qui compte.

Les temps passèrent.

On peut s'interroger : pourquoi n'y a-t-il rien eu en 1936 ? La raison est que le temps de la gauche fut compté. L'autre raison, plus simple, est que la guerre pesait déjà sur les esprits. Or, les temps de guerre ne sont pas propices à poser la question de l'abolition. Il est vrai que la guerre et l'abolition ne cheminent pas ensemble.

La Libération. Je suis convaincu, pour ma part, que, si le gouvernement de la Libération n'a pas posé la question de l'abolition, c'est parce que les temps troublés, les crimes de la guerre, les épreuves terribles de l'Occupation faisaient que les sensibilités n'étaient pas à cet égard prêtes. Il fallait que reviennent non seulement la paix des armes, mais aussi la paix des cœurs.

Cette analyse vaut aussi pour les temps de la décolonisation.

C'est seulement après ces épreuves historiques qu'en vérité pouvait être soumise à votre assemblée la grande question de l'abolition.

Je n'irai pas plus loin dans l'interrogation – M. Forni l'a fait –, mais pourquoi, au cours de la dernière législature, les gouvernements n'ont-ils pas voulu que votre assemblée soit saisie de l'abolition, alors que la commission des lois et tant d'entre vous, avec courage, réclamaient ce débat ? Certains membres du gouvernement – et non des moindres – s'étaient déclarés, à titre personnel, partisans de l'abolition, mais on avait le sentiment à entendre ceux qui avaient la responsabilité de la proposer, que, dans ce domaine, il était, là encore, urgent d'attendre.

Attendre, après deux cents ans !

Attendre, comme si la peine de mort ou la guillotine était un fruit qu'on devrait laisser mûrir avant de le cueillir !

Attendre ? Nous savons bien en vérité que la cause était la crainte de l'opinion publique. D'ailleurs, certains vous diront, mesdames, messieurs les députés, qu'en votant l'abolition vous méconnaîtriez les règles de la démocratie parce que vous ignoreriez l'opinion publique. Il n'en est rien.

Nul plus que vous, à l'instant du vote sur l'abolition, ne respectera la loi fondamentale de la démocratie.

Je me réfère non pas seulement à cette conception selon laquelle le Parlement est, suivant l'image employée par un grand Anglais, un phare qui ouvre la voie de l'ombre pour le pays, mais simplement à la loi fondamentale de la démocratie qui est la volonté du suffrage universel et, pour les élus, le respect du suffrage universel.

Or, à deux reprises, la question a été directement – j'y insiste – posée devant l'opinion publique.

Le président de la République a fait connaître à tous, non seulement son sentiment personnel, son aversion pour la peine de mort, mais aussi, très clairement, sa volonté de demander au gouvernement de saisir le Parlement d'une demande d'abolition, s'il était élu. Le pays lui a répondu : oui.

Il y a eu ensuite des élections législatives. Au cours de la campagne électorale, il n'est pas un des partis de gauche qui n'ait fait figurer publiquement dans son programme l'abolition de la peine de mort. Le pays a élu une majorité de gauche ; ce faisant, en connaissance de cause, il savait qu'il approuvait un programme législatif dans lequel se trouvait inscrite, au premier rang des obligations morales, l'abolition de la peine de mort.

Lorsque vous la voterez, c'est ce pacte solennel, celui qui lie l'élu au pays, celui qui fait que son premier devoir d'élu est le respect de l'engagement pris avec ceux qui l'ont choisi, cette démarche de respect du suffrage universel et de la démocratie qui sera la vôtre.

D'autres vous diront que l'abolition, parce qu'elle pose question à toute conscience humaine, ne devrait être décidée que par la voie de référendum. Si l'alternative existait, la question mériterait sans doute examen. Mais, vous le savez aussi bien que moi et Raymond Forni l'a rappelé, cette voie est constitutionnellement fermée.

Je rappelle à l'Assemblée – mais en vérité ai-je besoin de le faire ? – que le général de Gaulle, fondateur de la Vᵉ République, n'a pas voulu que les questions de société ou, si l'on préfère, les questions de morale soient tranchées par la procédure référendaire.

Je n'ai pas besoin non plus de vous rappeler, mesdames, messieurs les députés, que la sanction pénale de l'avortement aussi bien que de la peine de mort se trouvent inscrites dans les lois pénales qui, aux termes de la Constitution, relèvent de votre seul pouvoir.

Par conséquent, prétendre s'en rapporter à un référendum, ne vouloir répondre que par un référendum, c'est méconnaître délibérément à la fois l'esprit et la lettre de la Constitution et c'est, par une fausse habileté, refuser de se prononcer publiquement par peur de l'opinion publique.

Rien n'a été fait pendant les années écoulées pour éclairer cette opinion publique. Au contraire ! On a refusé l'expérience des pays abolitionnistes ; on ne s'est jamais interrogé sur le fait essentiel que les grandes démocraties occidentales, nos proches, nos sœurs, nos voisines, pouvaient vivre sans la peine de mort. On a négligé les études conduites par toutes les grandes organisations internationales, tels le Conseil de l'Europe, le Parlement européen, les Nations unies elles-mêmes dans le cadre du comité d'études contre le crime. On a occulté leurs constantes conclusions. Il n'a jamais, jamais été établi une corrélation quelconque entre la présence ou l'absence de la peine de mort dans une législation pénale et la courbe de la criminalité sanglante. On a, par contre, au lieu de révéler et de souligner ces évidences, entretenu l'angoisse, stimulé la peur, favorisé la confusion. On a bloqué le phare sur l'accroissement indiscutable, douloureux, et auquel il faudra faire face, mais qui est lié à des conjonctures économiques et sociales, de la petite et moyenne délinquance de violence, celle qui, de toute façon, n'a jamais relevé de la peine de mort. Mais tous les esprits loyaux s'accordent sur le fait qu'en France la criminalité sanglante n'a jamais varié – et même, compte tenu du nombre d'habitants, tend plutôt à stagner ; on s'est tu. En un mot, s'agissant de l'opinion, parce qu'on pensait aux suffrages, on a attisé l'angoisse collective et on a refusé à l'opinion publique les défenses de la raison.

En vérité, la question de la peine de mort est simple pour qui veut l'analyser avec lucidité. Elle ne se pose pas en termes de dissuasion, ni même de technique répressive, mais en termes de choix politique ou de choix moral.

Je l'ai déjà dit, mais je le répète volontiers au regard du grand silence antérieur : le seul résultat auquel ont conduit toutes les recherches menées par les criminologues est la constatation de l'absence de lien entre la peine de mort et l'évolution de la criminalité sanglante. Je rappelle encore à cet égard les travaux du Conseil de l'Europe de 1962 ; le Livre blanc anglais, prudente recherche menée à travers tous les pays abolitionnistes avant que les Anglais ne se décident à abolir la peine de mort et ne refusent depuis lors, par deux fois, de la rétablir ; le Livre blanc canadien, qui a procédé selon la même méthode ; les travaux conduits par le comité pour la prévention du crime créé par l'ONU, dont les derniers textes ont été élaborés l'année dernière à Caracas ; enfin, les travaux conduits par le Parlement européen, auxquels j'associe notre amie Mme Roudy, et qui ont abouti à ce vote essentiel par lequel cette assemblée, au nom de l'Europe qu'elle représente, de l'Europe occidentale bien sûr, s'est prononcée à une écrasante majorité pour que la peine de mort disparaisse de l'Europe. Tous, tous se rejoignent sur la conclusion que j'évoquais.

Il n'est pas difficile d'ailleurs, pour qui veut s'interroger loyalement, de comprendre pourquoi il n'y a pas entre la peine de mort et l'évolution de la criminalité sanglante ce rapport dissuasif que l'on s'est si souvent appliqué à chercher sans trouver sa source ailleurs, et j'y reviendrai dans un instant. Si vous y réfléchissez simplement, les crimes les plus terribles, ceux qui saisissent le plus la sensibilité publique – et on le comprend –, ceux qu'on appelle les crimes atroces sont commis le plus souvent par des hommes emportés par une pulsion de violence et de mort qui abolit jusqu'aux défenses de la raison. À cet instant de folie, à cet instant de passion meurtrière, l'évocation de la peine, qu'elle soit de mort ou qu'elle soit perpétuelle, ne trouve pas sa place chez l'homme qui tue.

Qu'on ne me dise pas que, ceux-là, on ne les condamne pas à mort. Il suffirait de reprendre les annales des dernières années pour se convaincre du contraire. Olivier, exécuté, dont l'autopsie a révélé que son cerveau présentait des anomalies frontales. Et Carrein, et Rousseau, et Garceau.

Quant aux autres, les criminels dits de sang-froid, ceux qui pèsent les risques, ceux qui méditent le profit et la peine, ceux-là, jamais vous ne les retrouverez dans des situations où ils risquent l'échafaud. Truands raisonnables, profiteurs du crime, criminels organisés, proxénètes, trafiquants, maffiosi, jamais vous ne les trouverez dans ces situations-là. Jamais !

Ceux qui interrogent les annales judiciaires, car c'est là où s'inscrit dans sa réalité la peine de mort, savent que dans les trente dernières années vous n'y trouvez pas le nom d'un « grand » gangster, si l'on peut utiliser cet adjectif en parlant de ce type d'hommes. Pas un seul « ennemi public » n'y a jamais figuré.

En fait, ceux qui croient à la valeur dissuasive de la peine de mort méconnaissent la vérité humaine. La passion criminelle n'est pas plus arrêtée par la peur de la mort que d'autres passions ne le sont qui, celles-là, sont nobles.

Et si la peur de la mort arrêtait les hommes, vous n'auriez ni grands soldats, ni grands sportifs. Nous les admirons, mais ils n'hésitent pas devant la mort. D'autres, emportés par d'autres passions, n'hésitent pas non plus. C'est seulement pour la peine de mort qu'on invente l'idée que la peur de la mort retient l'homme dans ses passions extrêmes. Ce n'est pas exact.

Et je vous dirai pourquoi, plus qu'aucun autre, je puis affirmer qu'il n'y a pas dans la peine de mort de valeur dissuasive : sachez bien que, dans la foule qui, autour du palais de justice de Troyes, criait au passage de Buffet et de Bontems : « À mort Buffet ! À mort Bontems ! » se trouvait un jeune homme qui s'appelait Patrick Henry. Croyez-moi, à ma stupéfaction, quand je l'ai appris, j'ai compris ce que pouvait signifier, ce jour-là, la valeur dissuasive de la peine de mort !

Et pour vous qui êtes hommes d'État, conscients de vos responsabilités, croyez-vous que les hommes d'État, nos amis, qui dirigent le sort et qui ont la responsabilité des grandes démocraties occidentales, aussi exigeante que soit en eux la passion des valeurs morales qui sont celles des pays de liberté, croyez-vous que ces hommes responsables auraient voté l'abolition ou n'auraient pas rétabli la peine capitale s'ils avaient pensé que celle-ci pouvait être de quelque utilité par sa valeur dissuasive contre la criminalité sanglante ? Ce serait leur faire injure que de le penser.

Il suffit, en tout cas, de vous interroger très concrètement et de prendre la mesure de ce qu'aurait signifié exactement l'abolition si elle avait été votée en France en 1974, quand le précédent président de la République confessait volontiers, mais généralement en privé, son aversion personnelle pour la peine de mort.

L'abolition votée en 1974, pour le septennat qui s'est achevé en 1981, qu'aurait-elle signifié pour la sûreté et la sécurité des Français ? Simplement ceci : trois condamnés à mort, qui se seraient ajoutés au 333 qui se trouvent actuellement dans nos établissements pénitentiaires. Trois de plus.

Lesquels ? Je vous les rappelle. Christian Ranucci : je n'aurais garde d'insister, il y a trop d'interrogations qui se lèvent à son sujet, et ces seules interrogations suffisent, pour toute conscience éprise de justice, à condamner la peine de mort. Jérôme Carrein : débile, ivrogne, qui a commis un crime atroce, mais qui avait pris par la main devant tout le village la petite fille qu'il allait tuer quelques instants plus tard, montrant par là même qu'il ignorait la force qui allait l'emporter. Enfin, Djandoubi, qui était unijambiste et qui, quelle que soit l'horreur – et le terme n'est pas trop fort – de ses crimes, présentait tous les signes d'un déséquilibre et qu'on a emporté sur l'échafaud après lui avoir enlevé sa prothèse.

Loin de moi l'idée d'en appeler à une pitié posthume : ce n'est ni le lieu ni le moment, mais ayez simplement présent à votre esprit que l'on s'interroge encore à propos de l'innocence du premier, que le deuxième était un débile et le troisième un unijambiste.

Peut-on prétendre que si ces trois hommes se trouvaient dans les prisons françaises la sécurité de nos concitoyens se trouverait de quelque façon compromise ?

C'est cela la vérité et la mesure exacte de la peine de mort. C'est simplement cela. Et cette réalité semble faire fuir.

La question ne se pose pas, et nous le savons tous, en termes de dissuasion ou de technique répressive, mais en termes politiques et surtout de choix moral.

Que la peine de mort ait une signification politique, il suffirait de regarder la carte du monde pour le constater. Je regrette qu'on ne puisse pas présenter une telle carte à l'Assemblée comme cela fut fait au Parlement européen. On y verrait les pays abolitionnistes et les autres, les pays de liberté et les autres.

Les choses sont claires. Dans la majorité écrasante des démocraties occidentales, en Europe particulièrement, dans tous les pays où la liberté est inscrite dans les institutions et respectée dans la pratique, la peine de mort a disparu. Dans les pays de liberté, la loi commune est l'abolition, c'est la peine de mort qui est l'exception.

Partout, dans le monde, et sans aucune exception, où triomphent la dictature et le mépris des droits de l'homme, partout vous y trouvez inscrite, en caractères sanglants, la peine de mort.

Voici la première évidence : dans les pays de liberté l'abolition est presque partout la règle ; dans les pays où règne la dictature, la peine de mort est partout pratiquée.

Ce partage du monde ne résulte pas d'une simple coïncidence, mais exprime une corrélation. La vraie signification politique de la peine de mort, c'est bien qu'elle procède de l'idée que l'État a le droit de disposer du citoyen jusqu'à lui retirer la vie. C'est par là que la peine de mort s'inscrit dans les systèmes totalitaires.

C'est par là même que vous retrouvez, dans la réalité judiciaire, et jusque dans celle qu'évoquait

Raymond Forni, la vraie signification de la peine de mort. Dans la réalité judiciaire, qu'est-ce que la peine de mort ? Ce sont douze hommes et femmes, deux jours d'audience, l'impossibilité d'aller jusqu'au fond des choses et le droit, ou le devoir, terrible, de trancher, en quelques quarts d'heure, parfois quelques minutes, le problème si difficile de la culpabilité, et, au-delà, de décider de la vie ou de la mort d'un autre être. Douze personnes, dans une démocratie, qui ont le droit de dire : celui-là doit vivre, celui-là doit mourir ! Je le dis : cette conception de la justice ne peut être celle des pays de liberté, précisément pour ce qu'elle comporte de signification totalitaire.

Quant au droit de grâce, il convient, comme Raymond Forni l'a rappelé, de s'interroger à son sujet. Lorsque le roi représentait Dieu sur la terre, qu'il était oint par la volonté divine, le droit de grâce avait un fondement légitime. Dans une civilisation, dans une société dont les institutions sont imprégnées par la foi religieuse, on comprend aisément que le représentant de Dieu ait pu disposer du droit de vie ou de mort. Mais dans une république, dans une démocratie, quels que soient ses mérites, quelle que soit sa conscience, aucun homme, aucun pouvoir ne saurait disposer d'un tel droit sur quiconque en temps de paix.

Je sais qu'aujourd'hui – et c'est là un problème majeur – certains voient dans la peine de mort une sorte de recours ultime, une forme de défense extrême de la démocratie contre la menace grave que constitue le terrorisme. La guillotine, pensent-ils, protégerait éventuellement la démocratie au lieu de la déshonorer.

Cet argument procède d'une méconnaissance complète de la réalité. En effet, l'Histoire montre que s'il est un type de crime qui n'a jamais reculé devant la menace de mort, c'est le crime politique. Et, plus spécifiquement, s'il est un type de femme ou d'homme que la menace de la mort ne saurait faire reculer, c'est bien le terroriste. D'abord, parce qu'il l'affronte au cours de l'action violente ; ensuite parce qu'au fond de lui, il éprouve cette trouble fascination de la violence et de la mort, celle qu'on donne, mais aussi celle qu'on reçoit. Le terrorisme qui, pour moi, est un crime majeur contre la démocratie, et qui, s'il devait se lever dans ce pays, serait réprimé et poursuivi avec toute la fermeté requise, a pour cri de ralliement, quelle que soit l'idéologie qui l'anime, le terrible cri des fascistes de la guerre d'Espagne : *« Viva la muerte ! »*, « Vive la mort ! » Alors, croire qu'on l'arrêtera avec la mort, c'est illusion.

Allons plus loin. Si, dans les démocraties voisines, pourtant en proie au terrorisme, on se refuse à rétablir la peine de mort, c'est, bien sûr, par exigence morale, mais aussi par raison politique. Vous savez en effet qu'aux yeux de certains et surtout des jeunes, l'exécution du terroriste le transcende, le dépouille de ce qu'a été la réalité criminelle de ses actions, en fait une sorte de héros qui aurait été jusqu'au bout de sa course, qui, s'étant engagé au service d'une cause, aussi odieuse soit-elle, l'aurait servie jusqu'à la mort. Dès lors, apparaît le risque considérable, que précisément les hommes d'État des démocraties amies ont pesé, de voir se lever dans l'ombre, pour un terroriste exécuté, vingt jeunes gens égarés. Ainsi, loin de le combattre, la peine de mort nourrirait le terrorisme.

À cette considération de fait, il faut ajouter une donnée morale : utiliser contre les terroristes la peine de mort, c'est, pour une démocratie, faire siennes les valeurs de ces derniers. Quand, après l'avoir arrêté, après lui avoir extorqué des correspondances terribles, les terroristes, au terme d'une parodie dégradante de justice, exécutent celui qu'ils ont enlevé, non seulement ils commettent un crime odieux, mais ils tendent à la démocratie le piège le plus insidieux, celui d'une violence meurtrière qui, en forçant cette démocratie à recourir à la peine de mort, pourrait leur permettre de lui donner, par une sorte d'inversion des valeurs, le visage sanglant qui est le leur.

Cette tentation, il faut la refuser, sans jamais, pour autant, composer avec cette forme ultime de la violence, intolérable dans une démocratie, qu'est le terrorisme.

Mais lorsqu'on a dépouillé le problème de son aspect passionnel et qu'on veut aller jusqu'au bout de la lucidité, on constate que le choix entre le maintien et l'abolition de la peine de mort, c'est, en définitive, pour une société et pour chacun d'entre nous, un choix moral.

Je ne ferai pas usage de l'argument d'autorité, car ce serait malvenu au Parlement, et trop facile dans cette enceinte. Mais on ne peut pas ne pas relever que, dans les dernières années, se sont prononcés hautement contre la peine de mort, l'Église catholique de France, le conseil de l'Église réformée et le rabbinat. Comment ne pas souligner que toutes les grandes associations internationales qui militent de par le monde pour la défense des libertés et des droits de l'homme – Amnesty international, l'Association internationale des droits de l'homme, la Ligue des droits de l'homme – ont fait campagne pour que vienne l'abolition de la peine de mort.

Cette conjonction de tant de consciences religieuses ou laïques, hommes de Dieu et hommes de libertés, à une époque où l'on parle sans cesse de crise des valeurs morales, est significative.

Pour les partisans de la peine de mort, dont les abolitionnistes et moi-même avons toujours respecté le choix en notant à regret que la réciproque n'a pas toujours été vraie, la haine répondant souvent à ce qui n'était que l'expression d'une conviction profonde, celle que je respecterai toujours chez les hommes de liberté, pour les partisans de la peine de mort, disais-je, la mort du coupable est une exigence de justice. Pour eux, il est en effet des crimes trop atroces pour que leurs auteurs puissent les expier autrement qu'au prix de leur vie.

La mort et la souffrance des victimes, ce terrible malheur, exigeraient comme contrepartie nécessaire, impérative, une autre mort et une autre souffrance. À défaut, déclarait un ministre de la Justice récent, l'angoisse et la passion suscitées dans la société par le crime ne seraient pas apaisées. Cela s'appelle, je crois, un sacrifice expiatoire. Et justice, pour les partisans de la peine de mort, ne serait pas faite si à la mort de la victime ne répondait pas, en écho, la mort du coupable.

Soyons clairs. Cela signifie simplement que la loi du talion demeurerait, à travers les millénaires, la loi nécessaire, unique de la justice humaine.

Du malheur et de la souffrance des victimes, j'ai, beaucoup plus que ceux qui s'en réclament, souvent mesuré dans ma vie l'étendue. Que le crime soit le point de rencontre, le lieu géométrique du malheur humain, je le sais mieux que personne. Malheur de la victime elle-même et, au-delà, malheur de ses parents et de ses proches. Malheur aussi des parents du criminel. Malheur enfin, bien souvent, de l'assassin. Oui, le crime est malheur, et il n'y a pas un homme, pas une femme de cœur, de raison, de responsabilité, qui ne souhaite d'abord le combattre.

Mais ressentir, au profond de soi-même, le malheur et la douleur des victimes, mais lutter de toutes les manières pour que la violence et le crime reculent dans notre société, cette sensibilité et ce combat ne sauraient impliquer la nécessaire mise à mort du coupable. Que les parents et les proches de la victime souhaitent cette mort, par réaction naturelle de l'être humain blessé, je le comprends, je le conçois. Mais c'est une réaction humaine, naturelle. Or tout le progrès historique de la justice a été de dépasser la vengeance privée. Et comment la dépasser, sinon d'abord en refusant la loi du talion ?

La vérité est que, au plus profond des motivations de l'attachement à la peine de mort, on trouve, inavouée le plus souvent, la tentation de l'élimination. Ce qui paraît insupportable à beaucoup, c'est moins la vie du criminel emprisonné que la peur qu'il récidive un jour. Et ils pensent que la seule garantie, à cet égard, est que le criminel soit mis à mort par précaution.

Ainsi, dans cette conception, la justice tuerait moins par vengeance que par prudence. Au-delà de la justice d'expiation, apparaît donc la justice d'élimination, derrière la balance, la guillotine. L'assassin doit mourir tout simplement parce que, ainsi, il ne récidivera pas. Et tout paraît si simple, et tout paraît si juste !

Mais quand on accepte ou quand on prône la justice d'élimination, au nom de la justice, il faut bien savoir dans quelle voie on s'engage. Pour être acceptable, même pour ses partisans, la justice qui tue le criminel doit tuer en connaissance de cause. Notre justice, et c'est son honneur, ne tue pas les déments. Mais elle ne sait pas les identifier à coup sûr, et c'est à l'expertise psychiatrique, la plus aléatoire, la plus incertaine de toutes, que, dans la réalité judiciaire, on va s'en remettre. Que le verdict psychiatrique soit favorable à l'assassin, et il sera épargné. La société acceptera d'assumer le risque qu'il représente sans que quiconque s'en indigne. Mais que le verdict psychiatrique lui soit défavorable, et il sera exécuté. Quand on accepte la justice d'élimination, il faut que les responsables politiques mesurent dans quelle logique de l'Histoire on s'inscrit.

Je ne parle pas de sociétés où l'on élimine aussi bien les criminels que les déments, les opposants politiques que ceux dont on pense qu'ils seraient de nature à « polluer » le corps social. Non, je m'en tiens à la justice des pays qui vivent en démocratie.

Enfoui, terré, au cœur même de la justice d'élimination, veille le racisme secret. Si, en 1972, la Cour suprême des États-Unis a penché vers l'abolition, c'est essentiellement parce qu'elle avait constaté que 60 % des condamnés à mort étaient des noirs, alors qu'ils ne représentaient que 12 % de la population. Et pour un homme de justice, quel vertige ! Je baisse la voix et je me tourne vers vous tous pour rappeler qu'en France même, sur trente-six condamnations à mort définitives prononcées depuis 1945, on compte neuf étrangers, soit 25 %, alors qu'ils ne représentent que 8 % de la population ; parmi eux cinq Maghrébins, alors qu'ils ne représentent que 2 % de la population. Depuis 1965, parmi les neuf condamnés à mort exécutés, on compte quatre étrangers, dont trois Maghrébins. Leurs crimes étaient-ils plus odieux que les autres ou bien paraissaient-ils plus graves parce que leurs auteurs, à cet instant, faisaient secrètement horreur ? C'est une interrogation, ce n'est qu'une interrogation, mais elle est si pressante et si lancinante que seule l'abolition peut mettre fin à une interrogation qui nous interpelle avec tant de cruauté.

Il s'agit bien, en définitive, dans l'abolition, d'un choix fondamental, d'une certaine conception de l'homme et de la justice. Ceux qui veulent une justice qui tue, ceux-là sont animés par une double conviction : qu'il existe des hommes totalement coupables, c'est-à-dire des hommes totalement responsables de leurs actes, et qu'il peut y avoir une justice sûre de son infaillibilité au point de dire que celui-là peut vivre et que celui-là doit mourir.

À cet âge de ma vie, l'une et l'autre affirmations me paraissent également erronées. Aussi terribles, aussi odieux que soient leurs actes, il n'est point d'hommes en cette terre dont la culpabilité soit totale et dont il faille pour toujours désespérer totalement. Aussi prudente que soit la justice, aussi mesurés et angoissés que soient les femmes et les hommes qui jugent, la justice demeure humaine, donc faillible.

Et je ne parle pas seulement de l'erreur judiciaire absolue, quand, après une exécution, il se révèle, comme cela peut encore arriver, que le condamné à mort était innocent et qu'une société entière – c'est-à-dire nous tous –, au nom de laquelle le verdict a été rendu, devient ainsi collectivement coupable puisque sa justice rend possible l'injustice suprême. Je parle aussi de l'incertitude et de la contradiction des décisions rendues qui font que les mêmes accusés, condamnés à mort une première fois, dont la condamnation est cassée pour vice de forme, sont de nouveau jugés et, bien qu'il s'agisse des mêmes faits, échappent, cette fois-ci, à la mort, comme si, en justice, la vie d'un homme se jouait au hasard d'une erreur de plume d'un greffier. Ou bien tels condamnés, pour des crimes moindres, seront exécutés, alors que d'autres, plus coupables, sauveront leur tête à la faveur de la passion de l'audience, du climat ou de l'emportement de tel ou tel.

Cette sorte de loterie judiciaire, quelle que soit la peine qu'on éprouve à prononcer ce mot quand il y va de la vie d'une femme ou d'un homme, est intolérable. Le plus haut magistrat de France, M. Aydalot, au terme d'une longue carrière tout entière consacrée à la justice et, pour la plupart de son activité, au parquet, disait qu'à la mesure de sa hasardeuse application, la peine de mort lui était devenue, à lui magistrat, insupportable. Parce qu'aucun homme n'est totalement responsable, parce qu'aucune justice ne peut être absolument infaillible, la peine de mort est moralement inacceptable. Pour ceux d'entre nous qui croient en Dieu, lui seul a le pouvoir de choisir l'heure de notre mort. Pour tous les abolitionnistes, il est impossible de reconnaître à la justice des hommes ce pouvoir de mort parce qu'ils savent qu'elle est faillible.

Le choix qui s'offre à vos consciences est donc clair : ou notre société refuse une justice qui tue et accepte d'assumer, au nom de ses valeurs fondamentales – celles qui l'ont faite grande et respectée entre toutes – la vie de ceux qui font horreur, déments ou criminels ou les deux à la fois, et c'est le choix de l'abolition ; ou cette société croit, en dépit de l'expérience des siècles, faire disparaître le crime avec le criminel, et c'est l'élimination.

Cette justice d'élimination, cette justice d'angoisse et de mort, décidée avec sa marge de hasard, nous la refusons. Nous la refusons parce qu'elle est pour nous l'anti-justice, parce qu'elle est la passion et la peur triomphant de la raison et de l'humanité.

J'en ai fini avec l'essentiel, avec l'esprit et l'inspiration de cette grande loi. Raymond Forni, tout à l'heure, en a dégagé les lignes directrices. Elles sont simples et précises.

Parce que l'abolition est un choix moral, il faut se prononcer en toute clarté. Le gouvernement vous demande donc de voter l'abolition de la peine de mort sans l'assortir d'aucune restriction ni d'aucune réserve. Sans doute, des amendements seront déposés tendant à limiter le champ de l'abolition et à en exclure diverses catégories de crimes. Je comprends l'inspiration de ces amendements, mais le gouvernement vous demandera de les rejeter.

D'abord parce que la formule « abolir hors les crimes odieux » ne recouvre en réalité qu'une déclaration en faveur de la peine de mort. Dans la réalité judiciaire, personne n'encourt la peine de mort hors des crimes odieux. Mieux vaut donc, dans ce cas-là, éviter les commodités de style et se déclarer partisan de la peine de mort.

Quant aux propositions d'exclusion de l'abolition au regard de la qualité des victimes, notamment au regard de leur faiblesse particulière ou des risques plus grands qu'elles encourent, le gouvernement vous demandera également de les refuser, en dépit de la générosité qui les inspire.

Ces exclusions méconnaissent une évidence : toutes, je dis bien toutes, les victimes sont pitoyables et toutes appellent la même compassion. Sans doute, en chacun de nous, la mort de l'enfant ou du vieillard suscite plus aisément l'émotion que la mort d'une femme de trente ans ou d'un homme mûr chargé de responsabilités, mais, dans la réalité humaine, elle n'en est pas moins douloureuse, et toute discrimination à cet égard serait porteuse d'injustice !

S'agissant des policiers ou du personnel pénitentiaire, dont les organisations représentatives requièrent le maintien de la peine de mort à l'encontre de ceux qui attenteraient à la vie de leurs membres, le gouvernement comprend parfaitement les préoccupations qui les animent, mais il demandera que ces amendements en soient rejetés.

La sécurité des personnels de police et du personnel pénitentiaire doit être assurée. Toutes les mesures nécessaires pour assurer leur protection doivent être prises. Mais, dans la France de la fin du XX^e^ siècle, on ne confie pas à la guillotine le soin d'assurer la sécurité des policiers et des surveillants. Et quant à la sanction du crime qui les atteindrait, aussi légitime qu'elle soit, cette peine ne peut être, dans nos lois, plus grave que celle qui frapperait les auteurs de crimes commis à l'encontre d'autres victimes. Soyons clairs : il ne peut exister dans la justice française de privilège pénal au profit de quelque profession ou corps que ce soit. Je suis sûr que les personnels de police et les personnels pénitentiaires le comprendront. Qu'ils sachent que nous nous montrerons attentifs à leur sécurité sans jamais pour autant en faire un corps à part dans la République.

Dans le même dessein de clarté, le projet n'offre aucune disposition concernant une quelconque peine de remplacement.

Pour des raisons morales d'abord : la peine de mort est un supplice, et l'on ne remplace pas un supplice par un autre.

Pour des raisons de politique et de clarté législatives aussi : par peine de remplacement, l'on vise communément une période de sûreté, c'est-à-dire un délai inscrit dans la loi pendant lequel le condamné n'est pas susceptible de bénéficier d'une mesure de libération conditionnelle ou d'une quelconque suspension de sa peine. Une telle peine existe déjà dans notre droit et sa durée peut atteindre dix-huit années.

Si je demande à l'Assemblée de ne pas ouvrir, à cet égard, un débat tendant à modifier cette mesure de sûreté, c'est parce que, dans un délai de deux ans – délai relativement court au regard du processus d'édification de la loi pénale –, le gouvernement aura l'honneur de lui soumettre le projet d'un nouveau code pénal, un code pénal adapté à la société française de la fin du XXe siècle et, je l'espère, de l'horizon du XXIe siècle. À cette occasion, il conviendra que soit défini, établi, pesé par vous ce que doit être le système des peines pour la société française d'aujourd'hui et de demain. C'est pourquoi je vous demande de ne pas mêler au débat de principe sur l'abolition une discussion sur la peine de remplacement, ou plutôt sur la mesure de sûreté, parce que cette discussion serait à la fois inopportune et inutile.

Inopportune parce que, pour être harmonieux, le système des peines doit être pensé et défini en son entier, et non à la faveur d'un débat qui, par son objet même, se révèle nécessairement passionné et aboutirait à des solutions partielles.

Discussion inutile parce que la mesure de sûreté existante frappera à l'évidence tous ceux qui vont être condamnés à la peine de réclusion criminelle à perpétuité dans les deux ou trois années au plus qui s'écouleront avant que vous n'ayez, mesdames, messieurs les députés, défini notre système de peines et, que, par conséquent, la question de leur libération ne saurait en aucune façon se poser. Les législateurs que vous êtes savent bien que la définition inscrite dans le nouveau code s'appliquera à eux, soit par l'effet immédiat de la loi pénale plus douce, soit – si elle est plus sévère – parce qu'on ne saurait faire de discrimination et que le régime de libération conditionnelle sera le même pour tous les condamnés à perpétuité. Par conséquent, n'ouvrez pas maintenant cette discussion.

Pour les mêmes raisons de clarté et de simplicité, nous n'avons pas inséré dans le projet les dispositions relatives au temps de guerre, le gouvernement sait bien que, quand le mépris de la vie, la violence mortelle deviennent la loi commune, quand certaines valeurs essentielles du temps de paix sont remplacées par d'autres qui expriment la primauté de la défense de la Patrie, alors le fondement même de l'abolition s'efface de la conscience collective pour la durée du conflit, et, bien entendu, l'abolition est alors entre parenthèses.

Il est apparu au gouvernement qu'il était malvenu, au moment où vous décidiez enfin de l'abolition dans la France en paix qui est heureusement la nôtre, de débattre du domaine éventuel de la peine de mort en temps de guerre, une guerre que rien heureusement n'annonce. Ce sera au gouvernement et au législateur, du temps de l'épreuve – si elle doit survenir –, qu'il appartiendra d'y pourvoir, en même temps qu'aux nombreuses dispositions particulières qu'appelle une législation de guerre. Mais arrêter les modalités d'une législation de guerre à cet instant où nous abolissons la peine de mort n'aurait point de sens. Ce serait hors de propos au moment où, après cent quatre-vingt-dix ans de débat, vous allez enfin prononcer et décider de l'abolition.

J'en ai terminé.

Les propos que j'ai tenus, les raisons que j'ai avancées, votre cœur, votre conscience vous les avaient déjà dictés aussi bien qu'à moi. Je tenais simplement, à ce moment essentiel de notre histoire judiciaire, à les rappeler, au nom du gouvernement.

Je sais que dans nos lois, tout dépend de votre volonté et de votre conscience. Je sais que beaucoup d'entre vous, dans la majorité comme dans l'opposition, ont lutté pour l'abolition. Je sais que le Parlement aurait pu aisément, de sa seule initiative, libérer nos lois de la peine de mort. Vous avez accepté que ce soit sur un projet du gouvernement que soit soumise à vos votes l'abolition, associant ainsi le gouvernement et moi-même à cette grande mesure. Laissez-moi vous en remercier.

Demain, grâce à vous, la justice française ne sera plus une justice qui tue. Demain, grâce à vous, il n'y aura plus, pour notre honte commune, d'exécutions furtives, à l'aube, sous le dais noir, dans les prisons françaises. Demain, les pages sanglantes de notre justice seront tournées.

À cet instant plus qu'à aucun autre, j'ai le sentiment d'assumer mon ministère, au sens ancien, au sens noble, le plus noble qui soit, c'est-à-dire au sens de « service ». Demain, vous voterez l'abolition de la peine de mort. Législateur français, de tout mon cœur, je vous en remercie.

❦

### LE DERNIER JOUR D'UNE CONDAMNÉE

*Ambiance des grands jours, ce 17 septembre 1981, dans l'enceinte du Palais-Bourbon. Aujourd'hui, la représentation nationale joue à guichets fermés. L'atmosphère, électrique, rappelle aux plus anciens le bon vieux temps des votes de censure, des questions de confiance et des crises ministérielles. Cela mêle la fête et le drame, cela tient de la générale de presse, du procès à grand spectacle, de la corrida avec mise à mort. Et dans l'arène, en effet, ou dans le box des accusés, Mme la Guillotine s'apprête à passer un très mauvais quart d'heure. La Veuve, qui tint si longtemps le haut du pavé, n'en mène pas large. Cet après-midi, elle risque tout bonnement sa tête.*

*C'est qu'elle a affaire à forte partie. Qui pourrait ignorer, dans l'hémicycle et en dehors de l'hémicycle, au moment où monte à la tribune cet homme dont on admire le talent, dont on respecte le caractère, dont on connaît la ténacité, que Me Robert Badinter, qui va tenir, une fois n'est pas coutume, le rôle de l'avocat général, a fait de l'abolition de la peine capitale la cause de sa vie ?*

*La peine de mort, il l'a affrontée, il l'a en quelque sorte subie en la personne de Roger Bontems, son client, exécuté pour le meurtre d'une infirmière et d'un gardien de prison où il n'avait personnellement pas trempé. Il l'a défiée de nouveau, il l'a toisée, il l'a terrassée une première fois lorsque, sous les huées d'un public déchaîné, il a arraché Patrick Henry, ravisseur et assassin d'un enfant de dix ans, à une condamnation qui paraissait acquise. Il s'apprête à lui porter l'estocade.*

*L'orateur ne décevra pas. Tour à tour pathétique et rigoureux, cherchant à la fois à émouvoir et à convaincre, s'adressant tantôt à l'esprit en vertu de la logique, tantôt au cœur au nom de la morale, avançant des chiffres impressionnants (et parfois contestables), inscrivant sa thèse dans la continuité de notre Histoire en ce qu'elle a de meilleur et dans le rejet de ses heures noires, évoquant l'horreur des petits matins blêmes, du couperet et du panier de son, citant à la barre les grands ancêtres de la gauche, invitant à point nommé le spectre toujours impressionnant de l'erreur judiciaire, celui qui est depuis trois mois ministre de la Justice déroule le plus brillant et le plus efficace des réquisitoires.*

*L'heure est venue des plaidoiries. La dernière fois que le Parlement avait eu à connaître de la question, c'était en 1908 ; un débat de haute tenue, arbitré par le président du Conseil, Aristide Briand, avait vu s'opposer Jean Jaurès et Maurice Barrès. L'abolition avait trouvé, déjà, en la personne du leader socialiste un grand avocat, tandis que l'écrivain député ne craignait pas de proclamer hautement : « Je suis partisan du maintien de la peine de mort et de son application », et d'exposer ses raisons. Lors de cette mémorable séance, la Chambre s'était prononcée pour l'abolition, que le Sénat avait ensuite repoussée. On en était resté là.*

*Soixante-treize ans plus tard, il ne se trouve aucun contradicteur digne de ce nom pour répondre à Robert*

*Badinter et lui opposer une argumentation, aussi bien circonstancielle que générale. Personne pour lui rappeler que la gauche, en effet, en France ou ailleurs, a inlassablement rejeté la peine de mort au nom des principes, mais que dans les faits elle a agi au rebours de ces mêmes principes – Robespierre, Lénine ou Guevara en attestent. Que nombre des parlementaires qui s'apprêtent à voter l'abolition n'ont rien trouvé à redire, en leur temps, aux exécutions de membres de l'OAS, du FLN, voire de collaborateurs. Qu'il suffirait – ce qu'a reconnu le ministre au détour de son propos – de circonstances exceptionnelles, telles qu'une vague de terrorisme, une situation de guerre civile ou de guerre étrangère, pour que les principes éternels s'inclinent de nouveau devant les nécessités du moment. Que l'aversion professée par Valéry Giscard d'Estaing pour la peine capitale n'était pas allée jusqu'à l'empêcher de rejeter par trois fois des recours en grâce, pas plus que la voix de sa conscience n'avait dissuadé François Mitterrand, qui ferait vingt ans plus tard de l'abolition l'une de ses cent dix propositions, de contresigner des dizaines d'ordres d'exécution lorsqu'il était garde des Sceaux. Qu'au demeurant ce n'est pas parce que tel ou tel point particulier figure au programme de tel ou tel candidat que ceux qui votent pour ce candidat approuvent forcément ce point.*

*Aucun intervenant ne fera davantage observer à l'éminent avocat que, si la question ne concerne finalement qu'un très petit nombre d'individus, ces quelques individus ne sont pas non plus les spécimens les plus intéressants de l'espèce. Que, contrairement à son assertion, nombreux sont les grands professionnels du banditisme, de Pierrot le Fou à Mesrine, en passant par Abel Danos ou Émile Buisson, qui ont accumulé les crimes passibles de la mort. Que s'il y a surreprésentation de personnes d'origine étrangère parmi les condamnés à mort, c'est peut-être aussi qu'il y a surreprésentation de cette population parmi les criminels, quelle qu'en soit la raison. Que l'abolition entraînera forcément une rupture dans la logique de la proportionnalité des peines prononcées à l'importance des crimes commis et devrait entraîner une révision à la baisse de l'échelle des peines, car enfin, si le docteur Petiot n'encourait au maximum que la réclusion à perpétuité, il serait injuste d'infliger la même condamnation au simple auteur de quelques banals hold-up. Que, du reste, la substitution de la détention perpétuelle, comme châtiment suprême, à la peine de mort, soit ne constitue qu'un leurre, soit, si elle est effective, introduit dans le Code et dans les faits une punition plus cruelle que la mort. Qu'en admettant qu'il n'y a aucune preuve que la peine de mort joue un rôle dissuasif – et c'est bien le cas –, il est encore plus difficile de croire que son abolition ait un effet positif sur la criminalité. Qu'il y a des crimes si abominables et des criminels si évidemment enclins à récidiver que la réponse la plus appropriée à ces crimes et à ces criminels est de mettre ceux-ci hors d'état de rééditer ceux-là. Que le sort des assassins, pour digne d'intérêt qu'il puisse être, l'est moins que celui de leurs victimes. Qu'enfin il y a quelque paradoxe à ce que la société (et non l'État) se prive face au crime d'armes qu'elle est impuissante à retirer des mains des criminels.*

*Il ne se trouvera aucun représentant de la majorité nouvellement élue, mais, ce qui est plus surprenant, aucun porte-parole patenté de la droite, aucun ténor de l'opposition pour brandir la bannière des adversaires de l'abolition, qu'une astucieuse et perverse manipulation sémantique a une fois pour toutes stigmatisés sous le nom de partisans de la peine de mort, comme si tous ceux qui, pour des raisons diverses, estiment que dans certains cas il n'y a pas d'autre remède, si affreux qu'il puisse être, au mal, étaient des cannibales qui se réjouissent de voir exécuter un homme, si coupable qu'il soit.*

*Ce silence est d'abord celui de l'impuissance, du découragement, de l'« à quoi bon ? ». Nul ne peut ignorer en effet que, la question n'ayant pas été soumise à référendum (dans un pays où 63 % des Français, selon un sondage récent, sont encore hostiles à l'abolition) mais au vote des Assemblées, pas une voix socialiste, pas une voix communiste ne manqueront au projet de loi présenté et défendu par un homme qui ne s'exprime pas en demandeur, mais au nom du gouvernement de la République, en tant que garde des Sceaux. Nul n'ignore que les deux leaders reconnus de l'ancienne majorité, Valéry Giscard d'Estaing et Jacques Chirac, approuvent et soutiennent le projet. Nul n'ignore surtout ce qu'a été l'évolution des esprits au fil du temps et le discrédit politique et social qui s'attacherait au nom de quiconque tenterait de s'opposer publiquement à une mesure qui nous alignerait sur la position du reste de l'Europe, et qui va si clairement dans le sens de l'Histoire. Le nombre des pays qui conservent dans leur arsenal et qui appliquent effectivement la peine de mort se rétrécit comme une peau de chagrin et, à l'exception notable des États-Unis (encore certains n'hésiteraient-ils pas à dire qu'une telle exception en dit long sur la véritable nature de ce pays), il tend à y avoir adéquation entre une pratique barbare et résiduelle et les systèmes dictatoriaux et les régimes obscurantistes, comme entre son abolition et la réalité de la démocratie.*

*Signe des temps, en France, la justice et la lame triangulaire ont cessé depuis 1939 de tomber sur les places publiques où des foules hideuses se pressaient pour assister à la sinistre mise en scène du châtiment suprême. La machine de mort a été reléguée dans l'arrière-cour des prisons et c'est dans la lumière grise de l'aube, en la seule présence, obligatoire, des auxiliaires de justice, qu'elle remplit un office dont la société, en sa partie la plus éclairée, a honte.*

*L'idée s'est peu à peu répandue qu'on ne riposte pas à l'horreur par une autre horreur, à la barbarie par une autre barbarie, qu'on ne répare pas un crime par un autre crime, qu'on ne compense pas un assassinat par une exécution, un mort de trop par un mort de plus. Lorsque la société s'arroge le droit de tuer, elle ne fait que donner une forme codifiée et prétendument civilisée à la loi de Lynch, à l'antique loi du talion, elle se nie et nie avec la notion de progrès la foi dans un avenir meilleur, celui où la justice, plutôt que d'éliminer, vise à guérir et à réinsérer. Quel homme, digne de ce nom, siégeant dans un fauteuil de magistrat ou dans les rangs d'un jury, accepterait d'être l'exécuteur d'une sentence de mort qu'il aurait prononcée en tant que juge et de couper en deux un homme comme on saignerait un poulet, comme on égorgerait un porc ? Les propos que l'on tient, sous le coup de l'émotion, de la colère, d'une indignation à fleur de peau, dans l'euphorie irresponsable d'une conversation de bistrot ou les pieds enfoncés dans la glaise d'où nous venons et où nous retournerons, quel prêtre oserait les reprendre en chaire, quel professeur sur son estrade, quel parlementaire à la tribune ou dans un dîner en ville ?*

*Les jeux sont faits. Le 17 septembre 1981, l'Assemblée nationale se prononce pour l'abolition par 369 voix contre 113. Le Sénat, cette fois, ratifiera. Après tant de siècles de bons et loyaux services, la peine de mort est condamnée sans avoir été entendue. C'était bien son tour.*

D. J.

François Mitterrand

# "À TOUS LES COMBATTANTS DE LA LIBERTÉ, LA FRANCE LANCE SON MESSAGE D'ESPOIR"

*(Mexico, 20 octobre 1981)*

Aux fils de la Révolution mexicaine, j'apporte le salut fraternel des fils de la Révolution française.

Je le fais avec émotion et respect. Je suis conscient de l'honneur qui a été consenti, à travers ma personne, à la France nouvelle : l'honneur de pouvoir m'adresser au peuple du Mexique du haut d'une tribune entre toutes symbolique.

Ce privilège exceptionnel consacre une amitié exceptionnelle. Notre sympathie mutuelle ne date pas d'hier et ne s'évanouira pas demain, car elle fait corps avec l'histoire de nos deux républiques. Mais c'est maintenant que nous pouvons, que nous devons parler à cœur ouvert, comme on le fait entre vieux compagnons.

Jadis, alors que les défenseurs de Puebla étaient assiégés par les troupes de Napoléon III, un petit journal mexicain, imprimé sur deux colonnes, l'une en français, l'autre en espagnol, s'adressant à nos soldats, écrivait : « Qui êtes-vous ? Les soldats d'un tyran. La meilleure France est avec nous. Vous avez Napoléon, nous avons Victor Hugo. » Aujourd'hui, la France de Victor Hugo répond à l'appel du Mexique de Benito Juarez et elle vous dit : « Oui, Français et Mexicains sont et seront au coude à coude pour défendre le droit des peuples. »

Nos deux pays ont des buts communs, parce qu'ils ont des sources communes. Ce monument parle lui-même. Il montre sur quelles pierres d'angle repose la grandeur du Mexique moderne. Chacune porte un nom. La démocratie : Madero. La légalité : Carranza. Le rassemblement : Calles. L'indépendance économique : Cardenas. Par chance, les constructeurs du monument de la Révolution n'ont pas oublié de faire une place à Pancho Villa et, pour ma part, permettez-moi de vous le dire, je n'oublierai pas non plus Emiliano Zapata, le signataire du Plan d'Ayala, le rédempteur des paysans dépossédés.

Ces héros qui ont façonné votre Histoire n'appartiennent qu'à vous. Mais les principes qu'ils incarnent appartiennent à tous. Ce sont aussi les nôtres. C'est pourquoi je me sens ici, au Mexique, en terre familière. Les grands souvenirs des peuples leur font de grandes espérances.

Ni le Mexique, ni la France ne peuvent se détourner des sources vives de leur passé révolutionnaire sans se renier et, à terme, sans se scléroser. Adultes, maîtres d'eux-mêmes, en pleine ascension, nos deux pays n'ont pas seulement pour mission de faire entrer des principes dans la vie, chez eux, mais de les faire connaître partout où ils sont bafoués.

« Le Mexique, pour la première fois, disait, il y a peu, le président Lopez Portillo, a le sentiment qu'il peut apporter quelque chose au monde. Je crois que le monde a le sentiment qu'il peut recevoir quelque chose du Mexique. »

Chacun admet que votre pays se distingue, dans le contexte qui est le sien, par deux traits remarquables : la stabilité politique et l'élan économique. Si l'on y regarde de près, ces deux mérites qui vous honorent sont porteurs de messages qui intéressent le monde entier et, en particulier, je crois, le continent américain.

Le premier message est simple, mais, apparemment, il n'est pas encore entendu partout. Il dit ceci : il n'y a et ne peut y avoir de stabilité politique sans justice sociale. Et quand les inégalités, les injustices ou les retards d'une société dépassent la mesure, il n'y a pas d'ordre établi, pour répressif qu'il soit, qui puisse résister au soulèvement de la vie.

L'antagonisme Est-Ouest ne saurait expliquer la lutte pour l'émancipation des « damnés de la terre », pas plus qu'il n'aide à les résoudre. Zapata et les siens n'ont pas attendu que Lénine soit au pouvoir à Moscou pour prendre d'eux-mêmes les armes contre l'insoutenable dictature de Porfirio Diaz.

Le second message du Mexique, à valeur universelle, je l'énoncerai volontiers ainsi : il n'y a pas de développement économique véritable sans la préservation d'une identité nationale, d'une culture originale. Le Mexique a fondu dans son creuset trois cultures et leur synthèse a donné à votre pays la capacité de rester lui-même.

C'est une lourde responsabilité que d'être placé par le destin à la frontière du plus puissant pays du monde, juste à la charnière du Nord et du Sud. Bastion avancé des cultures d'expression latine, le Mexique a pu devenir le lieu naturel du dialogue entre le Nord et le Sud comme l'attestera demain la conférence de Cancún. Parce que le Mexique, réfractaire aux dominations de toute nature, a su puiser en lui-même sa volonté d'autonomie.

La vraie richesse du Mexique, ce n'est pas son pétrole, c'est sa dignité. Je veux dire : sa culture. La richesse de votre pays, ce sont ses hommes et ses femmes, ses architectes, ses peintres, ses écrivains, ses techniciens, ses chercheurs, ses étudiants, ses travailleurs manuels et intellectuels. Que valent les ressources naturelles sans les ressources humaines ? Le Mexique créateur compte autant, sinon plus à nos yeux, que le Mexique producteur. C'est le premier qui met en valeur le second.

Après tout, on connaît bien des produits nationaux bruts supérieurs aux vôtres, mais s'il est un jour possible de calculer la création nationale brute par tête d'habitant, on verra alors le Mexique apparaître au premier rang. Là est votre force. Pour ne rien vous cacher, c'est peut-être aussi la nôtre. Voilà ce qui doit faire passer nos deux pays de l'entente à la coopération.

Mais nos héritages spirituels, plus vivants que jamais, nous font obligation d'agir dans le monde avec un esprit de responsabilité. Chaque nation est, en un sens, son propre monde : il n'y a pas de grands ou de petits pays, mais des pays également souverains, et chacun mérite un égal respect.

Appliquons à tous la même règle, le même droit : non-ingérence, libre détermination des peuples, solution pacifique des conflits, nouvel ordre international. De ces maîtres mots qui nous sont communs, la France et le Mexique ont récemment tiré la conséquence logique. Je veux parler du Salvador.

Il existe dans notre code pénal un délit grave, celui de non-assistance à personne en danger. Lorsqu'on est témoin d'une agression dans la rue, on ne peut pas impunément laisser le plus faible seul face au plus fort, tourner le dos et suivre son chemin. En droit international, la non-assistance aux peuples en danger n'est pas encore un délit. Mais c'est une faute morale et politique qui a déjà coûté trop de morts et trop de douleurs à trop de peuples abandonnés, où qu'ils se trouvent sur la carte pour que nous acceptions, à notre tour, de la commettre.

Les peuples de la région, à défaut des gouvernements, ne se sont pas trompés sur le sens à donner à la déclaration franco-mexicaine sur le Salvador. Le respect des principes dérange le plus souvent les routines diplomatiques. Mais l'histoire qui passe donnera raison au droit qui reste.

La France comme le Mexique a dit non au désespoir qui pousse à la violence ceux qu'on prive de tout autre moyen de se faire entendre. Elle dit non à l'attitude qui consiste à fouler aux pieds les libertés publiques pour décréter ensuite hors la loi ceux qui prennent les armes pour défendre les libertés.

À tous les combattants de la liberté, la France lance son message d'espoir. Elle adresse son salut aux femmes, aux hommes, aux enfants même, oui, à ces « enfant héros » semblables à ceux qui, dans cette ville, sauvèrent jadis l'honneur de votre patrie et qui tombent en ce moment même de par le monde, pour un noble idéal.

Salut aux humiliés, aux émigrés, aux exilés sur leur propre terre qui veulent vivre et vivre libres.

Salut à celles et à ceux qu'on bâillonne, qu'on persécute ou qu'on torture, qui veulent vivre et vivre libres.

Salut aux séquestrés, aux disparus et aux assassinés qui voulaient seulement vivre et vivre libres.

Salut aux prêtres brutalisés, aux syndicalistes emprisonnés, aux chômeurs qui vendent leur sang pour survivre, aux Indiens pourchassés dans leur forêt, aux travailleurs sans droit, aux paysans sans terre, aux résistants sans arme qui veulent vivre et vivre libres.

À tous, la France dit : « Courage, la liberté vaincra. » Et si elle le dit depuis la capitale du Mexique, c'est qu'ici ces mots possèdent tout leur sens.

Quand la championne des droits du citoyen donne la main au champion du droit des peuples, qui peut penser que ce geste n'est pas aussi un geste d'amitié à l'égard de tous les autres peuples du monde, et en particulier du monde américain ? Et si j'en appelle à la liberté pour les peuples qui souffrent de l'espérer encore, je refuse tout autant ses sinistres contrefaçons ; il n'est de liberté que par l'avènement de la démocratie.

Notre siècle a mis l'Amérique latine au premier plan de la scène mondiale. La géographie et l'histoire ont mis le Mexique au premier rang de l'Amérique latine. S'il n'est pas chef de file, il est des précurseurs.

Personne ne peut oublier que la première révolution sociale de ce siècle et la première réforme agraire de l'Amérique ont eu lieu ici. Personne ne peut oublier que le premier pays en Occident à avoir récupéré le pétrole pour la nation est celui du général Lazaro Cardenas, celui-là même qui vint au secours de la République espagnole écrasée par les bombes du franquisme. Personne ne peut oublier que c'est du Mexique que furent lancées les premières bases juridiques du nouvel ordre économique international, que c'est encore à vous et à votre président Lopez Portillo que les Nations unies doivent la grande idée annonciatrice d'un plan mondial de l'énergie.

Voilà pourquoi, quand un Français socialiste s'adresse aux patriotes mexicains, il se sent fort d'une longue histoire au service de la liberté.

Vive l'Amérique latine, fraternelle et souveraine.

Vive le Mexique.

Vive la France.

## L'ÉTÉ INDIEN

*La France nouvelle avait six mois, l'âge du mandat présidentiel. Six mois depuis que la lumière avait chassé les ténèbres, six mois depuis que, glorieuse fracture de l'Histoire, le socialisme était entré à l'Élysée, le plus pacifiquement du monde, par une banale brèche électorale.*

*Quatre ministres communistes siégeaient, à des postes secondaires, dans le gouvernement français, et les États-Unis ne s'en remettaient pas, malgré les assurances qui leur avaient été données dès le premier jour. Ils n'étaient pas les seuls à trembler. Contre toute attente, le président de la République, son Premier ministre, sa majorité mettaient en œuvre le programme sur lequel ils avaient été élus. Les capitaux fuyaient, la monnaie s'effondrait, l'inflation galopait, la dette se creusait tandis que la France avançait à marche forcée vers le socialisme, dans l'euphorie populaire. Les banques les plus importantes et les plus grands groupes industriels avaient été nationalisés, le salaire minimum augmenté de 25 %, la retraite avancée à soixante ans, la cinquième semaine de congés payés instituée.*

*Bientôt Sparte remplacerait Capoue, bientôt viendrait le tournant de la rigueur, bientôt un gouvernement amputé de ses membres communistes ferait le choix de l'orthodoxie financière et de l'économie de marché, bientôt le Président lui-même se rangerait sagement derrière les États-Unis dans l'affaire des euromissiles. On n'en était pas là. Sous le beau ciel de Mexico, l'état de grâce se prolongeait en été indien.*

*Le 22 octobre, lorsque commencerait à Cancún, au Yucatan, la conférence « Nord-Sud », François Mitterrand s'abriterait sous un chapeau de paille à larges bords des ardeurs du soleil tropical. Mais lorsque le 20 octobre 1981 il prononça le discours dit « de Cancún » sur la place du Zocalo, devant une assistance clairsemée et des officiels éberlués, c'est symboliquement qu'il portait un chapeau adapté à ses propos, pas un panama, ni même un sombrero, mais, comme il se devait, un bolivar. Figures tutélaires de la sensibilité de gauche, Hugo et Jaurès se tenaient à ses côtés et lui faisaient de l'ombre, comme des gardes de l'esprit venus en renfort des habituels gardes du corps.*

*François Mitterrand travaillait avec soin ses discours et en tout cas y mettait toujours, avec la dernière main, sa touche personnelle, mais il ne manquait pas, dans leur phase de préparation, de mettre à contribution ses plus proches collaborateurs. On ne peut se défendre de l'impression que ce jour-là ils furent plusieurs à imprimer leur marque dans le texte de l'orateur.*

*Est-ce Erik Orsenna qui, avec une ironie subtile, eut l'idée de féliciter le pays hôte pour sa « stabilité politique » ? Les dirigeants du Parti révolutionnaire institutionnel, alors au pouvoir depuis soixante-dix ans, savourèrent assurément l'hommage ainsi rendu à leur immobilisme corrompu. Est-ce Bernard Kouchner qui jeta les premiers jalons du futur « droit d'ingérence » ? Jean-Pierre Cot eut le bonheur de voir prise en compte sa volonté d'introduire la morale, l'équité et la solidarité, fût-ce aux dépens du profit, dans les relations entre le « Nord » prospère et le « Sud » misérable. Régis Debray avait suggéré, reprenant la fameuse mise en scène du Panthéon, que le chef de l'État français déposât trois roses sur le socle du monument de la Révolution, une en l'honneur de Benito Juárez, père de l'indépendance nationale, une en hommage au général Cárdenas, qui assura l'indépendance économique du Mexique en nationalisant le pétrole, une en mémoire de Salvador Allende, victime de l'impérialisme nord-américain. La proposition ne fut pas retenue, mais c'est probablement au compagnon de Guevara que l'on doit les accents à la Malraux du « discours de Cancún », l'apostrophe lyrique aux humiliés, aux offensés, aux opprimés, aux Indiens pourchassés, aux paysans sans terre et le soutien affirmé aux « combattants de la liberté », à savoir la guérilla salvadorienne en lutte contre le gouvernement soutenu par les États-Unis.*

*On était loin, décidément, de la Charente, loin de la ferme de Touvent, loin des paysages tranquilles et des coteaux modérés chers au plus terrien, au plus posé, au plus raisonnable, au plus prudent des hommes d'État français. Ce jour-là, le temps d'un frisson romantique, le temps d'un discours enflammé, le Président ceignit le ceinturon et les cartouchières croisées de Pancho Villa, enfourcha le cheval blanc de Zapata et esquissa sur l'air de la spécificité française les grandes lignes d'un nouvel ordre international que notre pays n'avait pas les moyens et que lui-même n'avait pas le pouvoir d'imposer. Ce jour-là et ce jour-là seulement, François Mitterrand fut révolutionnaire, tout comme Charles de Gaulle avait été partisan de l'Algérie française, un après-midi, à Mostaganem. Les mots étaient superbes. Les actes ne suivirent pas.*

D. J.

## Jean Paul II

# "VOUS ÊTES NOS FRÈRES PRÉFÉRÉS"

*(Synagogue de Rome, 13 avril 1986)*

Monsieur le grand rabbin de la communauté israélite de Rome, madame la présidente de l'Union des communautés israélites italiennes, monsieur le président des communautés de Rome, messieurs les rabbins, chers amis et frères juifs et chrétiens qui prenez part à cette célébration historique,

Je voudrais, avant toute chose, avec vous, remercier et louer le Seigneur qui a « planté les cieux et fondé la terre » et qui a choisi Abraham pour en faire le père d'une multitude de fils, nombreuse « comme les étoiles dans le ciel » et « comme le sable qui est sur le rivage de la mer », parce qu'il a voulu, dans le mystère de sa Providence, que, ce soir, se rencontrent, en ce « Grand Temple » qui est le vôtre, la communauté juive qui vit dans cette ville depuis le temps des anciens Romains et l'évêque de Rome et pasteur universel de l'Église catholique.

Je ressens ensuite le devoir de remercier monsieur le grand rabbin, le professeur Elio Toaff, qui a accueilli avec joie, dès le premier moment, le projet de cette visite et qui me reçoit maintenant avec une grande ouverture de cœur et un vif sens de l'hospitalité ; et, avec lui, je remercie tous ceux qui, dans la communauté juive romaine, ont rendu possible cette rencontre et se sont, de tant de manières, efforcés de faire qu'elle soit en même temps une réalité et un symbole. Merci, donc, à vous tous.

*Toda rabba*[1].

À la lumière de la Parole de Dieu qui a été proclamée et qui « vit éternellement », je voudrais que nous réfléchissions ensemble, en présence du Saint, béni soit-il ! (comme on le dit dans votre liturgie), sur le fait et la signification de cette rencontre entre l'évêque de Rome, le pape, et la communauté juive qui habite et travaille en cette ville, qui vous est et qui m'est si chère.

Voici déjà quelque temps que je pensais à cette visite. En vérité, le grand rabbin a eu la gentillesse de venir me rencontrer, en février 1981, quand je me suis rendu en visite pastorale à la paroisse voisine de San Carlo ai Catinari. En outre, certains d'entre vous sont venus plus d'une fois au Vatican, soit à l'occasion des nombreuses audiences que j'ai pu avoir avec des représentants du judaïsme italien et mondial, soit encore avant, du temps de mes prédécesseurs Paul VI, Jean XXIII et Pie XII. Je sais également que le grand rabbin, dans la nuit

---

1. Merci beaucoup.

qui a précédé la mort du pape Jean XXIII, n'a pas hésité à aller place Saint-Pierre, accompagné d'un groupe de fidèles juifs, pour prier et veiller, mêlé à la foule des catholiques et des autres chrétiens comme pour rendre témoignage, de manière silencieuse mais efficace, à la grandeur d'âme de ce pontife, ouvert à tous sans distinction, et en particulier aux frères juifs.

L'héritage que je voudrais recueillir en ce moment est précisément celui du pape Jean qui, une fois, passant par ici – comme vient de le rappeler le grand rabbin –, fit arrêter sa voiture pour bénir la foule des juifs qui sortaient de ce même Temple. Et je voudrais en recueillir l'héritage en ce moment, non plus en me trouvant à l'extérieur mais bien, grâce à votre généreuse hospitalité, à l'intérieur de la synagogue de Rome.

Cette rencontre conclut, d'une certaine manière, après le pontificat de Jean XXIII et le Concile Vatican II, une longue période sur laquelle il ne faut pas cesser de réfléchir pour en tirer les enseignements opportuns. Certes, on ne peut pas, et on ne doit pas oublier que les circonstances historiques du passé furent bien différentes de celles qui ont fini par mûrir difficilement au cours des siècles. Nous sommes parvenus avec de grandes difficultés à la commune acceptation d'une légitime pluralité sur le plan social, civil et religieux. La prise en considération des conditionnements culturels séculaires ne doit pas toutefois empêcher de reconnaître que les actes de discrimination, de limitation injustifiée de la liberté civile, à l'égard des juifs, ont été objectivement des manifestations gravement déplorables. Oui, encore une fois, par mon intermédiaire l'Église, avec les paroles du décret bien connu *Nostra Aetate*, « déplore les haines, les persécutions et toutes les manifestations d'antisémitisme qui, quels que soient leur époque et leurs auteurs, ont été dirigées contre les juifs » ; je répète : « quels que soient leurs auteurs ».

Je voudrais, encore une fois, exprimer mon horreur pour le génocide décrété au cours de la dernière guerre contre le peuple juif, qui a mené à l'Holocauste des millions de victimes innocentes. En visitant le 7 juin 1979 le camp de concentration d'Auschwitz et en me recueillant dans la prière pour les si nombreuses victimes de diverses nations, je me suis arrêté en particulier devant la pierre qui porte l'inscription en langue hébraïque, manifestant ainsi les sentiments de mon esprit : « Cette inscription nous fait nous souvenir du Peuple dont les fils et les filles étaient destinés à l'extermination totale. Ce Peuple tire son origine d'Abraham, qui est le père de notre foi, comme l'a dit Paul de Tarse. Et c'est précisément ce Peuple qui a reçu de Dieu le commandement "Tu ne tueras pas", qui a éprouvé en lui-même, d'une manière particulière, ce que veut dire tuer. Devant cette pierre, il n'est permis à personne de passer avec indifférence. »

La communauté juive de Rome a payé, elle aussi, un lourd tribut de sang. Et ce fut certainement un geste significatif que, dans les années sombres de la persécution raciale, les portes de nos couvents, de nos églises, du séminaire romain, d'édifices du Saint-Siège et même de la

Cité du Vatican, se soient ouvertes toutes grandes pour offrir refuge et salut à tant de juifs de Rome, traqués par les persécuteurs.

Ma visite aujourd'hui veut être une contribution décisive à la consolidation des bons rapports entre nos deux communautés, dans le sillage des exemples offerts par tant d'hommes et de femmes qui se sont efforcés et s'efforcent encore, d'un côté comme de l'autre, de faire en sorte que soient surmontés les vieux préjugés et que l'on fasse place à la reconnaissance toujours plus profonde de ce « lien » et de ce « patrimoine commun » qui existent entre juifs et chrétiens.

C'est déjà le souhait qu'exprimait le paragraphe quatre, que je viens de rappeler, de la déclaration conciliaire *Nostra Aetate* sur les rapports entre l'Église et les religions non chrétiennes. Avec ce bref mais lapidaire paragraphe, c'est un tournant décisif qui s'est produit dans les rapports entre l'Église catholique et le judaïsme, et tous les juifs pris individuellement.

Nous sommes tous conscients que, parmi les multiples richesses de ce numéro quatre de *Nostra Aetate*, trois points sont spécialement significatifs. Je voudrais les souligner ici, devant vous, en cette circonstance vraiment unique.

Le premier est que l'Église du Christ découvre son « lien » avec le judaïsme « en scrutant son propre mystère ». La religion juive ne nous est pas « extrinsèque », mais, d'une certaine manière, elle est « intrinsèque » à notre religion. Nous avons donc envers elle des rapports que nous n'avons avec aucune autre religion. Vous êtes nos frères préférés et, d'une certaine manière, on pourrait dire nos frères aînés.

Le second point relevé par le Concile est que, aux juifs en tant que peuple, on ne peut imputer aucune faute ancestrale ou collective pour « ce qui a été accompli durant la Passion de Jésus ». Ni indistinctement aux juifs de ce temps-là, ni à ceux qui sont venus ensuite, ni à ceux de maintenant. Est donc dépourvue de tout fondement toute prétendue justification théologique de mesures discriminatoires, ou pire encore, de persécution. Le Seigneur jugera chacun « selon ses œuvres », les juifs comme les chrétiens.

Le troisième point que je voudrais souligner dans la Déclaration conciliaire est la conséquence du second : il n'est pas permis de dire, malgré la conscience que l'Église a de son identité propre, que les juifs sont « réprouvés ou maudits », comme si cela était enseigné ou pouvait être déduit des Écritures saintes de l'Ancien ou du Nouveau Testament. Et au contraire, dans ce même passage de *Nostra Aetate*, mais aussi dans la Constitution dogmatique *Lumen gentium*, le Concile avait déjà dit, en citant saint Paul dans la *Lettre aux Romains*, que les juifs « demeurent très chers à Dieu » qui les a appelés d'une « vocation irrévocable ».

C'est sur ces convictions que s'appuient nos rapports actuels.

À l'occasion de cette visite en votre synagogue, je veux les réaffirmer et proclamer leur valeur permanente.

Car telle est bien la signification que l'on doit attribuer à ma visite parmi vous, juifs de Rome.

Ce n'est certes pas parce que les différences entre nous sont désormais dépassées que je suis venu chez vous. Nous savons bien qu'il n'en est pas ainsi.

Avant tout, chacune de nos religions, dans la pleine conscience des nombreux liens qui l'unissent à l'autre, et en premier lieu de ce « lien » dont parle le Concile, veut être reconnue et respectée dans son identité propre, au-delà de tout syncrétisme et de toute appropriation équivoque.

En outre, il faut dire que la route que nous avons commencée n'est encore qu'à ses débuts et que, donc, il faudra encore pas mal de temps, malgré les grands efforts déjà faits d'un côté et de l'autre, pour supprimer toute forme, même inconsciente, de préjugé, pour nous exprimer de manière adéquate et donc pour présenter, toujours et partout, à nous-mêmes et aux autres, le vrai visage des juifs et du judaïsme, comme aussi des chrétiens et du christianisme, et ceci à tout niveau de mentalité, d'enseignement et de communication.

À cet égard, je voudrais rappeler à mes frères et mes sœurs de l'Église catholique, de Rome aussi, le fait que les instruments d'application du Concile en ce domaine précis sont déjà à la disposition de tous, dans les deux documents publiés respectivement en 1974 et en 1985 par la Commission du Saint-Siège pour les rapports religieux avec le judaïsme. Il s'agit seulement de les étudier avec attention, de s'identifier avec leur enseignement et de les mettre en pratique.

Peut-être reste-t-il encore entre nous des difficultés d'ordre pratique qui attendent d'être surmontées sur le plan des relations fraternelles : elles sont le fruit soit de siècles d'incompréhension mutuelle, soit également de positions différentes et d'attitudes où l'on ne peut pas facilement composer dans des matières complexes et importantes.

Il n'échappe à personne que la divergence fondamentale depuis les origines est notre adhésion, à nous chrétiens, à la personne et à l'enseignement de Jésus de Nazareth, de votre Peuple, dont sont nés aussi la Vierge Marie, les apôtres, « fondement et colonnes de l'Église », et la majorité des membres de la première communauté chrétienne. Mais cette adhésion se pose dans l'ordre de la foi, c'est-à-dire dans l'assentiment libre de l'intelligence et du cœur guidés par l'Esprit, et ne peut jamais être l'objet d'une pression extérieure, dans un sens ou dans un autre ; c'est le motif pour lequel nous sommes disposés à approfondir le dialogue dans la loyauté et l'amitié, dans le respect des convictions intimes des uns et des autres, en prenant comme base fondamentale les éléments de la Révélation que nous avons en commun, comme « un grand patrimoine spirituel ».

Il faut dire, ensuite, que les voies ouvertes à notre collaboration, à la lumière de l'héritage commun tiré de la Loi et des prophètes, sont diverses et importantes. Nous voulons rappeler avant tout une collaboration en faveur de l'homme, de sa vie depuis sa conception jusqu'à sa mort naturelle, de sa dignité, de sa liberté, de ses droits, de son développement dans une société non pas hostile mais amicale et favorable, où règne la justice et où, dans cette nation, dans les divers continents et dans le monde, ce soit la paix qui règne, ce *shalom* souhaité par les législateurs, par les prophètes et par les Sages d'Israël.

Il y a, plus généralement, le problème moral, le grand domaine de l'éthique individuelle et sociale. Nous sommes tous conscients de l'acuité de la crise sur ce point à l'époque où nous vivons. Dans une société souvent égarée dans l'agnosticisme et dans l'individualisme, et qui souffre des amères conséquences de l'égoïsme et de la violence, juifs et chrétiens sont les dépositaires et les témoins d'une éthique marquée par les dix commandements, dans l'observance desquels l'homme trouve sa vérité et sa liberté. Promouvoir une réflexion commune et une collaboration sur ce point est un des grands devoirs de l'homme.

Et, finalement, je voudrais tourner ma pensée vers cette ville où vivent ensemble la communauté des catholiques avec son évêque, la communauté des juifs avec ses autorités et son grand rabbin.

Que notre « vivre ensemble » ne soit pas seulement une coexistence, presque une juxtaposition, ponctuée de rencontres limitées et occasionnelles, mais qu'il soit animé par l'amour fraternel.

Les problèmes de Rome sont si nombreux ! Vous le savez bien. Chacun de nous, à la lumière de cet héritage béni auquel j'ai fait allusion auparavant, sait qu'il est tenu de collaborer, au moins en une certaine mesure, à leur solution. Cherchons, autant que possible, à le faire ensemble. De ma visite, et de la concorde et de la sérénité auxquelles nous sommes arrivés, que naisse, comme le fleuve qu'Ézéchiel a vu sortir de la porte orientale du Temple de Jérusalem, une source fraîche et bienfaisante qui aide à guérir les plaies dont souffre Rome.

En faisant cela, je me permets de le dire, nous serons fidèles à nos engagements respectifs les plus sacrés, mais aussi à ce qui nous unit et nous rassemble le plus profondément : la foi en un seul Dieu qui « aime l'étranger » et « rend justice à l'orphelin et à la veuve », nous efforçant, nous aussi, de les aimer et de les secourir. Les chrétiens ont appris cette volonté du Seigneur de la Torah, que vous vénérez ici, et de Jésus, qui a porté jusqu'à ses extrêmes conséquences l'amour demandé par la Torah.

Il ne me reste plus maintenant, comme au commencement de mon allocution, qu'à tourner mes yeux et mon cœur vers le Seigneur, pour le remercier et le louer de cette heureuse rencontre, et pour les biens qui en découlent déjà, pour notre fraternité retrouvée et pour l'entente nouvelle et plus profonde entre nous, ici à Rome, et partout entre l'Église et le judaïsme, en tout pays, pour le bénéfice de tous.

Aussi, je voudrais dire avec le Psalmiste, dans sa langue originelle, qui est aussi celle dont vous êtes les héritiers : « *Hodu la Adonai ki tov, ki le olam hasdo, yomar-na Yisrael, ki leolam hasdo, yomeru-na yir'è Adonai, ki leolam hasdo*. Célébrez le Seigneur, parce qu'il est bon, parce qu'éternelle est sa miséricorde. Que le dise Israël : il est bon, éternelle est sa miséricorde. Que le dise qui craint Dieu : éternelle est sa miséricorde. Amen. »

## Enterrer la Croix de guerre

*« Dieu de David, Dieu d'Abraham, Dieu de Jacob... » Issus d'une même souche, adorateurs d'un même Dieu, enfants d'un même Livre, le contentieux, vieux comme Hérode, qui s'éleva dès l'origine entre chrétiens et juifs est stupide, désolant, embrouillé et revêtit au fil des siècles l'aspect incompréhensible et inexpiable qui caractérise les querelles de famille. Car enfin, qu'il fût un prêcheur parmi d'autres, un prophète ou le fils de Dieu, Jésus était né juif, comme ses douze premiers apôtres. Mais l'exégèse chrétienne, du moins telle que l'interpréta le sentiment populaire, envenimée de mille fables, voulut voir dans la dispersion et l'errance des juifs le châtiment d'un peuple déicide, cible désignée à la haine par son obstination à rester lui-même et donc différent de ceux parmi lesquels il était condamné à vivre.*

*La rouelle, cette première ébauche de l'étoile jaune, les ghettos, les interdits professionnels, les expulsions, l'Inquisition, les pogroms jalonnent pour sa honte l'Histoire de la chrétienté et la persécution se fit d'autant plus forte et plus sanglante que la foi était plus ardente. Ainsi en fut-il au temps des Croisades. Ainsi en fut-il dans la sainte Russie ou dans la très catholique Espagne. Au moins leur proximité avec l'Ancien Testament et leur statut de minorité elle-même réprouvée devaient-ils préserver les protestants de cette lèpre de l'âme.*

*L'antisémitisme chrétien n'en est pas moins le terreau où s'alimenta dans ses débuts le racialisme païen des nazis. Pie XI, il est vrai, avait rappelé fort à propos, en 1937, dans l'encyclique* Mit Brennender Sorge, *les racines juives de sa foi : « Nous sommes spirituellement des Sémites » ; et l'amour, premier commandement du christianisme, ouvrit pendant les années noires à de nombreux juifs traqués et menacés de mort les portes des églises, des couvents, des temples, des écoles et des maisons. La persistante passivité de Pie XII et son silence, exploités et exagérés par des accusations et des polémiques fielleuses, vinrent fâcheusement élargir le fossé de malentendus, de rancœur et de ressentiment que le temps avait creusé entre juifs et chrétiens. Au lendemain de la guerre, les uns et les autres s'ignoraient ou se regardaient avec la même défiance que par le passé.*

*Jean XXIII, le premier, à l'occasion du concile réformateur Vatican II, œuvra au rapprochement des deux communautés et des deux religions. On ne prit pas garde, en 1965, au fait que Karol Wojtyla, alors jeune archevêque de Cracovie, avait été le principal rédacteur de la déclaration conciliaire* Nostra Aetate. *L'Église catholique, proclamant enfin qu'il n'y a pas plus d'individus maudits que de peuples coupables, rayait officiellement de ses livres la traditionnelle prière qui vouait à l'exécration « le juif perfide ». Poursuivant plus avant sa réflexion, elle reconnaissait, sans revenir sur la divergence théologique fondamentale entre ceux qui croient en la divinité de Jésus et ceux qui la nient, que, dans un monde sans Dieu, il y a plus de points communs, métaphysiques et moraux, que d'incompatibilités entre les deux et même les trois grandes religions monothéistes.*

*Succédant treize ans plus tard au bon pape Roncalli et à Paul VI, Jean Paul II reprit et prolongea cette démarche œcuménique. En 1979, lors de son premier voyage pontifical dans son pays natal, il s'inclinait à Auschwitz devant la stèle commémorative de l'Holocauste. En 1994, le Vatican nouait pour la première fois des relations diplomatiques avec l'État d'Israël. En 2000, l'« athlète de Dieu », presque parvenu au terme de son voyage, se rendait au mémorial de Yad Vashem et glissait dans une fente du mur des Lamentations un billet où il sollicitait le pardon des juifs non pour les crimes contre le peuple de l'Alliance dont l'Église n'était ni responsable ni coupable, la Shoah, mais pour ceux qu'elle avait commis, approuvés ou tolérés.*

*Entre-temps, sa visite à la synagogue de Rome – la première d'un pape – et son discours du 13 avril 1986 avaient été un signe fort des temps nouveaux qui s'ouvraient. Deux mille ans pour parcourir un kilomètre – c'est la distance qui sépare ce temple de la Cité du Vatican –, c'est un peu long, dira-t-on. Mais il y a des petits pas, qu'il s'agisse de marcher sur la Lune ou de traverser le Tibre, qui comptent plus qu'une longue marche dans l'Histoire de l'humanité.*

*Il n'est pas indifférent qu'un pape polonais, lui-même témoin de l'extermination des juifs polonais et parfaitement au fait de la part qu'y avaient prise, acteurs ou complices, tant de ses compatriotes, ait tenu en somme à enterrer solennellement la Croix de guerre. En avril 2005, le lendemain de sa disparition, le grand rabbin de Pologne déclarait : « Depuis deux mille ans, personne n'a fait autant que Jean Paul II pour la réconciliation entre juifs et chrétiens. »*

D. J.

TENZIN GYATSO, 14e DALAÏ-LAMA

# "NOUS, TIBÉTAINS, SOMMES UN PEUPLE DISTINCT"

*(Plan de paix en cinq points pour le Tibet, Congrès des États-Unis, 21 septembre 1987)*

Le monde évolue vers une interdépendance toujours plus grande. Par conséquent, nous ne pourrons obtenir une paix durable, tant au plan national que régional, que si nous pensons en termes d'intérêts très larges plutôt qu'en termes de besoins égoïstes.

Aujourd'hui, il est crucial que tous ensemble, les forts et les faibles, nous apportions notre contribution personnelle. Je m'adresse à vous ici à la fois en tant que chef du peuple tibétain et que simple moine bouddhiste acquis aux principes d'une religion fondée sur l'amour et la compassion. Mais avant tout, je suis ici en tant qu'être humain, un être humain qui doit partager cette planète avec vous et tous les autres de nos frères et sœurs.

Au fur et à mesure que le monde se fait plus petit, nous avons un besoin toujours plus grand les uns des autres. Ceci est vrai dans le monde entier, y compris dans le continent d'où je viens.

Aujourd'hui, en Asie tout comme ailleurs, les tensions sont fortes. Des conflits ouverts ont éclaté au Moyen-Orient, en Asie du Sud-Est et dans mon propre pays, le Tibet. Pour une large part, ces problèmes sont les symptômes des tensions sous-jacentes qui divisent les grandes puissances de cette partie du monde. Pour apporter des solutions aux conflits régionaux, il faut adopter une approche tenant compte des intérêts de tous les pays et de tous les peuples concernés, grands et petits.

Des solutions d'ensemble doivent être formulées, qui prendront en compte les aspirations des gens les plus directement concernés ; des mesures ponctuelles ou de simples expédients ne feraient que créer de nouveaux problèmes.

Le peuple tibétain désire ardemment contribuer à la paix dans la région et dans le monde et je crois qu'il se trouve dans une position exceptionnelle lui permettant d'atteindre cet objectif. Par tradition, les Tibétains sont un peuple non violent et aimant la paix.

Depuis l'introduction du bouddhisme au Tibet il y a plus de mille ans, ils pratiquent la non-violence vis-à-vis de toute forme de vie. Dans notre pays, cet état d'esprit a également trouvé à s'appliquer dans le domaine des relations internationales.

La position hautement stratégique qu'occupe le Tibet au cœur de l'Asie – il sépare les grandes puissances, Inde, Chine et URSS – lui a conféré tout au long de l'histoire un rôle essentiel dans la préservation de la paix et de la stabilité. Ceci est précisément la raison pour laquelle par le passé les empires d'Asie se sont donné tant de mal pour empêcher les uns et les autres de s'installer au Tibet. L'importance du Tibet comme État-tampon indépendant était cruciale pour la stabilité de cette partie du monde.

Lorsque la République populaire de Chine, nouvellement constituée, envahit le Tibet en 1949-1950, cela créa une nouvelle source de conflit. Ce point apparut comme évident quand, à la suite du soulèvement national des Tibétains contre les Chinois et de ma fuite en Inde en 1959, les tensions entre la Chine et l'Inde s'aggravèrent jusqu'à déboucher sur une guerre frontalière en 1962. Aujourd'hui, des troupes importantes sont à nouveau massées des deux côtés de la frontière himalayenne et la tension est à nouveau dangereusement forte.

La vraie question, bien sûr, n'est pas la ligne de démarcation de la frontière indo-tibétaine, mais l'occupation illégale du Tibet par la Chine, qui lui a donné un accès direct au sous-continent indien.

Les autorités chinoises ont tenté de brouiller les cartes en prétendant que le Tibet a toujours fait partie de la Chine. Ceci est faux. Le Tibet était un État complètement indépendant lorsque l'armée de Libération populaire l'envahit en 1949-1950. Depuis l'unification du Tibet par les empereurs tibétains il y a plus de mille ans, notre pays a réussi à préserver son indépendance jusqu'au milieu de ce siècle. Parfois, le Tibet étendait son influence sur les pays et les peuples avoisinants ; d'autres fois, le Tibet tombait lui-même sous le joug de souverains étrangers puissants, les Khans de Mongolie, les Gurkhas du Népal, les empereurs manchous ou les Anglais d'Inde.

Il n'est bien sûr pas rare que des États soient soumis à une influence ou à des interventions étrangères. Bien que l'exemple le plus évident de ceci soit sans doute les relations établies avec des pays dits satellites, la plupart des grandes puissances exercent leur influence sur des pays alliés ou voisins moins puissants qu'elles.

Comme l'ont démontré des travaux de recherches des plus fiables dans le domaine du droit international, dans le cas du Tibet, l'assujettissement occasionnel du pays à l'influence étrangère n'a jamais entraîné une perte de son indépendance. De plus, il ne fait aucun doute que, lorsque les armées communistes de Pékin pénétrèrent au Tibet, ce dernier était à tous points de vue un État indépendant.

L'agression chinoise, condamnée pratiquement par toutes les nations du monde libre, a constitué une violation flagrante du droit international.

Alors que se poursuit l'occupation militaire du Tibet par la Chine, le monde doit garder présent à l'esprit que, bien que les Tibétains aient perdu leur liberté, du point de vue du droit international, le Tibet reste aujourd'hui un État indépendant soumis à une occupation illégale.

Je n'ai aucunement l'intention d'entamer ici une discussion politico-légale concernant le statut du Tibet. Je désire seulement insister sur le fait évident et incontesté que nous, Tibétains, sommes un peuple distinct possédant notre propre culture, langue, religion et histoire.

Libéré de l'occupation chinoise, le Tibet continuerait à remplir aujourd'hui son rôle naturel d'État-tampon, préservant et favorisant la paix en Asie.

Mon désir le plus cher, à moi ainsi qu'au peuple tibétain, est de rendre au Tibet ce rôle précieux, en transformant à nouveau le pays tout entier, c'est-à-dire l'ensemble des trois provinces d'U-Tsang, du Kham et de l'Amdo, en une zone où régneraient stabilité, paix et harmonie.

Dans la meilleure des traditions bouddhistes, le Tibet offrirait ses services et son hospitalité à tous ceux qui œuvrent pour la cause de la paix dans le monde, pour le bien-être de l'humanité et pour la protection de l'environnement naturel qui est notre bien commun.

En dépit de l'holocauste dont a souffert notre peuple durant les décennies passées sous l'occupation, je me suis toujours employé à trouver une solution par des discussions directes et sincères avec les Chinois.

En 1982, à la suite du changement de direction à la tête du parti en Chine et de l'établissement de contacts directs avec le gouvernement de Pékin, j'ai envoyé mes représentants à Pékin pour engager un dialogue ouvert à propos de l'avenir de mon pays et de mon peuple. Nous avons ouvert le dialogue dans un esprit sincère et positif, avec la volonté de prendre en compte les besoins légitimes de la République populaire de Chine.

J'ai espéré que cette attitude serait réciproque et qu'il était possible d'aboutir à une solution qui satisferait et préserverait les aspirations et les intérêts des deux parties. Malheureusement, la Chine ne cesse de répondre à nos efforts de manière défensive, comme si notre inventaire des difficultés bien réelles rencontrées par le Tibet n'était rien d'autre qu'une critique pure et simple. Encore plus navrant a été le fait que le gouvernement chinois a laissé échapper l'occasion d'un vrai échange en détournant le dialogue. Au lieu d'aborder les vraies questions concernant les six millions de Tibétains, la Chine a tenté de réduire le problème du Tibet à une discussion à propos de mon statut personnel.

C'est dans ce contexte et en réponse au soutien et aux encouragements extraordinaires que j'ai de vous et d'autres personnes rencontrées pendant ce voyage que je souhaite aujourd'hui mettre au clair les principaux aspects de la question et proposer, dans un esprit d'ouverture et de conciliation, de faire un premier pas vers une solution à long terme. J'espère que ceci pourra contribuer à un avenir fait d'amitié et de coopération avec tous nos voisins, y compris avec le peuple chinois.

Ce plan de paix contient cinq éléments fondamentaux :

1) Transformation de l'ensemble du Tibet en une zone de paix.

2) Abandon par la Chine de sa politique de transfert de population qui met en danger l'existence des Tibétains en tant que peuple:

3) Respect des droits fondamentaux et des libertés démocratiques du peuple tibétain.

4) Restauration et protection de l'environnement naturel du Tibet, ainsi que cessation par la Chine de sa politique d'utilisation du Tibet dans la production d'armes nucléaires et pour y ensevelir des déchets nucléaires.

5) Engagement de négociations sérieuses à propos du statut futur du Tibet et des relations entre les peuples tibétain et chinois.

Permettez-moi à présent de développer ces cinq éléments.

1) Transformation de l'ensemble du Tibet en une zone de paix.

Je propose que le Tibet tout entier, y compris les provinces orientales du Kham et de l'Amdo, devienne une zone d'Ahimsa, vocable hindi utilisé pour désigner un état de paix et de non-violence.

L'établissement d'une telle zone de paix correspondrait bien au rôle historiquement joué par le Tibet, celui d'une nation bouddhiste pacifique et neutre et d'un État-tampon séparant les grandes puissances du continent. Cela correspondrait également à la proposition du Népal de se proclamer zone de paix et au soutien déclaré de la Chine pour une telle proposition.

La zone de paix proposée par le Népal prendrait une influence beaucoup plus grande si elle devait inclure le Tibet ainsi que d'autres régions environnantes.

La création d'une zone de paix au Tibet nécessiterait le retrait des troupes et des installations militaires chinoises, ce qui permettrait du même coup à l'Inde de retirer ses troupes et ses installations militaires des régions himalayennes situées en bordure du Tibet.

Ceci serait effectué dans le cadre d'un accord international qui tiendrait compte des besoins légitimes de la Chine en matière de sécurité et contribuerait à développer la confiance entre les peuples, tibétain, indien, chinois et autres, installés dans la région.

Un tel projet est de l'intérêt de tous, en particulier de la Chine et de l'Inde, car il permettrait d'assurer une plus grande sécurité, tout en réduisant le poids économique que représente la nécessité de maintenir des troupes le long de la frontière himalayenne, objet de contestation.

Historiquement, les relations sino-indiennes n'ont jamais été tendues. Les tensions entre les deux puissances commencèrent seulement à partir du moment où les armées chinoises pénétrèrent au Tibet, créant pour la première fois une frontière commune entre les deux pays ; ceci eut pour résultat d'amener la guerre de 1962.

Depuis lors, de nombreux incidents potentiellement dangereux n'ont cessé de se produire. Le rétablissement de bonnes relations entre les deux pays les plus peuplés au monde serait grandement facilité s'ils étaient séparés, comme ils l'ont toujours été au cours de l'histoire, par une région vaste et amicale qui jouerait le rôle de tampon.

Pour que s'améliorent les relations entre Tibétains et Chinois, la première des conditions est la création d'un sentiment de confiance après l'holocauste des dernières décennies, au cours duquel plus d'un million de Tibétains, soit un sixième de la population, ont perdu la vie et un nombre au moins égal a été placé en détention dans des prisons en raison de leurs croyances religieuses et leur amour de la liberté, seul un retrait des troupes chinoises pourrait enclencher un authentique processus de réconciliation.

Les importantes forces d'occupation présentes au Tibet rappellent quotidiennement aux Tibétains l'oppression et la souffrance dont ils sont tous les victimes. Un retrait des troupes serait le signe essentiel indiquant que désormais des relations positives avec les Chinois peuvent se développer, basées sur l'amitié et la confiance.

2) Abandon par la Chine de sa politique de transfert de population qui met en danger l'existence des Tibétains en tant que peuple.

Les transferts de population chinoise au Tibet, que le gouvernement de Pékin continue d'effectuer dans le but d'imposer une « solution définitive » au problème tibétain en réduisant la population tibétaine à une minorité insignifiante, privée de ses droits civiques, doivent cesser.

Le transfert massif de civils chinois au Tibet en contravention de la quatrième Convention de Genève de 1949 menace l'existence même des Tibétains en tant que peuple distinct.

Dans les régions orientales de notre pays, les Chinois dépassent à présent très largement les Tibétains par le nombre. Par exemple, dans la province d'Amdo où je suis né, on compte d'après les statistiques chinoises 25 millions de Chinois pour seulement 750 000 Tibétains. Même dans la soi-disant région autonome du Tibet, c'est-à-dire au Tibet central et occidental, les sources gouvernementales chinoises confirment que les Chinois sont à présent plus nombreux que les Tibétains.

La politique chinoise de transfert de population n'est pas nouvelle. Elle a déjà été systématiquement appliquée dans d'autres régions. Au début de ce siècle, les Manchou formaient une race distincte, avec une culture et des traditions propres.

Aujourd'hui, il ne reste plus que 2 ou 3 millions de Manchou en Manchourie, contre 75 millions de Chinois qui sont venus s'y installer.

Au Turkestan oriental, rebaptisé Sinkiang par les Chinois, la population chinoise est passée de 200,000 en 1949 à 7 millions, soit plus de la moitié d'une population totale de 13 millions. À la suite de la colonisation chinoise de la Mongolie intérieure, on dénombre 8,5 millions de Chinois dans cette région pour 2,5 millions de Mongols.

Aujourd'hui, sur l'ensemble du territoire tibétain, 7,5 millions de colons chinois ont déjà été expédiés, dépassant une population tibétaine de 6 millions. Au Tibet central et occidental, désigné à présent sous l'appellation de région autonome du Tibet par les Chinois, les sources chinoises reconnaissent que les 1,9 million de Tibétains constituent à présent une minorité au sein de la population.

De plus, ces chiffres ne tiennent pas compte de l'occupation militaire estimée entre 300 000 et 500 000, dont 250 000 dans la soi-disant région autonome du Tibet.

Pour que les Tibétains puissent survivre en tant que peuple, il est impératif que cessent les transferts de population et que les colons chinois rentrent en Chine.

Autrement, les Tibétains ne seront bientôt plus qu'une attraction pour touristes et la relique témoignant d'un noble passé.

3) Respect des droits fondamentaux et des libertés démocratiques du peuple tibétain.

Les droits fondamentaux et les libertés démocratiques doivent être respectés au Tibet.

Le peuple tibétain doit à nouveau être libre de se développer culturellement, intellectuellement, économiquement et spirituellement et de jouir des libertés démocratiques fondamentales.

Les violations des droits de l'homme au Tibet sont parmi les cas les plus graves au monde. La discrimination y est pratiquée sous la forme d'une politique d'apartheid, que les Chinois appellent « ségrégation et assimilation ».

Les Tibétains sont, au mieux, des citoyens de seconde classe dans leur propre pays. Privés de tous leurs droits et libertés démocratiques fondamentaux, ils sont placés sous une administration coloniale au sein de laquelle le pouvoir réel est exercé par les leaders chinois du parti communiste et par l'armée.

Bien que le gouvernement chinois permette aux Tibétains de reconstruire certains monastères bouddhistes et d'y pratiquer leur culte, il interdit encore une étude et un enseignement formels de la religion. Seul un petit nombre d'individus agréés par le parti communiste a le droit d'aller vivre dans les monastères.

Alors que les Tibétains en exil exercent pleinement leurs droits démocratiques grâce à une constitution promulguée par moi-même en 1963, des milliers de leurs compatriotes souffrent dans des prisons et des camps de travail au Tibet en raison de leurs convictions politiques et religieuses.

4) Restauration et protection de l'environnement naturel du Tibet, ainsi que cessation par la Chine de sa politique d'utilisation du Tibet dans la production d'armes nucléaires et pour y ensevelir des déchets nucléaires.

Des efforts sérieux doivent être entrepris afin de restaurer l'environnement naturel au Tibet.

Le Tibet ne doit pas être utilisé pour fabriquer des armes nucléaires, ni pour y ensevelir des déchets nucléaires.

Les Tibétains ont un grand respect pour toute forme de vie. Ce sentiment profondément ancré en eux est renforcé par leur foi bouddhiste, qui interdit de faire du mal à toute créature, humaine ou animale.

Avant l'invasion chinoise, le Tibet était un sanctuaire sauvage intact dans un environnement naturel unique.

Tristement, au cours des récentes décennies, la vie animale et les forêts du Tibet ont été presque entièrement détruites par les Chinois.

Les effets sur le fragile environnement tibétain ont été dévastateurs. Le peu qui reste doit être protégé et des efforts doivent être faits pour ramener un équilibre au sein de cet environnement.

La Chine exploite le Tibet dans sa production d'armes nucléaires et a peut-être commencé à enfouir ses déchets nucléaires dans le sous-sol tibétain.

Elle a non seulement l'intention d'amener ses propres déchets nucléaires au Tibet, mais également ceux d'autres pays qui sont déjà convenus de payer Pékin afin qu'elle les débarrasse de leurs matières toxiques.

Les dangers que ceci présente sont évidents. Non seulement la population actuelle, mais aussi les générations à venir, sont menacées par le peu de cas que la Chine fait de cet environnement unique et fragile du Tibet.

5) Engagement de négociations sérieuses à propos du statut futur du Tibet et des relations entre les peuples tibétain et chinois.

Des négociations sérieuses concernant le statut futur du Tibet et les relations entre les deux peuples, chinois et tibétain, devraient être entamées.

Nous souhaitons aborder ce sujet dans une attitude raisonnable et réaliste, dans un esprit de franchise et de conciliation et dans la perspective d'aboutir à une solution qui dans le long terme satisfera les intérêts de tous, Tibétains, Chinois, ainsi que tous les autres peuples concernés.

Les Tibétains et les Chinois constituent deux peuples distincts, chacun ayant son pays, son histoire, sa culture, sa langue et son mode de vie.

Les différences entre peuples doivent être reconnues et respectées. Elles ne doivent pas cependant représenter des obstacles à une coopération véritable lorsque cette dernière est de l'intérêt des deux peuples.

Je crois sincèrement que si les parties concernées pouvaient se rencontrer et discuter de leur avenir avec une ouverture d'esprit et le désir sincère d'aboutir à une solution satisfaisante et équitable, on pourrait réaliser une avancée considérable. Nous devons tous nous employer à exercer notre sens de la raison et notre sagesse et nous rencontrer dans un esprit d'ouverture et de compréhension.

Permettez-moi de terminer sur une note personnelle.

Je souhaite vous remercier pour l'intérêt et le soutien que vous et tant de vos collègues et concitoyens ont exprimés pour les souffrances endurées par les peuples opprimés partout dans le monde.

Le fait que vous ayez publiquement témoigné de votre sympathie à notre égard, nous Tibétains, a déjà eu un effet positif sur la vie de notre peuple au Tibet.

Je vous demande de continuer à nous soutenir durant cette période critique de l'histoire de notre pays.

## Malheur aux faibles !

*« Pauvre Mexique, si loin de Dieu, si près des États-Unis ! » L'aphorisme est bien connu. Malheureux Tibet, pourrait-on dire, si près du Ciel et de ses fils !*

*C'est en 1949, dans la foulée de sa Longue Marche vers le pouvoir et de sa victoire finale sur le Guomindang de Chiang Kaï-chek, que l'Armée populaire de Libération de Mao Zedong envahit le Tibet dont elle ne fit qu'une bouchée. Ce n'était pas la première fois que la Chine émettait sur ce territoire cinq fois plus grand que la France des prétentions que rien ne justifiait. Il y a cinquante ans, en effet, les autochtones n'avaient rien à voir avec les Chinois, dont les distinguaient aussi bien la langue que la religion et l'ethnie. La mainmise de la Chine sur le Tibet n'avait pas plus de légitimité que n'en eurent en leur temps celles de l'Espagne sur le Portugal, du Danemark sur la Norvège ou de la Grande-Bretagne sur l'Irlande.*

*Au fil de relations tumultueuses, il était arrivé, parfois, que l'empire tibétain étendît son emprise sur la Chine et, plus souvent, que les empereurs chinois fissent reconnaître leur suzeraineté de principe sur le Tibet. Ces épisodes ne s'étaient jamais inscrits dans la durée et n'impliquaient ni de part ni d'autre une volonté totalitaire d'assujettissement politique et d'anéantissement spirituel. S'il avait dû par le passé renoncer formellement à son indépendance, jamais le Tibet n'avait perdu son autonomie, jamais il n'avait été contraint d'abdiquer sa personnalité. Or, c'est bien de cela qu'il s'agit depuis un demi-siècle que la Chine y poursuit sans relâche une politique concertée d'occupation militaire, de répression policière, de submersion démographique et de génocide culturel.*

*En prenant d'entrée de jeu le contrôle du « Toit du monde », la Chine communiste entendait tout d'abord combler un vide. La Russie et l'Inde, du temps des Anglais, puis depuis son indépendance, avaient eu des visées sur cette zone réputée stratégique. Il ne suffisait pas à la Chine qu'elles y eussent renoncé et que le Tibet s'appartînt. Elle entendait annexer celui-ci. Cette avancée géographique créa une tension que le Tibet, qui ne représentait une menace pour personne, n'aurait jamais suscitée et fut à l'origine d'une guerre entre les deux pays les plus peuplés de la planète, soudain devenus frontaliers.*

*Le deuxième objectif était d'affirmer la renaissance de la Chine en retrouvant les frontières historiques qui avaient été celles de l'empire du Milieu dans sa plus grande extension, ce qui incluait outre la Mandchourie, la Mongolie intérieure, le Turkestan chinois (ou Xinjiang), le Tibet.*

*Le troisième objectif, à long terme, des nouveaux maîtres de Pékin était ni plus ni moins la sinisation de ce qui, dans la terminologie officielle, est comme Taiwan une simple province de la Chine. La réalisation de ce projet est en bonne voie. On estime à six millions – l'équivalent de la population locale – le nombre des colons chinois installés au Tibet depuis 1949, à plus d'un million celui des Tibétains directement victimes de l'occupant sur la même période, à cinq cent mille celui des Tibétains qui ont fui leur pays. Cent mille ont péri lors des deux insurrections nationales, impitoyablement matées, de 1950 et 1959. Six mille monastères, soit la quasi-totalité des établissements religieux du pays, furent détruits à l'époque de la Révolution culturelle. Le massacre des hommes est complété par l'éradication du patrimoine culturel, historique et monumental.*

*Martin Luther King aimait à répéter que si l'Inde avait eu affaire aux Russes, le cas de Gandhi aurait été rapidement réglé. Il n'aurait pas fait plus long feu avec les Chinois. Promptes à juguler par la force toute tentative de résistance armée, les autorités de Pékin, que ce soit chez elles, que ce soit dans l'Himalaya, n'ont jamais eu ni respect, ni considération, ni ménagements pour les formes non violentes de la résistance. Elles pensent que la soumission des corps entraîne tôt ou tard celle des âmes. Brutalisé, colonisé, opprimé, en passe d'être minoritaire sur son propre sol, le destin assigné au peuple tibétain est de se diluer dans l'océan chinois. Ce sera bientôt chose faite. Déjà pour les nouvelles générations, qui sortent des écoles implantées par la Chine et ne parlent que le mandarin, la société archaïque et harmonieuse que régissait une théocratie semi-féodale, enracinée dans un passé millénaire, ne relève que du folklore. Six millions contre un milliard et demi, la balance n'est décidément pas égale.*

*Le dernier espoir de ce peuple qui meurt dans l'indifférence du monde est dans sa diaspora. Chef spirituel reconnu d'un peuple intégralement bouddhiste, le quatorzième dalaï-lama est à coup sûr le seul représentant légitime de son pays. Mais de quelle autorité réelle, de quels moyens dispose encore aujourd'hui cet homme universellement connu et respecté, qui ne peut opposer à la force que ses mains et ses bras nus ?*

*Les choses ont changé, non seulement dans l'Himalaya mais dans le monde, depuis qu'en 1959, à la faveur du soulèvement de son peuple, Tenzin Gyatso, alors âgé de vingt-cinq ans, faussait compagnie à ses protecteurs et geôliers et trouvait en Inde un refuge qui lui est toujours assuré. Pour combien de temps ? Au fur et à mesure que l'ombre de l'hyperpuissance chinoise s'étend sur la planète, les condamnations de Pékin se font plus rares et plus timides, les sympathies, qui ne furent jamais très agissantes, deviennent purement platoniques, le fait accompli s'impose. C'est en catimini que l'on reçoit désormais l'irréductible exilé, quand on le reçoit encore.*

*Certes, en octobre 2007, le dalaï-lama se voyait décerner la médaille d'or du Congrès américain et, en décembre suivant, Angela Merkel, chancelier fédéral allemand, lui donnait audience, au nom de ses valeurs morales, s'attirant les représentations et les menaces de représailles commerciales de la Chine. Dans le même temps, le président de la République française, en visite à Pékin, choisissait de ne souffler mot du Tibet aux dirigeants chinois, qui lui en savaient gré, et de signer avec ceux-ci, toute préoccupation morale oubliée, des contrats profitables à nos intérêts. Or nous sommes dans un monde et un temps où les intérêts parlent plus fort que les valeurs.*

*Le dalaï-lama n'abandonne rien, mais nous l'abandonnons. Les revendications de celui qui seul est habilité à parler au nom des siens sont aussi fondées, ses propositions aussi positives qu'il y a cinquante ou vingt-deux ans. Mais nul n'est plus disposé à les écouter, moins encore à les satisfaire. On ne se brouille pas avec la République chinoise. On ne gâche pas les Jeux olympiques. On ne meurt pas pour Lhassa. On ne veut pas, comme disait si bien Chamberlain, en partance pour Munich, « se mêler d'une querelle, dans un pays lointain, entre des gens dont nous ne savons rien ».*

*Dans les années 1950, Jean-Claude Darnal, auteur-compositeur aujourd'hui bien oublié, avait écrit une chanson qui s'achevait ainsi :*

Quand l'ennemi, l'ennemi,
L'ennemi est arrivé,
Il ne lui a opposé
Qu'un pétale de rose fanée,
Une photo, des souvenirs,
En un mot des mots d'amour.
C'est comme ça qu'il y est resté…
*Malheur aux faibles !*

P. J.

## Yasser Arafat

# "FAISONS LA PAIX, LA PAIX DES BRAVES"

*(Nations unies, Genève, 13 décembre 1988)*

Monsieur le Président,

Messieurs les représentants,

Jamais je n'aurais imaginé que ma première rencontre depuis 1974 avec votre auguste assemblée aurait lieu dans cette bonne et hospitalière ville de Genève. Je pensais que les acquis et les nouvelles positions politiques auxquelles est parvenu notre peuple palestinien lors de la tenue du Conseil national, à Alger, qui ont toutes reçu un accueil international très favorable, m'obligeraient sans nul doute à me rendre à New York, au siège de l'Organisation internationale, pour vous y présenter nos résolutions politiques et la vision que nous avons de l'avenir de la paix dans notre patrie, telles qu'elles ont été élaborées par notre Conseil national palestinien, la plus haute instance législative de nos institutions politiques.

Ma rencontre avec vous aujourd'hui à Genève, après qu'une injuste décision américaine m'eut empêché d'aller vous rencontrer à New York, est donc pour moi source de fierté et de joie. Fierté d'être avec vous, parmi vous, vous qui êtes la plus haute des tribunes pour toutes les causes de justice et de paix dans le monde. Ma joie, c'est d'être à Genève, là où la justice et la neutralité sont un flambeau et une constitution dans un monde où ceux qui croient à l'arrogance de la force brute perdent la neutralité et le sens de la justice qu'ils portent en eux. C'est pour cela que la décision de votre auguste assemblée, adoptée à la majorité des cent cinquante-quatre États, de tenir ici même cette réunion, n'est pas une victoire sur une décision américaine. C'est la victoire du consensus international en faveur de la liberté, c'est un plébiscite sans précédent en faveur de la paix, et c'est la preuve que la juste cause de notre peuple s'est définitivement enracinée dans la structure même de la conscience universelle.

Notre peuple palestinien se souviendra toujours de cette auguste assemblée, de ces nations amies debout ici avec le droit et la justice, défendant les valeurs et les principes au service desquels l'Organisation des Nations unies a été fondée. Tous les peuples qui subissent l'injustice, l'oppression et l'occupation et qui comme notre peuple palestinien, luttent pour la liberté, la dignité et la vie, y puiseront confiance et assurance.

Je saisis cette occasion pour adresser mes profonds remerciements à tous les États, forces, organisations internationales et personnalités mondiales qui ont soutenu notre peuple et appuyé ses droits nationaux. Tout particulièrement à nos amis en

Union soviétique et en Chine populaire, dans les pays socialistes, les pays non alignés, les pays islamiques, les pays d'Afrique, d'Asie et d'Amérique latine, ainsi que dans tous les autres pays amis. Je remercie aussi les pays d'Europe occidentale et le Japon pour les positions qu'ils ont récemment adoptées à l'égard de notre peuple, et je les convie à aller de l'avant, pour que ces positions se développent davantage encore et que s'ouvre la perspective de la paix et d'une solution juste au conflit dans notre région, le Moyen-Orient.

J'affirme ici aussi notre solidarité et notre appui aux mouvements de libération en Namibie et en Afrique du Sud, dans leur lutte, ainsi que notre appui aux pays africains de la ligne de front face aux agressions perpétrées par le régime raciste d'Afrique du Sud.

Je saisis cette occasion pour exprimer mes remerciements et ma reconnaissance à l'égard de tous ces pays amis qui ont pris l'initiative de nous soutenir, d'appuyer les décisions de notre Conseil national et de reconnaître l'État de Palestine.

Et je ne manquerai pas de souligner notre immense gratitude envers Son Excellence M. Javier Pérez de Cuellar, secrétaire général de l'Organisation des Nations unies, ainsi qu'envers ses adjoints, pour les efforts inlassables qu'ils n'ont cessé de déployer pour édifier ce à quoi l'humanité aspire en matière de détente internationale, de solution des conflits, et tout particulièrement au sujet de la question de Palestine. J'adresse de même mes remerciements et ma considération au Président et aux membres du Comité pour l'exercice des droits nationaux inaliénables du peuple palestinien pour leurs efforts en faveur de la cause de notre peuple. Je salue et remercie également le Comité spécial des neuf pays non alignés pour la question de Palestine, pour le travail constructif qu'il a accompli pour la cause de notre peuple.

Permettez-moi enfin, monsieur le Président, de vous adresser mes plus chaleureuses félicitations à l'occasion de votre élection à la présidence de cette assemblée. J'ai pleinement confiance en votre sagesse et en votre rigueur. Je salue également votre prédécesseur, qui a dirigé avec clairvoyance les travaux de l'assemblée précédente.

J'exprime enfin au gouvernement et au peuple suisses mes salutations et ma profonde gratitude pour l'assistance considérable qu'ils nous ont fournie, les facilités dont ils nous ont fait bénéficier et les efforts qu'ils ont accomplis dans ce but.

Il y a quatorze ans, le 13 novembre 1974, j'avais reçu de vous une gracieuse invitation à exposer, devant cette auguste assemblée, la cause de notre peuple palestinien. Me voici de nouveau devant vous, après toutes ces années riches en événements dramatiques, et je constate que de nouveaux peuples occupent désormais leur place parmi vous, couronnement de leurs victoires dans les combats de la liberté et de l'indépendance. Aux représentants de ces peuples, j'adresse les félicitations de notre peuple, et je proclame devant vous tous que je reviens à vous la voix plus haute, la détermination plus ferme et la confiance plus assurée pour affirmer que notre lutte, inévitablement, portera ses fruits. J'affirme que l'État de Palestine, dont nous avons proclamé l'établissement lors de notre Conseil national, prendra inévitablement sa place parmi vous pour participer à vos côtés à l'application de la Charte de cette organisation et pour faire respecter la Déclaration des droits de l'homme, pour mettre fin aux tragédies endurées par l'humanité et jeter les bases du droit, de la justice, de la paix et de la liberté pour tous.

Il y a quatorze ans, lorsque vous nous avez dit, dans la salle de l'Assemblée générale : « Oui à la Palestine et au peuple de Palestine, oui à l'Organisation de libération de la Palestine, oui aux droits nationaux inaliénables du peuple palestinien », certains s'étaient imaginé que vos résolutions ne seraient suivies d'aucun effet notable. Ils ne comprenaient pas que ces résolutions allaient devenir une des sources les plus vives à laquelle s'abreuverait le rameau d'olivier que je portais ce jour-là, ce rameau qui s'est transformé, après que nous l'avons arrosé de notre sang, de nos larmes et de notre sueur, en un arbre qui prend ses racines dans la terre, dont les branches s'élancent vers le ciel et qui promet le fruit de la victoire sur l'oppression, la tyrannie et l'occupation. Vous nous avez offert l'espoir du triomphe de la liberté et de la justice. Nous vous avons offert en retour une génération entière des enfants de notre peuple, qui a consacré sa vie à la réalisation de cet espoir, la génération de l'Intifada bénie, qui brandit aujourd'hui la pierre de la patrie pour défendre sa dignité et l'honneur d'appartenir à un peuple assoiffé de liberté et d'indépendance.

À vous tous ici présents, je transmets les salutations des enfants de notre peuple héroïque, hommes et femmes, des masses de notre Intifada bénie qui entre dans sa seconde année avec ce grand élan, cette organisation minutieuse et cette pratique éminemment civilisée et démocratique jusque dans la confrontation avec l'occupation, l'exploitation, la tyrannie et les crimes monstrueux quotidiennement commis à leur encontre par les occupants israéliens.

À vous tous ici présents, je transmets le salut de nos garçons et de nos filles dans les prisons et les camps de détention collective de l'occupation. À vous tous, je transmets le salut des enfants de la pierre qui défient l'occupation, ses avions et ses chars, et font revivre dans les mémoires l'image nouvelle du David palestinien aux mains nues face à Goliath l'Israélien bardé d'armes.

Lors de notre première rencontre, j'avais conclu mon intervention en affirmant, en ma qualité de président de l'OLP et de commandant de la révolution palestinienne, que nous ne voulions pas que soit versée une seule goutte de sang, juif ou arabe, et que nous ne voulions pas que les combats se poursuivent, ne fût-ce qu'une minute. Je m'étais adressé à vous, dans l'espoir que nous parviendrions à abréger la douleur et les souffrances, à hâter la mise en place des bases d'une paix juste fondée sur la garantie des droits de notre peuple, de ses aspirations et de ses espoirs, comme des droits de tous les peuples, sur un pied d'égalité.

Je m'étais adressé à vous pour que vous vous teniez aux côtés de notre peuple en lutte pour l'exercice de son droit à l'autodétermination, pour que vous lui donniez les moyens de retourner de son exil imposé par la force des baïonnettes et de l'arbitraire, pour que vous nous aidiez à mettre fin à la tyrannie imposée à tant de générations de notre peuple, depuis tant de décennies, afin qu'il puisse enfin vivre dans sa patrie, retrouver ses maisons, libre et souverain, jouissant de la Plénitude de ses droits nationaux et humains. Et j'avais, pour finir, affirmé du haut de cette tribune, que la guerre surgissait de Palestine, et que la paix commençait en Palestine.

Le rêve que nous caressions alors était d'établir un État palestinien démocratique au sein duquel vivraient musulmans, chrétiens et juifs sur un pied d'égalité, avec les mêmes droits et les mêmes devoirs, dans une seule société unifiée, à l'instar d'autres peuples sur cette terre dans notre monde contemporain.

Quelle ne fut pas notre surprise lorsque nous entendîmes les responsables israéliens expliquer que ce rêve palestinien, inspiré de l'héritage des messages divins qui ont illuminé le ciel de la Palestine ainsi que des valeurs humaines qui fondent la coexistence au sein d'une société démocratique et libre, était un plan visant à les détruire et à les anéantir.

Il nous fallait tirer les leçons d'un tel état de fait, constater la distance qui le séparait du rêve. Nous prîmes alors, au sein de l'OLP, l'initiative de procéder à la recherche de formules alternatives réalistes et praticables pour apporter à ce problème une solution fondée sur une justice possible, et non pas sur une justice absolue. Une solution qui puisse garantir les droits de notre peuple à la liberté, la souveraineté et l'indépendance, et qui puisse également garantir à tous la paix, la sécurité et la stabilité, évitant à la Palestine et au Moyen-Orient la poursuite des guerres et des combats qui s'y déroulent depuis quarante ans.

Ne sommes-nous pas ceux qui ont pris l'initiative d'invoquer la Charte des Nations unies et leurs résolutions, la Déclaration universelle des droits de l'homme et la légalité internationale en tant que références de base pour la solution du conflit arabo-israélien ?

N'avons-nous pas fait bon accueil à la déclaration commune Vance-Gromyko en 1977, en tant qu'initiative qui pouvait servir de base à un projet de solution pour ce conflit ?

N'avons-nous pas donné notre accord pour participer à la Conférence de Genève sur la base de la déclaration soviéto-égyptienne de 1977, de façon à progresser vers une solution de paix dans la région ?

N'avons-nous pas adopté le Plan de paix arabe de Fès, en 1982, puis le projet de convocation d'une conférence internationale de paix sous l'égide de l'Organisation des Nations unies et conformément à ses résolutions ?

N'avons-nous pas appuyé le plan Brejnev pour la paix au Moyen-Orient ?

N'avons-nous pas accueilli et appuyé la Déclaration de Venise des pays de la Communauté économique européenne concernant les bases d'une paix juste dans la région ?

N'avons-nous pas accueilli et soutenu l'initiative des deux présidents Gorbatchev et Mitterrand au sujet de la commission préparatoire de la conférence internationale ?

N'avons-nous pas fait bon accueil aux dizaines de déclarations et d'initiatives politiques émanant des groupes régionaux, des pays africains, des pays islamiques, des pays non alignés, des pays socialistes, des pays d'Europe et d'autres pays, dans le seul but de parvenir à un règlement pacifique fondé sur la légalité internationale, afin d'instaurer la paix et de résoudre le conflit ?

Quelle fut la position d'Israël face à tout cela ? Bien que chacune de ces initiatives, chacun de ces plans, chacune de ces déclarations ait été inspiré par la volonté de prendre en considération le rapport de force politique de même que les revendications et les intérêts de l'ensemble des parties au conflit arabo-israélien, l'attitude d'Israël devant tout cela fut l'escalade de ses projets de colonisation et d'expansion. Elle consista à élargir le champ des destructions et des ruines, et à faire à nouveau couler le sang. Elle consista à multiplier les fronts, jusqu'à y inclure le Liban frère, que les troupes d'occupation envahirent en 1982, avec les conséquences que l'on sait, les massacres comme ceux de Sabra et de Chatila, et les boucheries perpétrées à l'encontre des deux peuples, libanais et palestinien. Israël continue d'occuper une partie du Sud-Liban, et ce pays doit quotidiennement faire face aux raids de l'aviation et aux agressions aériennes, terrestres ou maritimes qui frappent ses villes et ses villages comme elles frappent nos camps dans le sud.

Il est triste et regrettable que seul le gouvernement des États-Unis continue à soutenir et à appuyer ces plans israéliens d'agression et d'expansion, et continue à soutenir Israël dans la poursuite de son occupation de nos territoires palestiniens et arabes, dans la poursuite de ses crimes et de sa politique de main de fer contre nos enfants et nos femmes.

Il est également douloureux et regrettable que le gouvernement américain s'obstine à refuser de reconnaître à six millions de Palestiniens le droit à l'autodétermination, qui est un droit sacré pour le peuple américain comme pour tous les peuples de la terre.

Je rappelle au peuple américain la position du président Wilson, père de ces deux principes universels qui régissent les relations internationales que sont l'inadmissibilité de l'acquisition du territoire d'autrui par la force, et le droit des peuples à l'autodétermination. Lorsque notre peuple palestinien fut consulté, en 1919, par l'entremise de la commission King-Crane, ce sont les États-Unis qu'il avait alors choisis pour puissance mandataire mais les circonstances ont fait que ce fut la Grande-Bretagne qui vint prendre cette place. Et je m'adresse aujourd'hui au peuple américain, et je pose cette question : est-il équitable que les principes énoncés à ce propos par le président Wilson ne soient pas appliqués au peuple palestinien ?

Les administrations américaines qui se sont succédé au cours de ces années savent pourtant pertinemment que l'unique acte de naissance de l'État d'Israël, c'est la résolution 181 de l'Assemblée générale des Nations unies, adoptée le 29 novembre 1947 avec le soutien des États-Unis et de l'Union soviétique et qui recommandait l'établissement de deux États en Palestine, l'un arabe palestinien et l'autre juif. Comment le gouvernement américain peut-il expliquer sa position, qui consiste à reconnaître la moitié de cette résolution relative à Israël tout en rejetant l'autre moitié relative à l'État palestinien ? Mieux encore, comment le gouvernement américain peut-il expliquer son manque d'empressement à faire appliquer une résolution qu'il a lui-même adoptée et dont il a plus d'une fois réaffirmé la validité face à votre auguste assemblée, à savoir la résolution 194, qui reconnaît le droit des Palestiniens au retour dans les foyers dont ils ont été chassés et au recouvrement de leurs biens ou à l'indemnisation de ceux qui ne souhaiteraient pas revenir ?

Le gouvernement des États-Unis sait bien qu'il ne peut, pas plus qu'aucun autre État, s'arroger le droit de fractionner la légalité internationale ni vider de leur sens les jugements du droit international.

La lutte continue de notre peuple pour ses droits remonte à des dizaines d'années, au cours desquelles il a consenti des centaines de milliers de martyrs et de blessés, enduré toutes sortes de souffrances, traversé des tragédies sans jamais défaillir et sans que sa volonté ne s'émousse. Au contraire, il n'a cessé de renforcer sa détermination à demeurer attaché à sa patrie palestinienne et à son identité nationale.

Les dirigeants israéliens, en proie à une euphorie trompeuse, s'étaient imaginé qu'après notre départ de Beyrouth l'OLP allait être engloutie par la mer. Ils ne s'attendaient pas à ce que le départ vers les exils se transforme en chemin du retour à la patrie, au véritable champ de bataille, à la Palestine occupée.

C'est alors qu'advint l'héroïque soulèvement populaire à l'intérieur de notre terre occupée, cette Intifada qui s'est levée pour se poursuivre jusqu'à la réalisation de nos objectifs de liberté et d'indépendance nationale.

Je m'enorgueillis d'être l'un des fils de ce peuple qui trace avec le sang de ses enfants, de ses femmes et de ses hommes l'admirable épopée de la résistance populaire, réalisant des miracles quotidiens, frisant la légende pour que son Intifada continue, pour qu'elle se développe et s'étende, jusqu'à ce qu'elle impose sa volonté et fasse la preuve que le droit peut l'emporter sur la force.

Chaleureuses salutations aux masses de notre peuple qui forgent aujourd'hui cette expérience révolutionnaire et démocratique unique en son genre !

C'est cette foi que la machine de guerre israélienne n'a jamais pu ébranler, que les balles de toutes sortes n'ont jamais pu réduire ni terroriser, dont l'ensevelissement des vivants, les os brisés, les avortements provoqués par les gaz et la mainmise sur les ressources en eau n'ont jamais pu venir à bout, et que ni les arrestations, ni les prisons, ni les exils, ni les expulsions hors de la patrie n'ont affaiblie. Quant aux châtiments collectifs, aux dynamitages de maisons, à la fermeture des universités, des écoles, des syndicats, des associations et des institutions, quant à l'interdiction des journaux et au blocus des camps, des villages et des villes, tout cela n'a fait que raffermir cette foi, jusqu'à ce que la révolution embrasse chaque foyer, jusqu'à ce qu'elle s'enracine dans chaque pouce de la terre de la patrie.

Un peuple qui a parcouru cet itinéraire, un peuple héritier de cette histoire ne peut être défait. Nulle force et nulle terreur ne sauraient lui faire renier sa foi parfaite en son droit à une patrie comme en son adhésion aux valeurs de la justice, de la paix, de l'amour et de la coexistence tolérante. Et comme le fusil du révolutionnaire nous a protégés, empêchant notre liquidation et l'annihilation de notre identité nationale sur le champ brûlant des combats, nous avons une totale confiance en notre capacité à défendre notre rameau d'olivier sur le champ des batailles politiques. Le ralliement mondial à la justesse de notre cause et en faveur de l'instauration de la paix basée sur la justice démontre sans ambiguïté que le monde sait aujourd'hui qui est le bourreau et qui est la victime, qui est l'agresseur et qui est l'agressé, qui mène la lutte pour la liberté et pour la paix et qui est le terroriste. Et voici que les pratiques quotidiennes des forces d'occupation et des bandes de colons fanatiques et armés contre notre peuple, ses enfants et ses femmes mettent à nu le visage hideux de l'occupation israélienne, le révèlent dans sa vérité d'agresseur.

Cette conscience mondiale grandissante a fini par toucher des groupes juifs eux-mêmes, à l'intérieur comme à l'extérieur d'Israël, dont les yeux se sont ouverts à la réalité du problème et à l'essence du conflit, et qui ont pris conscience des pratiques quotidiennes inhumaines qui détruisent la tolérance dans l'âme même du judaïsme. Il est désormais bien difficile, voire impossible, pour un Juif de déclarer son refus de l'oppression raciste et son attachement aux libertés et aux droits de l'homme et de se taire face aux violations israéliennes des droits de l'homme, face aux crimes commis à l'encontre du peuple et de la patrie palestiniens, et plus particulièrement face aux pratiques quotidiennes odieuses des occupants et des bandes de colons armés.

Nous faisons une claire distinction entre le citoyen juif dont les milieux israéliens au pouvoir tentent d'étouffer et de dénaturer la conscience, d'une part, et les pratiques des dirigeants israéliens, d'autre part.

Plus encore, nous réalisons qu'il y a en Israël comme hors d'Israël des Juifs nobles et courageux qui n'approuvent pas la politique de répression et les massacres, qui réprouvent la politique d'expansion, de colonisation et d'expulsion du gouvernement d'Israël et qui reconnaissent à notre peuple un droit égal à la vie, à la liberté et à l'indépendance. Au nom du peuple palestinien, je les remercie tous pour cette position courageuse et honorable.

Notre peuple ne revendique aucun droit qui ne soit le sien, qui ne lui soit reconnu par le droit et les lois internationales. Il ne veut pas d'une liberté au détriment de la liberté d'un autre peuple ni d'un destin qui annulerait celui d'un autre peuple. Notre peuple refuse tout privilège dont il pourrait jouir aux dépens d'un autre peuple, comme il refuse qu'un autre peuple jouisse de privilèges à ses dépens. Notre peuple aspire à l'égalité avec tous les autres peuples, avec les mêmes droits et les mêmes devoirs. J'adresse cet appel à tous les peuples du monde, et particulièrement à ceux qui ont subi l'occupation nazie, et qui ont alors considéré que leur devoir consistait à tourner la page de la tyrannie et de l'oppression exercées par un peuple sur un autre, et d'apporter aide et soutien à toutes les victimes du terrorisme, du fascisme et du nazisme. J'en appelle à ces peuples pour qu'ils prennent clairement conscience de la responsabilité que l'Histoire leur a fait porter à l'égard de notre peuple martyrisé qui réclame pour ses enfants une place au soleil de leur patrie, pour qu'ils puissent y vivre comme les enfants du monde entier, libres sur une terre libre.

Il est encourageant de constater que le chemin de notre lutte a atteint ce sommet qu'est l'Intifada dans un climat international caractérisé par des efforts soutenus et sérieux en faveur de la détente et de l'entente internationales et pour le progrès des peuples. C'est avec une grande joie que nous sommes témoins des succès remportés par les Nations unies et leur secrétaire général dans le cadre de leur contribution efficace à la solution de nombreux problèmes et à l'extinction de nombreux foyers de tension dans le monde, dans ce nouveau climat de concorde internationale.

Assurément, il n'est pas possible de consolider ce climat international nouveau et positif sans se tourner vers les problèmes et les foyers de tension éparpillés de par le monde. C'est d'autant plus nécessaire que cela permettra à la conscience humaine de réaliser avec plus d'acuité un bilan de l'activité des hommes et des États, et d'entrevoir avec plus de transparence ce que le siècle qui s'approche nous réserve de défis et de responsabilités nouvelles, loin de la guerre et de la destruction, sur le chemin de la liberté, du bien-être, de la paix et du progrès de l'humanité.

Nous nous accordons tous ici sur le fait que la question palestinienne constitue le problème des problèmes du monde contemporain. C'est la question la plus anciennement inscrite à l'ordre du jour de vos travaux. C'est le problème régional le plus complexe, le plus ramifié, le plus dangereux pour la paix et la sécurité mondiales. La question palestinienne constitue également une priorité pour les deux superpuissances et tous les États conscients de la nécessité d'efforts particuliers pour tracer le chemin d'une solution, sur la base de principes de justice qui constituent en eux-mêmes la meilleure des garanties pour l'extension de la paix à l'ensemble du Moyen-Orient.

Nous, dans l'OLP, en tant que direction responsable du peuple de Palestine et de son destin, par fidélité à sa lutte et en hommage au sacrifice de nos martyrs, soucieux de répondre au climat de détente et de concorde et conscients de l'importance de notre contribution aux efforts pacifiques pour trouver une solution politique susceptible de mettre un terme au malheur des guerres et des combats et d'ouvrir la voie à une coexistence pacifique régie par le droit international, nous avons convoqué notre Conseil national palestinien en une session extraordinaire à Alger, entre le 12 et le 15 novembre dernier, et ce dans le but de préciser et de clarifier notre position en tant que protagoniste principal du conflit arabo-israélien, sans la participation et l'accord duquel il ne peut y avoir de solution.

J'ai la joie de vous annoncer en toute fierté que notre Conseil national palestinien, par une pratique démocratique totalement libre, assumait ses hautes responsabilités nationales et avait adopté une série de résolutions sérieuses, constructives et responsables. Ces résolutions ont frayé le chemin de l'approfondissement et de la manifestation de notre désir de contribuer à la recherche d'un règlement pacifique garantissant les droits nationaux et politiques de notre peuple ainsi que la sécurité et la paix pour tous.

La première et la plus décisive des résolutions prises par notre conseil, c'est la proclamation de l'État de Palestine avec pour capitale Al Qods Al Charif, Jérusalem, et ce sur la base du droit naturel, historique et légal du peuple arabe palestinien à sa patrie, la Palestine. En vertu des sacrifices de générations successives pour la défense de la liberté et de l'indépendance de leur patrie et partant des résolutions des sommets arabes de la force de la légalité internationale telle qu'elle est incarnée dans les résolutions de l'ONU depuis 1947, et en exercice, par le peuple arabe palestinien, de son droit à l'autodétermination, à l'indépendance politique et à la souveraineté sur son sol, conformément à vos résolutions successives.

Il m'importe ici, au moment de répéter cette proclamation historique devant la famille des nations et maintenant qu'elle est devenue un document officiel des Nations unies, d'affirmer qu'il s'agit d'une décision sur laquelle nous ne reviendrons jamais et que nous n'arrêterons pas d'œuvrer à sa réalisation pour venir à bout de l'occupation et pour que notre peuple exerce sa souveraineté dans son État.

Cet État de Palestine est l'État des Palestiniens où qu'ils soient. Ils pourront y développer leur identité nationale et culturelle. Ils y jouiront de la pleine égalité des droits et de leurs convictions religieuses et politiques, ainsi que de leur dignité humaine. Ils y seront protégés par un régime parlementaire et démocratique fondé sur les principes de la liberté d'opinion, la liberté de constituer des partis, la prise en considération par la majorité des droits de la minorité et le respect par la minorité des décisions de la majorité, la justice sociale, l'égalité et l'absence de toute discrimination dans les libertés publiques sur la base de la race, de la religion, de la couleur, ou entre la femme et l'homme, à l'ombre d'une constitution qui assure la primauté de la loi et l'indépendance de la justice, en totale fidélité à l'héritage spirituel de la Palestine, patrimoine fait de tolérance et de cohabitation entre les religions à travers les siècles.

L'État de Palestine est un État arabe, son peuple fait partie intégrante de la nation arabe, de son patrimoine, de sa civilisation et de ses aspirations au progrès social, à l'unité et à la libération. Il se réclame de la Charte de la Ligue des États arabes, de la Charte de l'ONU, de la Déclaration universelle des droits de l'homme et des principes du non-alignement…

Cet État est épris de paix et attaché aux principes de la coexistence pacifique ; il œuvrera de concert avec tous les États et tous les peuples pour instaurer une paix permanente basée sur la justice et le respect des droits.

Cet État croit à la résolution des conflits régionaux et internationaux par des moyens pacifiques, en application de la Charte des Nations unies et de leurs résolutions. Il rejette la menace de l'usage de la violence, de la force et du terrorisme, leur utilisation contre la sécurité de son propre territoire ou contre son indépendance politique, ou contre l'intégrité territoriale de tout autre État, sans porter atteinte à son droit naturel à défendre son territoire et son indépendance. Cet État croit que l'avenir ne réserve que la sécurité à ceux qui auront agi justement, ou auront aspiré à la justice.

Voici l'État de Palestine que nous avons proclamé et que nous œuvrerons à concrétiser, pour qu'il prenne sa place entre les autres pays, qu'il participe et innove dans l'édification d'un monde libre où règnent la justice et la paix. Notre État aura son gouvernement provisoire, avec l'aide de Dieu, dans les plus brefs délais. Le Conseil national palestinien a chargé le Comité exécutif de l'OLP d'assumer les responsabilités de ce gouvernement provisoire en attendant sa formation. Pour concrétiser cette décision, notre Conseil national palestinien (CNP) en a adopté une série d'autres dont il importe de souligner ici les plus importantes, pour confirmer notre détermination à aller de l'avant avec sérieux dans la voie de la juste solution pacifique, et à déployer les plus grands efforts pour sa réussite.

Notre Conseil national a affirmé la nécessité de la tenue de la conférence internationale sur la question du Moyen-Orient, dont le cœur est la question de Palestine, sous l'égide des Nations unies et avec la participation des cinq membres permanents du Conseil de sécurité ainsi que de toutes les parties au conflit dans la région, y compris l'OLP, unique représentant légitime du peuple palestinien, sur un pied d'égalité. Ceci en considérant que la conférence internationale se tiendra sur la base des deux résolutions du Conseil de sécurité 242 et 338, ainsi que sur la base de la garantie des droits nationaux et politiques légitimes du peuple palestinien, au premier rang desquels son droit à l'autodétermination.

Notre Conseil national a également affirmé la nécessité du retrait d'Israël de tous les territoires palestiniens et arabes qu'il a occupés en 1967, y compris la Jérusalem arabe, l'établissement de l'État palestinien et l'abolition de toutes les mesures de rattachement et d'annexion, ainsi que le démantèlement des colonies édifiées par Israël dans les territoires palestiniens et arabes depuis 1967. Toutes ces exigences ont été formulées par les sommets arabes, et particulièrement par les sommets arabes de Fès et d'Alger.

Notre Conseil national a affirmé la nécessité d'œuvrer pour placer les territoires palestiniens occupés, y compris la Jérusalem arabe, sous la tutelle des Nations unies pour une période limitée. Ce pour protéger notre peuple et créer un climat propice à la réussite des travaux de la conférence internationale, ce pour parvenir à un règlement politique global et instaurer la sécurité et la paix pour tous, peuples et États, au Moyen-Orient, à travers l'acceptation et le consentement mutuels, et afin de permettre à l'État de Palestine d'exercer son autorité effective sur ces territoires. Tout ceci également a été affirmé dans les huit décisions issues des sommets arabes. Notre Conseil a aussi affirmé la nécessité de résoudre la question des réfugiés palestiniens, conformément aux décisions des Nations unies. Il a également affirmé qu'il garantirait la liberté de croyance et de culte dans les Lieux saints de Palestine pour les adeptes de toutes les religions. Notre Conseil national a également confirmé ses décisions précédentes concernant les relations spéciales et privilégiées entre les deux peuples frères, jordanien et palestinien, et que la relation future entre l'État de Palestine et le royaume hachémite de Jordanie se fera sur une base confédérale, selon le principe du choix volontaire et libre des deux pays frères. Ceci pour consolider les liens historiques et les intérêts vitaux qui les réunissent.

Le Conseil national a renouvelé sa conviction que le Conseil de sécurité des Nations unies devait établir et garantir les dispositions de la sécurité et de la paix entre tous les États parties au conflit dans la région.

Je tiens à souligner ici que ces décisions, ainsi qu'il ressort clairement de leur contenu et de leur formulation, reflètent la fermeté de notre foi dans la paix et la liberté, ainsi que notre profonde conscience du climat de détente internationale, et de l'attachement de la communauté internationale à des solutions équilibrées qui répondent aux aspirations et aux intérêts fondamentaux des parties au conflit. Ces décisions reflètent également le degré de sérieux de la position palestinienne au sujet de la paix, son attachement à la paix et la nécessité de la garantir et de la préserver par le biais du Conseil de sécurité, et sous l'égide des Nations unies.

Ces résolutions apportent une réponse claire et ferme à tous les alibis et les prétextes colportés par certains États au sujet de la position et de la politique de l'Organisation de libération de la Palestine. Alors que notre peuple, par son soulèvement comme par l'intermédiaire de ses représentants au Conseil national, votait pour la paix, confirmant son accord avec la tendance dominante elle-même consolidée par la détente nouvelle dans les relations internationales, propice à la solution des conflits régionaux et mondiaux par des moyens pacifiques, le gouvernement israélien, pour sa part, alimente les tendances agressives et expansionnistes ainsi que le fanatisme religieux, confirmant son obstination à choisir l'agression et à nier les droits de notre peuple.

La partie palestinienne a formulé de son côté des positions politiques claires et responsables, conformes à la volonté de la communauté internationale pour aider à la tenue et à la réussite des travaux de la Conférence internationale de paix.

L'appui international, courageux et bienvenu, à la reconnaissance de l'État de Palestine est la preuve éclatante de la justesse de la voie que nous avons choisie, de la crédibilité de nos résolutions et de leur conformité avec la volonté et l'amour de la paix qui animent la communauté internationale.

En dépit de notre grande estime pour ces voix américaines libres qui ont pris l'initiative d'expliquer et de justifier notre position et nos résolutions, l'administration américaine se refuse toujours à appliquer des critères uniques à toutes les parties au conflit et continue à nous imposer – et à nous seuls – l'acceptation de positions qui ne sauraient être tranchées avant la négociation et le dialogue dans le cadre de la conférence internationale.

Je tiens ici à rappeler que reconnaître aux deux parties au conflit l'égalité des droits sur la base de la réciprocité constitue la seule approche qui réponde aux diverses interrogations, d'où qu'elles viennent. Et si les politiques pratiquées sur le terrain reflètent les intentions de ceux qui les conduisent, la partie palestinienne a plus de raisons de s'inquiéter et de s'interroger au sujet de son propre sort et sur son avenir face à un État d'Israël bardé des armes les plus modernes, y compris des armes nucléaires.

Notre Conseil national a renouvelé son engagement vis-à-vis des résolutions des Nations unies qui affirment le droit des peuples à résister à l'occupation étrangère, à la colonisation et à la discrimination raciale ainsi que leur droit à lutter pour l'indépendance. Il a également renouvelé son refus du terrorisme sous toutes ses formes, y compris le terrorisme d'État, confirmant par là son adhésion aux décisions prises à ce sujet : la résolution du sommet arabe d'Alger en 1988, les deux résolutions des Nations unies, 42/159 de 1987 et 40/61 de 1985, ainsi que ce qui figure à ce sujet dans la Déclaration du Caire du 7 novembre 1985. Cette position est claire et sans équivoque. En dépit de cela, je réaffirme ici une fois encore, en ma qualité de président de l'OLP, que je condamne le terrorisme sous toutes ses formes.

Je salue tous ceux que je vois face à moi dans cette salle, qui ont un jour été accusés d'être des terroristes par leurs bourreaux et leurs colonisateurs au cours des combats menés dans leurs pays pour les libérer du joug de la colonisation. Ce sont aujourd'hui des dirigeants investis de la confiance de leurs peuples et de fidèles et sincères partisans des principes et des valeurs de la justice et de la liberté. Un grand salut aux martyrs qui sont tombés, victimes du terrorisme et des terroristes, au premier rang desquels le compagnon de ma vie, mon adjoint, le martyr symbole Khalil al-Wazir, ainsi que tous les martyrs tombés dans les massacres infligés à notre peuple dans les lieux les plus divers, dans les villes, les villages et les camps de Cisjordanie, de Gaza et du Liban.

La situation dans notre patrie palestinienne ne souffre plus l'attente. Les masses de notre peuple et nos enfants sont à la tête du cortège, portant le flambeau de la liberté, tombant quotidiennement dans la lutte pour chasser les occupants et consolider les fondements de la paix dans leur patrie libre et indépendante aussi bien que dans la région tout entière. Le Conseil national palestinien a ainsi fondé ses résolutions sur le réalisme, prenant en considération les circonstances particulières aux Palestiniens et aux Israéliens ainsi que la longue histoire de tolérance qui les a unis dans le passé.

Les Nations unies ont à l'égard de notre peuple et de ses droits une responsabilité historique exceptionnelle. Voici plus de quarante ans que les Nations unies ont décidé, sur la base de la résolution 181, d'établir deux États en Palestine, l'un arabe palestinien et l'autre juif. Et nous voyons qu'en dépit de l'injustice historique qui a frappé notre peuple, cette résolution assure aujourd'hui encore les conditions de légitimité internationale qui garantissent le droit du peuple arabe palestinien à la souveraineté et à l'indépendance nationale.

L'accélération du processus de paix dans la région requiert un effort exceptionnel de la part de toutes les parties concernées et de leurs partenaires internationaux. Je citerai plus précisément les États-Unis d'Amérique et l'Union soviétique, investis d'une grande responsabilité vis-à-vis de la cause de la paix dans notre région.

À cette étape, le rôle des Nations unies et des cinq membres permanents du Conseil de sécurité, celui des blocs et des instances internationales est vital et crucial. C'est pourquoi, j'ai l'honneur, en ma qualité de président du Comité exécutif de l'OLP, qui assume momentanément les responsabilités du gouvernement provisoire de l'État de Palestine, de vous présenter l'initiative de paix palestinienne suivante.

Premièrement, que de sérieux efforts soient déployés pour réunir le Comité préparatoire de la Conférence internationale de paix au Moyen-Orient, sous l'égide du secrétaire général des Nations unies, et ce, sur la base de l'initiative des deux présidents, Gorbatchev et Mitterrand, qui a reçu l'appui de nombreux États et que le président Mitterrand a eu l'obligeance d'exposer devant votre assemblée à la fin du mois de septembre dernier – initiative préludant à la tenue de la Conférence internationale, qui est appuyée par la totalité des États dans le monde, à l'exception du gouvernement d'Israël.

Deuxièmement, partant de notre foi en le rôle vital des Nations unies et forts de la confiance que nous accordons à la légalité internationale, nous réclamons une action visant à mettre notre terre palestinienne occupée sous la tutelle momentanée des Nations unies : que s'y déploient des forces internationales qui protègent notre peuple en même temps qu'elles supervisent le retrait des troupes israéliennes de notre patrie.

Troisièmement, l'Organisation de libération de la Palestine recherchera un règlement pacifique global avec les parties concernées au conflit arabo-israélien, y compris l'État de Palestine, Israël et ses autres voisins, dans le cadre de la conférence internationale de paix au Moyen-Orient, sur la base des résolutions 242 et 338 du Conseil de sécurité, de façon à garantir l'égalité et l'équilibre des intérêts et, tout particulièrement, le droit de notre peuple à la liberté et à l'indépendance nationale, ainsi que le respect du droit de toutes les parties au conflit, comme je viens de le dire, à exister dans la paix et la sécurité.

Si ces bases sont adoptées lors de la conférence internationale, nous aurons franchi une étape essentielle en direction de la solution juste, ce qui permettrait de parvenir à un accord sur l'ensemble des dispositions et des arrangements de sécurité et de paix.

J'espère qu'il est bien clair que notre peuple palestinien, qui aspire à la réalisation de ses droits nationaux légitimes, à l'autodétermination, au retour et à la fin de l'occupation de la terre de sa patrie palestinienne, tient à réaliser ces objectifs en continuant à avancer sur la voie pacifique, dans le cadre de la conférence internationale tenue sous l'égide de l'Organisation des Nations unies et conformément à sa charte et à ses résolutions.

J'affirme que nous sommes un peuple qui aspire à la paix, comme tous les peuples de la terre, peut-être avec un peu plus d'ardeur, étant donné la longueur de cette épreuve tout au long de ces années et la dureté de la vie que mènent notre peuple et nos enfants, qui ne peuvent jouir d'une vie normale, à l'abri des guerres, des malheurs, de la souffrance et de l'exil, de la dispersion et des difficultés de la vie quotidienne.

Que s'élèvent des voix pour soutenir le rameau d'olivier, pour appuyer la pratique de la coexistence pacifique et pour renforcer le climat de détente internationale. Joignons nos mains et nos efforts pour ne pas laisser passer une occasion historique, qui pourrait ne pas se représenter, de mettre fin à un drame qui n'a que trop duré et qui a coûté le sacrifice de milliers de vies et la destruction de centaines de villages et de villes.

Et si nous tendons la main vers le rameau d'olivier, le rameau de la paix, c'est parce que celui-ci se répand dans nos cœurs à partir de l'arbre de la patrie et de la liberté.

Je suis venu à vous au nom de notre peuple, la main ouverte, pour que nous œuvrions à instaurer une paix véritable, une paix bâtie sur la justice. Sur cette base, je demande aux dirigeants d'Israël de venir ici, sous l'égide de l'Organisation des Nations unies, pour que nous accomplissions cette paix. Et je leur dis, tout comme je vous le dis : notre peuple désire la dignité, la liberté et la paix. Il désire la sécurité pour son État tout comme il la désire pour tous États et parties au conflit arabo-israélien.

Je m'adresse ici tout particulièrement aux Israéliens de toutes les catégories, de tous les courants et de tous les milieux et, avant tout, aux forces de la démocratie et de la paix, et je leur dis : Venez ! Loin de la peur et de la menace, réalisons la paix, loin du spectre des guerres ininterrompues depuis quarante ans dans le brasier de ce conflit, loin de la menace de nouvelles guerres, qui n'auraient d'autre combustible que nos enfants et vos enfants, venez, faisons la paix, la paix des braves, loin de l'arrogance de la force et des armes de la destruction, loin de l'occupation, de la tyrannie, de l'humiliation, de la tuerie et de la torture.

Je dis : « Ô gens du Livre, retrouvez-vous en une seule parole », pour que nous établissions la paix sur la terre de la paix, la terre de Palestine.

« Gloire à Dieu au plus haut des Cieux et Paix sur la terre aux hommes de bonne volonté ! »

Mon Dieu, Tu es la Paix. La Paix vient de Toi. La Paix aboutit à Toi. Seigneur, fais-nous vivre dans la paix et accéder au Paradis, Ta demeure, la demeure de la Paix.

Je vous remercie et vous salue, avec la miséricorde de Dieu et ses bénédictions.

Enfin, je dis à notre peuple : l'aube, inéluctablement, vient, et la victoire, elle aussi, est déjà en chemin. Je vois la patrie dans vos pierres sacrées ; je vois le drapeau de notre État palestinien indépendant flotter sur les hauteurs de la patrie bien-aimée.

## L'Arabe errant

*Ben Laden ou de Gaulle ? Chef de bande ou chef d'État ? Terroriste ou résistant ? Incarnation d'un peuple face à la puissance occupante ou criminel invétéré, ourdissant complots, détournements d'avions, prises d'otages, attentats ? Yasser Arafat, alias Abou Ammar, aura été l'un et l'autre, alternativement, successivement, voire simultanément. N'était-il qu'un bandit, celui qui fut reconnu comme représentant du peuple palestinien par les pays socialistes, les pays arabes, les pays non alignés, l'Amérique latine et, pour finir, l'Union européenne, celui dont l'organisation, fait exceptionnel, fut admise comme observateur auprès de l'ONU et qui, à deux reprises, eut personnellement l'occasion de prendre la parole devant l'Assemblée générale des Nations unies, à New York en 1974, à Genève en 1988 ? Mais considéra-t-on jamais comme un chef d'État semblable aux autres l'Arabe errant exfiltré à grand-peine avec ses milices de Beyrouth en flammes, en 1982, le président de l'OLP pris pour cible d'un bombardement par l'aviation israélienne, en son exil tunisien, en 1985, ou le chef de l'Autorité palestinienne assigné à résidence surveillée par le gouvernement israélien dans son palais en ruine de la Moukata'a, de 2001 à sa mort en 2004, et dont l'autorité ne dépassait plus les limites de son bureau ?*

*Au demeurant, l'Histoire, notamment celle du XXe siècle, donne à penser sur l'élasticité et l'arbitraire de la distinction entre les combats glorieux et les coups défendus, entre les causes saintes et les entreprises criminelles, entre les combattants reconnus comme tels et ceux à qui l'on dénie ce titre, entre ceux qui sont justiciables des prisons secrètes, de la torture, des exécutions sommaires et des cours martiales et ceux qui sont acquittés avec les félicitations de la communauté internationale et du tribunal de l'Histoire. Un terroriste, qu'est-ce d'autre, bien souvent, qu'un résistant vaincu et stigmatisé comme tel ? Un résistant, souvent aussi, qu'est-ce d'autre qu'un terroriste légitimé par le succès ?*

*Aussi longtemps qu'il recourut en effet aux armes classiques de la dissuasion du faible au fort, s'il y a un État dont on aurait pu attendre quelque compréhension envers cette forme de lutte, c'est bien Israël dont les premiers dirigeants, Menahem Begin entre autres, avaient utilisé dans des circonstances analogues, à l'époque du mandat britannique sur la Palestine, les mêmes moyens pour parvenir à la même fin : l'indépendance, et dont les services spéciaux montent et exécutent régulièrement à Damas, à Beyrouth, à Amman et ailleurs des « opérations ciblées » qui, si elles étaient le fait de particuliers ou d'organisations désignées comme « terroristes », seraient qualifiées d'assassinats. Mais Israël, comme d'autres États, a une mémoire à géométrie variable, longue pour les crimes dont il est victime, courte pour ceux dont il est l'auteur.*

*Yasser Arafat, pendant trente ans d'une lutte inégale, obstinément fidèle aux dogmes du nationalisme arabe puis à cette « Charte de l'OLP » qui ne prévoyait rien de moins que l'anéantissement d'Israël, refusa de voir le monde tel qu'il était et d'admettre la réalité d'un rapport des forces heureusement favorable à l'État hébreu, appuyé sur et par le grand allié américain. On crut bien, et Arafat le premier, après qu'en 1985 il eut déclaré renoncer à la violence et surtout lorsqu'en 1988, acceptant la résolution 242 des Nations unies, il eut enfin reconnu l'existence d'Israël et déclaré « caduque » sur ce point la Charte de l'OLP, que s'ouvrait une ère nouvelle.*

*Les portes de l'Histoire semblaient s'ouvrir à deux battants devant le réprouvé, le tricard du concert des nations. Après Hô Chi Minh et Ben Bella, avant Nelson Mandela, le petit homme mal rasé à l'éternel keffieh paraissait digne d'être admis à s'asseoir à la table des grands, et d'être reçu avec les égards dus à un pair par un Mitterrand, un Gorbatchev ou un Reagan.*

*De fait, par trois fois il y eut, si l'on ose dire, une fenêtre de tir pour la paix. En 1993, à Washington, Bill Clinton prit dans ses mains celles d'Yitzhak Rabin et d'Arafat, et le prix Nobel de la paix, l'année suivante, vint honorer les négociateurs des accords d'Oslo, Rabin, Pérès et Arafat. En septembre 1995, Arafat et le Premier ministre israélien, Yitzhak Rabin, ouvraient les négociations dites d'Oslo 2. En janvier 2001, Ehoud Barak, éphémère numéro 1 d'Israël, sembla prêt à en tirer toutes les conséquences. La perspective, inespérée, semblait plus proche qu'elle ne l'avait jamais été, d'une coexistence pacifique entre deux États stabilisés sur les lignes d'armistice de 1967. C'était compter sans les manœuvres et la mauvaise foi des forces puissantes qui militaient pour l'extension des colonies juives, la transformation insensible de l'occupation des territoires en annexion et la réalisation du Grand Israël. C'était compter aussi sans les fautes d'Arafat lui-même.*

*Entré en triomphateur à Gaza, « père » d'un peuple qui espérait grâce à lui et sous sa direction voir sa patrie devenir un État, Arafat, paresseux, brouillon et corrompu (ou du moins tolérant et répandant la corruption autour de lui), révéla rapidement une impressionnante incapacité à gouverner une Palestine au demeurant divisée, voire déchirée, occupée, entièrement tributaire d'une assistance respiratoire internationale dont Israël pouvait à tout moment fermer le robinet. Tandis que sa gestion clanique le coupait peu à peu de ses soutiens naturels au-dehors et au-dedans, il croyait pouvoir, en position de faiblesse, finasser avec des partenaires qui ne s'appelaient plus Pérès et Rabin, mais Netanyahou et Sharon. Après qu'il eut commis l'erreur colossale, par deux fois, de se solidariser avec Saddam Hussein, les États-Unis l'abandonnèrent au mauvais vouloir de dirigeants israéliens fermement résolus à humilier, à asphyxier et, pire encore, à ignorer celui qui s'était cru le libérateur de la Palestine et qui aura vu, de son vivant, s'effriter puis s'effondrer, avec ses ambitions personnelles, les espérances et la confiance de son peuple.*

*Arafat, en définitive, n'aura atteint ses buts de guerre et de paix ni par les armes ni par la négociation. Le destin de celui qui se décrivait complaisamment en David face au Goliath israélien rappelle plutôt celui de Moïse. Le gouvernement israélien autorisa en 2004 l'inhumation d'Arafat à Ramallah et non, comme il le souhaitait, à Jérusalem. Décision symbolique : Arafat n'aura conduit son peuple, sans pouvoir jamais y entrer, que sur le seuil de sa Terre promise, une Palestine pacifiée, indépendante et libre.*

D. J.

## Nelson Mandela

# "LE TEMPS DE SOIGNER LES BLESSURES EST ARRIVÉ"

*(Discours d'investiture, Pretoria, 10 mai 1994)*

Par notre présence ici aujourd'hui, et par nos célébrations dans d'autres régions du pays et du monde, nous glorifions cette liberté qui vient de naître et nous plaçons en elle tous nos espoirs.

D'un dramatique désastre humain qui a duré trop longtemps doit naître une société qui sera la fierté de l'humanité.

Nos actes quotidiens d'Africains du Sud doivent construire une véritable réalité sud-africaine qui fortifiera la foi de l'humanité en la justice, qui affermira sa confiance en la noblesse de l'âme humaine et qui nourrira tous nos espoirs pour que notre vie à tous soit une vie épanouie.

Tout ceci, nous le devons à la fois à nous-mêmes et aux peuples du monde entier qui sont aujourd'hui si bien représentés ici.

À mes compatriotes, je dis sans hésiter que chacun d'entre nous est aussi intimement enraciné dans le sol de ce pays magnifique que le sont les fameux jacarandas de Pretoria et les mimosas de la brousse. Chaque fois que l'un de nous touche le sol de ce pays, il ressent un profond sentiment de bonheur et d'exaltation. L'humeur nationale change avec les saisons. Nous sommes transportés de joie et d'enthousiasme quand l'herbe reverdit et que les fleurs s'ouvrent.

Cette sensation spirituelle et physique de ne faire qu'un avec notre patrie commune explique l'intensité de la souffrance que nous avons tous portée dans nos cœurs lorsque nous avons vu notre pays déchiré par un conflit terrible et lorsque nous l'avons vu rejeté, boycotté et isolé par les peuples du monde entier, précisément parce qu'il était devenu le symbole d'une idéologie pernicieuse, du racisme et de l'oppression raciale.

Nous, peuple d'Afrique du Sud, sommes aujourd'hui comblés de voir que l'humanité nous accueille de nouveau dans son sein, et que nous, les hors-la-loi d'hier, avons aujourd'hui le rare privilège d'accueillir sur notre sol toutes les nations du monde.

Nous remercions nos distingués invités internationaux d'être venus prendre possession, avec notre peuple, de ce qui est, après tout, une victoire commune en matière de justice, de paix et de dignité humaine.

Nous espérons que vous continuerez à vous tenir à nos côtés quand nous relèverons le défi de bâtir la paix, la prospérité, la démocratie, et d'œuvrer contre le racisme et contre le sexisme.

Nous apprécions infiniment le rôle joué par notre peuple et leurs masses politiques, les leaders démocratiques, religieux, les femmes, les jeunes, les entreprises, les leaders traditionnels et autres leaders, afin d'arriver à ce résultat. Parmi ceux-ci, et non le moindre, se trouve mon deuxième président adjoint, Frederik Willem de Klerk.

Nous aimerions également saluer nos forces de sécurité, quel que soit leur rang, pour le rôle insigne qu'elles ont joué dans la protection de nos premières élections démocratiques et dans la transition vers la démocratie contre les forces assoiffées de sang qui refusent toujours de voir la lumière.

Le temps de soigner les blessures est arrivé.

Le temps de combler les fossés qui nous séparent est arrivé.

Le temps de construire est arrivé.

Nous sommes enfin arrivés au terme de notre émancipation politique. Nous nous engageons à libérer notre peuple de l'asservissement dû à la pauvreté, à la privation, à la souffrance, au sexisme et à toute autre discrimination.

Nous avons réussi à passer les dernières étapes vers la liberté dans des conditions de paix relative. Nous nous engageons à construire une paix complète, juste et durable.

Nous avons réussi à implanter l'espoir dans le cœur de millions de personnes de notre peuple. Nous nous engageons à bâtir une société dans laquelle tous les Africains du Sud, qu'ils soient blancs ou noirs, pourront se tenir debout et marcher sans crainte, sûrs de leur droit inaliénable à la dignité humaine – une nation arc-en-ciel, en paix avec elle-même et avec le monde.

Comme preuve de son engagement dans le renouveau de notre pays, le nouveau gouvernement par intérim de l'unité nationale prend la décision, dont il fait une question urgente, d'amnistier les différentes catégories de compatriotes accomplissant actuellement leur peine d'emprisonnement.

Nous dédions ce jour à tous les héros et héroïnes de ce pays et du reste du monde qui se sont sacrifiés ou ont donné leur vie pour que nous puissions être libres.

Leurs rêves sont devenus réalité. La liberté est leur récompense.

Nous nous sentons à la fois humbles et fiers de l'honneur et du privilège que le peuple d'Afrique du Sud nous fait en nous nommant premier président d'un gouvernement d'union démocratique, non raciste et non sexiste.

Nous sommes conscients que la route vers la liberté n'est pas facile.

Nous sommes conscients qu'aucun de nous ne peut réussir seul.

Nous devons donc agir ensemble, comme un peuple uni, vers une réconciliation nationale, vers la construction d'une nation, vers la naissance d'un nouveau monde.

Que la justice soit la même pour tous.

Que la paix existe pour tous.

Qu'il y ait du travail, du pain, de l'eau et du sel pour tous.

Que chacun d'entre nous sache que son corps, son esprit et son âme ont été libérés afin qu'ils puissent s'épanouir.

Que jamais, jamais plus ce pays magnifique ne revive l'expérience de l'oppression des uns par les autres, ni ne souffre à nouveau l'indignité d'être le paria du monde.

Que la liberté règne.

Que le soleil ne se couche jamais sur une réalisation humaine aussi éclatante !

Que Dieu bénisse l'Afrique !

### Le grand pardon

*Sort-on de prison autre qu'on y est entré ? Et meilleur ? À ceux qui, non sans raison, doutent des effets positifs et notamment des vertus éducatives de l'enfermement, on pourra toujours opposer le contre-exemple éclatant de Nelson Mandela.*

*Descendant d'une illustre lignée de rois de l'ethnie Xhosa, le jeune homme, après de bonnes études où il s'est fait remarquer autant pour son caractère indépendant et son comportement turbulent que par sa brillante intelligence, a rejoint les rangs de l'African National Congress (ANC), l'organisation qui, sur les pas de Gandhi, lutte contre les discriminations par la non-violence et la désobéissance civile, même après que la minorité blanche d'Afrique du Sud, en 1946, a choisi le régime de l'Apartheid, la séparation absolue des communautés sur une base raciale, l'une, devinez laquelle, faite pour dominer, l'autre vouée à servir et à subir. Mais c'est en vain que la bourgeoisie noire, qui fournit ses cadres au mouvement, recourt à toutes les voies du droit : le système, prisonnier de sa logique et du fossé de peur et de haine qu'il a creusé lui-même entre Blancs et Noirs, ne cesse de se durcir.*

*En 1960, à Sharpeville, la police tire et tue à volonté sur une foule de manifestants et, dans la foulée, le gouvernement interdit l'ANC. Désespérant de son pays et des méthodes pacifiques, Nelson Mandela, avec quelques compagnons, sort de la légalité pour entrer dans la clandestinité ; il fonde Umkhonto we Sizwe (la « Lance de la nation »), une armée de libération dont il devient le commandant en chef. C'est à ce titre que, déjà condamné à cinq ans de prison pour son action politique, il l'est de nouveau, mais cette fois à la réclusion perpétuelle, en 1962. Il va passer vingt-six ans derrière les barreaux, puis deux ans en résidence surveillée, avant de retrouver sa pleine liberté en 1990. À maintes reprises, pendant sa détention, on lui offre d'échanger sa grâce contre la renonciation à la lutte armée. Il refusera jusqu'au bout ce troc.*

*C'est pourtant à lui que Frederik de Klerk s'adresse, comme au seul interlocuteur susceptible d'être écouté et entendu par les Noirs d'Afrique du Sud. Le président de la République sud-africaine et leader du très raciste parti national a résolu d'en finir avec le système de l'Apartheid, pour une part parce qu'il en mesure l'iniquité, et davantage sans doute parce qu'il est confronté à l'évidence de l'impasse. Non seulement son pays, isolé sur la scène mondiale, encourt la réprobation et les sanctions économiques de la communauté des nations, mais la démographie a d'ores et déjà rendu son verdict. S'engagerait-elle dans une spirale de violence sans limite, la population blanche, qui ne représente plus qu'un dixième de la population totale, est condamnée, à plus ou moins brève échéance, à perdre la partie et, selon toute vraisemblance, dans un déchaînement de violence qui ne laissera aux descendants des colons hollandais et des colons britanniques installés là depuis des générations que le plus classique des choix entre la valise et le cercueil. Pendant quatre ans, main dans la main, le président des Blancs et le guide des Noirs vont conduire la transition, qu'ils veulent pacifique, vers la démocratie.*

*En mai 1994, Nelson Mandela devient le premier Président noir, régulièrement élu, de l'Afrique du Sud. La majorité politique et la majorité sociologique du pays coïncident enfin et le pays entre dans l'inconnu. Deux voies s'offrent en effet au nouveau Président, devenu le maître d'un pays dont le gouvernement blanc n'a épargné à lui et à ses amis ni les souffrances, ni les épreuves, ni la mort. Exciter les passions, au minimum leur laisser libre cours. Châtier les assassins, les tortionnaires, les politiciens, les militaires, les juges, les policiers racistes, leurs complices et leurs collaborateurs, extirper le racisme avec les racistes, confier aux opprimés le soin de punir leurs oppresseurs, piller les richesses des Blancs, les amener par la force ou par la peur à quitter le pays à la prospérité duquel ils ne sont pas étrangers. C'est la voie tentante, la voie facile, la pente fatale sur laquelle se sont engagés l'Algérie ou le Zimbabwe. La satisfaction immédiate au prix de la régression et des regrets stériles, la purification ethnique au prix de la misère, du chaos et, tôt ou tard, de la dictature. C'est la politique que préconise la populaire, primesautière et pétulante Winnie Mandela, qui n'a pas encore été condamnée pour corruption et meurtre : « Un Boer, une balle. » Et, pour les Noirs qui ont trahi, le supplice du « collier », le pneu enflammé passé autour du cou. Il n'y aurait même pas besoin d'un discours, d'un encouragement, une permission tacite suffirait pour déchaîner une populace de miséreux et de héros de la onzième heure, avide de revanche, de pillages, de réhabilitation ou de vengeance.*

*C'est un autre chemin que prend et indique à son peuple et à son pays un Mandela transfiguré par des années, des décennies de solitude, de réflexion et de retour sur soi-même. Un chemin montant, malaisé, difficile, comparable à celui qu'ont emprunté,* mutatis mutandis, *l'Espagne ou l'Argentine, après avoir vécu le drame de la guerre civile et de la dictature. Interdire à un camp de faire payer à l'autre, avec ou sans usure, le mal que celui-ci a fait. Panser les plaies plutôt que les envenimer, laisser au temps le soin de cicatriser les blessures. Mais, alors que les deux pays hispaniques se sont contentés, allant au plus court, de recouvrir de la chape du silence et de l'amnistie un passé plein de sang et de fureur, au risque de laisser le ressentiment s'installer et revenir gangrener le corps social, Mandela a voulu que la réconciliation se fondât non sur l'oubli, mais sur le pardon ; non sur l'enfouissement des vérités qui fâchent, mais sur la manifestation des vérités qui soulagent ; non sur le mensonge par omission, mais sur les aveux et le repentir ; non sur des rabibochages de façade, mais sur une prise de conscience sincère et profonde. Il a voulu et fait en sorte que son pays fût lavé de la souillure du crime sans être entaché de celle du châtiment.*

*C'est en quoi cet homme est rare, et peut-être unique, qui a cumulé l'exercice du pouvoir et une pratique morale. L'Afrique du Sud n'est pas parfaite. Toutes les fractures n'y sont pas réduites. Malgré une croissance forte et des réalisations incontestables en matière de logement, d'adduction d'eau, de raccordement à l'électricité, le taux de criminalité y est l'un des plus élevés au monde, le chômage s'établit à 40 % de la population active, le sida étend ses ravages. Mais si la République arc-en-ciel est aujourd'hui le seul pays multiracial sur le continent africain, c'est à un seul homme, c'est à cet homme qu'elle le doit.*

D. J.

JACQUES CHIRAC

# "LA FRANCE, CE JOUR-LÀ, ACCOMPLISSAIT L'IRRÉPARABLE"

*(Commémoration de la rafle du Vél' d'Hiv', Paris, 16 juillet 1995)*

Monsieur le maire,
Monsieur le président,
Monsieur l'ambassadeur,
Monsieur le grand rabbin,
Mesdames, messieurs,

Il est, dans la vie d'une nation, des moments qui blessent la mémoire et l'idée que l'on se fait de son pays.

Ces moments, il est difficile de les évoquer, parce que l'on ne sait pas toujours trouver les mots justes pour rappeler l'horreur, pour dire le chagrin de celles et ceux qui ont vécu la tragédie. Celles et ceux qui sont marqués à jamais dans leur âme et dans leur chair par le souvenir de ces journées de larmes et de honte.

Il est difficile de les évoquer, aussi, parce que ces heures noires souillent à jamais notre histoire, et sont une injure à notre passé et à nos traditions.

Oui, la folie criminelle de l'occupant a été secondée par des Français, par l'État français.

Il y a cinquante-trois ans, le 16 juillet 1942, quatre cent cinquante policiers et gendarmes français, sous l'autorité de leurs chefs, répondaient aux exigences des nazis.

Ce jour-là, dans la capitale et en région parisienne, près de dix mille hommes, femmes et enfants juifs furent arrêtés à leur domicile, au petit matin, et rassemblés dans les commissariats de police.

On verra des scènes atroces : les familles déchirées, les mères séparées de leurs enfants, les vieillards – dont certains, anciens combattants de la Grande Guerre, avaient versé leur sang pour la France – jetés sans ménagement dans les bus parisiens et les fourgons de la Préfecture de police.

On verra, aussi, des policiers fermer les yeux, permettant ainsi quelques évasions.

Pour toutes ces personnes arrêtées, commence alors le long et douloureux voyage vers l'enfer. Combien d'entre elles ne reverront jamais leur foyer ? Et combien, à cet instant, se sont senties trahies ? Quelle a été leur détresse ?

La France, patrie des Lumières et des Droits de l'homme, terre d'accueil et d'asile, la France, ce jour-là, accomplissait l'irréparable. Manquant à sa parole, elle livrait ses protégés à leurs bourreaux.

Conduites au Vélodrome d'Hiver, les victimes devaient attendre plusieurs jours, dans les conditions terribles que l'on sait, d'être dirigées sur l'un des camps de transit – Pithiviers ou Beaune-la-Rolande – ouverts par les autorités de Vichy.

L'horreur, pourtant, ne faisait que commencer.

Suivront d'autres rafles, d'autres arrestations. À Paris et en province. Soixante-quatorze trains partiront vers Auschwitz. Soixante-seize mille déportés juifs de France n'en reviendront pas.

Nous conservons à leur égard une dette imprescriptible.

La Torah fait à chaque juif devoir de se souvenir. Une phrase revient toujours qui dit : « N'oublie jamais que tu as été un étranger et un esclave en terre de Pharaon. »

Cinquante ans après, fidèle à sa loi, mais sans esprit de haine ou de vengeance, la communauté juive se souvient, et toute la France avec elle. Pour que vivent les six millions de martyrs de la Shoah. Pour que de telles atrocités ne se reproduisent jamais plus. Pour que le sang de l'Holocauste devienne, selon le mot de Samuel Pisar, le « sang de l'espoir ».

Quand souffle l'esprit de haine, avivé ici par les intégrismes, alimenté là par la peur et l'exclusion. Quand à nos portes, ici même, certains groupuscules, certaines publications, certains enseignements, certains partis politiques se révèlent porteurs, de manière plus ou moins ouverte, d'une idéologie raciste et antisémite, alors cet esprit de vigilance qui vous anime, qui nous anime, doit se manifester avec plus de force que jamais.

En la matière, rien n'est insignifiant, rien n'est banal, rien n'est dissociable. Les crimes racistes, la défense de thèses révisionnistes, les provocations en tout genre – les petites phrases, les bons mots – puisent aux mêmes sources.

Transmettre la mémoire du peuple juif, des souffrances et des camps. Témoigner encore et encore. Reconnaître les fautes du passé et les fautes commises par l'État. Ne rien occulter des heures sombres de notre Histoire, c'est tout simplement défendre une idée de l'homme, de sa liberté et de sa dignité. C'est lutter contre les forces obscures, sans cesse à l'œuvre.

Cet incessant combat est le mien autant qu'il est le vôtre.

Les plus jeunes d'entre nous, j'en suis heureux, sont sensibles à tout ce qui se rapporte à la Shoah. Ils veulent savoir. Et avec eux, désormais, de plus en plus de Français décidés à regarder bien en face leur passé.

La France, nous le savons tous, n'est nullement un pays antisémite.

En cet instant de recueillement et de souvenir, je veux faire le choix de l'espoir.

Je veux me souvenir que cet été 1942, qui révèle le vrai visage de la collaboration, dont le caractère raciste, après les lois antijuives de 1940, ne fait plus de doute, sera, pour beaucoup de nos compatriotes, celui du sursaut, le point de départ d'un vaste mouvement de résistance.

Je veux me souvenir de toutes les familles juives traquées, soustraites aux recherches impitoyables de l'occupant et de la milice, par l'action héroïque et fraternelle de nombreuses familles françaises.

J'aime à penser qu'un mois plus tôt, à Bir Hakeim, les Français libres de Koenig avaient héroïquement tenu, deux semaines durant, face aux divisions allemandes et italiennes.

Certes, il y a les erreurs commises, il y a les fautes, il y a une faute collective. Mais il y a aussi la France, une certaine idée de la France, droite, généreuse, fidèle à ses traditions, à son génie. Cette France n'a jamais été à Vichy. Elle n'est plus, et depuis longtemps, à Paris. Elle est dans les sables libyens et partout où se battent des Français libres. Elle est à Londres, incarnée par le général de Gaulle. Elle est présente, une et indivisible, dans le cœur de ces Français, ces « Justes parmi les nations » qui, au plus noir de la tourmente, en sauvant au péril de leur vie, comme l'écrit Serge Klarsfeld, les trois quarts de la communauté juive résidant en France, ont donné vie à ce qu'elle a de meilleur. Les valeurs humanistes, les valeurs de liberté, de justice, de tolérance qui fondent l'identité française et nous obligent pour l'avenir.

Ces valeurs, celles qui fondent nos démocraties, sont aujourd'hui bafouées en Europe même, sous nos yeux, par les adeptes de la « purification ethnique ». Sachons tirer les leçons de l'Histoire. N'acceptons pas d'être les témoins passifs, ou les complices, de l'inacceptable.

C'est le sens de l'appel que j'ai lancé à nos principaux partenaires, à Londres, à Washington, à Bonn. Si nous le voulons, ensemble nous pouvons donner un coup d'arrêt à une entreprise qui détruit nos valeurs et qui, de proche en proche, risque de menacer l'Europe tout entière.

GRAND CORPS MALADE

*« Quatre années à rayer de notre Histoire. » Ainsi parlait le procureur général Mornet, l'un des plus bas de nos hauts magistrats. Il aurait bien aimé que la chose fût possible, lui qui, avant de requérir, en 1945, la peine de mort contre le maréchal Pétain, avait sollicité auprès du même maréchal, en 1941, l'honneur d'occuper le fauteuil du ministère public lors du procès intenté à Riom par l'État français à Léon Blum, Édouard Daladier, Paul Reynaud et autres dirigeants de la IIIe République.*

*Peut-on faire que ce qui fut n'ait jamais été ? Au lendemain de la Libération, le général de Gaulle, animé lui aussi du désir, sinon de nier l'Histoire, au moins d'en raturer certaines pages et de les réécrire à sa façon, pour des raisons à la fois étroitement personnelles et hautement politiques, tenta d'en imposer une vision fort singulière. Il fallait, pour l'honneur de la patrie et la plus grande gloire de l'homme du 18 juin, que dès le départ la Résistance et la France se fussent identifiées. D'où cette affirmation inlassablement répétée que la République n'avait jamais cessé d'être et que, corollairement, le gouvernement de Vichy, « l'autorité de fait », n'avait jamais commencé à exister, qu'il était « nul et non avenu ». Cette thèse arrangeante, flatteuse pour l'orgueil national et l'ego démesuré de celui qui la soutenait, n'avait le défaut que d'être insoutenable au regard du droit et de la réalité. La République avait bel et bien été abolie lorsque le Parlement, en toute légalité, avait investi le maréchal Pétain et lui avait confié, avec les pleins pouvoirs, la charge de doter la France d'une nouvelle Constitution.*

*Que le Maréchal ait ensuite outrepassé sa mission, que la Constitution prévue à son programme n'ait jamais été ni ratifiée ni même rédigée, qu'il y ait eu en fait puis en droit un glissement de légitimité du gouvernement de l'État français au gouvernement provisoire de la République française, que celui-ci ait été légalisé* a posteriori *par des élections régulières puis par l'adoption par voie référendaire de la Constitution de 1946, est une autre affaire qui ne change rien au fait que « l'État français », pendant quatre ans, fut une parenthèse parfaitement réelle entre deux Républiques.*

*François Mitterrand, cependant, devenu président de la République, désireux que l'on ne rouvrît pas plus son dossier personnel que celui des années noires, était parvenu par des cheminements bien différents à des conclusions analogues à celles de son illustre prédécesseur. Selon le sphinx de Château-Chinon, il y avait bien eu entre 1940 et 1944 éclipse de la République et de la France, la première abrogée, la deuxième enchaînée. Il en découlait que ni la République ni la France n'avaient à s'excuser ou à se repentir de fautes, voire de crimes où elles n'étaient pour rien. Joli tour de passe-passe, mais qui était l'auteur et le responsable des lois prises contre les juifs, les francs-maçons, les communistes, des exactions commises dans le cadre d'une politique de répression des menées subversives, de maintien de l'ordre et de collaboration avec l'occupant ? Qui avait eu pendant la période considérée la charge d'un pays d'abord largement consentant, puis résigné, puis secrètement révolté ? Lorsque ses frères demandent à Polyphème qui lui a crevé l'œil, le Cyclope berné par Ulysse répond : « C'est Personne qui m'a fait ça. »*

*Le retentissement du beau discours prononcé par Jacques Chirac lors de la commémoration de la rafle du Vél' d'Hiv' s'explique dès lors aisément, dans la mesure où il marquait une rupture avec cinquante ans de mensonges glorieux ou lénifiants et symbolisait la volonté, nouvelle, de regarder en face la réalité, si déplaisante qu'elle fût. Oui, des Français, des gendarmes et des policiers français avaient concouru, entre autres, à la grande rafle du 16 juillet 1942 et livré aux Allemands onze mille juifs de France, voués à la déportation et à l'extermination. Oui, ces membres des forces de l'ordre avaient obéi aux consignes données par leurs autorités hiérarchiques. Oui, ces hommes et ces autorités agissaient dans le cadre de l'État français. Celui-ci, donc la France, « avait, ce jour-là, accompli l'irréparable ». La France portait le poids de cette faute.*

*Dans son désir, constant au point d'en devenir obsessionnel, de manifester son aversion pour l'antisémitisme, le racisme, le fascisme et l'extrémisme, et de démontrer la solidarité de la nation avec la communauté juive, le président Chirac n'avait peut-être pas mesuré la portée et les conséquences de ses paroles.*

*Tout d'abord, admettre, en totale contradiction avec la vulgate gaullienne puis mitterrandienne, la responsabilité des « autorités » françaises de l'époque dans la rafle du Vél' d'Hiv' et, dans le fil du discours, établir une adéquation entre l'État dont les policiers étaient les serviteurs et « la France », c'était reconnaître l'existence et légitimer dans un premier temps, fût-ce pour mieux le stigmatiser, le gouvernement de Vichy. Le cardinal Gerlier, lui aussi, disait en 1940 : « Pétain, c'est la France, et la France, c'est Pétain. » Sacrifier, comme sur d'autres sujets – la colonisation, l'esclavage – à la mode de la repentance, c'est contribuer à faire un dogme de cette idée détestable et de plus en plus courante, inacceptable et de plus en plus professée, que les enfants sont coupables des crimes des pères et doivent en demander pardon. C'est enfin un abus courant chez les gouvernants et les présidents – et Dieu sait si Jacques Chirac a été gouvernant et président – de mettre en avant « la France », même lorsque celle-ci n'est pas en cause. Or « la France » ne saurait être tenue pour responsable d'actes ou de décisions dont elle a été soigneusement écartée. Lorsque des policiers français entassaient dans des autobus des milliers d'hommes, de femmes et d'enfants, sur l'ordre d'un gouvernement qui ne faisait qu'obéir aux seules autorités véritables, aux Allemands, qui peut croire que si la France avait eu, en pleine connaissance de cause, son mot à dire, elle n'aurait pas dit « non » ?*

*Le discours de Jacques Chirac est incontestablement un pas en avant, qui n'en relève pas moins d'une démarche biaisée. Notre connaissance et notre appréciation des quatre années que le procureur Mornet aurait tant aimé effacer de notre mémoire et de la sienne ne pourront progresser qu'autant qu'on voudra bien tenir compte de deux ou trois faits trop souvent oubliés. La France, entre 1940 et 1944, était un pays vaincu, un pays occupé, un pays divisé, matériellement, politiquement, humainement, moralement, un pays écartelé. « La France » était présente partout, elle n'était entière et rassemblée nulle part. Elle était en zone occupée et en zone libre, elle était en Alsace annexée et dans les colonies, elle était dans les stalags où se morfondaient un million et demi de prisonniers et dans les camps où périssaient des dizaines de milliers de déportés, elle était dans les villes qui brûlaient sous les bombardements, elle était dans les usines qui travaillaient pour la machine de guerre nazie et dans les bois où campaient les réfractaires, elle était à Bir Hakeim où des légionnaires étrangers mouraient pour la patrie et sur le front de l'Est où des soldats perdus croyaient défendre une part de notre honneur militaire, elle était à Londres, à Vichy et à Paris, grand corps souffrant, grand corps malade, grand corps supplicié.*

D. J.

YITZHAK RABIN

# "SUR UN CHEMIN SEMÉ D'EMBÛCHES"

*(Place des Rois, Tel-Aviv, 4 novembre 1995)*

Permettez-moi tout d'abord de vous dire quelle émotion m'étreint en cet instant. Je souhaite remercier chacun d'entre vous, qui êtes venus ici manifester contre la violence et pour la paix. Ce gouvernement, dont j'ai l'honneur et le privilège d'être le Premier ministre, au côté de mon ami Shimon Pérès, a décidé de donner sa chance à la paix – une paix à même de pallier l'essentiel des problèmes de l'État d'Israël.

J'ai servi dans l'armée pendant vingt-sept ans. J'ai combattu tant qu'aucune chance ne semblait réservée à la paix. J'ai la conviction aujourd'hui que la paix a ses chances, de grandes chances. Il nous faut tirer parti de cette chance unique, au nom de ceux qui sont ici présents, et au nom de ceux qui sont absents – et ils sont très nombreux.

J'ai toujours eu la conviction que la majorité de la population aspirait à la paix, était prête à prendre des risques pour voir son avènement. Et vous êtes venus là, en cette place, affirmer ce que nombre d'absents pensent également, à savoir que le peuple aspire réellement à la paix, et s'oppose à la violence. La violence est opposée aux fondements mêmes de la démocratie israélienne. Elle doit être condamnée, rejetée, mise au ban. L'État d'Israël ne saurait s'engager sur cette voie. Dans toute démocratie il y a place pour les dissensions, mais la décision finale ne saurait être prise que dans le cadre d'élections démocratiques – telles que l'ont été celles de 1992 qui nous ont conféré le droit et le devoir de mettre en œuvre ce qu'aujourd'hui nous réalisons et de poursuivre sur cette voie.

Permettez-moi de vous dire combien je suis fier de voir réunis ici aujourd'hui, et demain encore, les représentants des pays avec lesquels nous vivons aujourd'hui en paix : l'Égypte, la Jordanie, le Maroc – qui nous ont permis d'évoluer sur la voie de la paix. Je souhaite remercier le président de l'État égyptien, le souverain du royaume de Jordanie et le roi du Maroc de s'être fait représenter ici en ce jour et de contribuer à la paix à nos côtés.

Permettez-moi avant tout de dire que, depuis plus de trois ans que l'actuel gouvernement est en place, le peuple israélien a prouvé qu'il est possible d'aboutir à la paix ; que la paix est la clé d'une économie et d'une société moderne, et qu'elle n'apparaît pas seulement dans les textes de prières. La paix apparaît avant tout dans nos prières, mais elle est aussi l'aspiration du peuple juif, aspiration authentique et volonté de paix.

La paix a ses ennemis, qui tentent de porter leurs coups contre nous dans l'espoir de faire avorter le processus de paix. Je vous le dis, en vérité, nous avons trouvé des partenaires prêts à la paix, également parmi les Palestiniens : l'OLP, qui jadis était notre ennemi, a cessé de recourir au terrorisme. Sans partenaires prêts à la paix, il n'y aurait pas de paix. Nous leur demanderons de remplir la tâche qui leur est impartie pour la paix, comme nous remplirons la nôtre. Ce afin de résoudre l'élément le plus complexe, le plus ancien et le plus sensible du conflit israélo-arabe : le conflit israélo-palestinien.

Nous sommes engagés sur un chemin semé d'embûches, où n'est pas épargnée la douleur. Israël ne connaît aucun chemin où la douleur serait épargnée. Il lui est préférable de s'engager dans la paix que d'entrer en guerre. Je vous le dis en tant que militaire et en tant que ministre de la Défense, amené à voir la douleur frapper les familles des soldats de Tsahal. Pour eux, pour nos enfants et dans mon cas pour nos petits-enfants, je souhaite voir ce gouvernement déployer tous les efforts possibles pour promouvoir et conclure enfin une paix globale. Avec la Syrie même, nous parviendrons à conclure la paix.

Ce rassemblement doit constituer un message transmis au peuple israélien, au peuple juif à travers le monde, aux nombreux peuples du monde arabe, et au monde entier : le peuple israélien aspire à la paix, affirme sa volonté de paix. Et pour tout cela, un immense merci à tous.

## Une colombe poignardée

*C'était un soldat. Soldat de métier, soldat dans l'âme. À dix-neuf ans, Yitzhak Rabin, né dans Jérusalem sous mandat britannique, s'était engagé dans les commandos d'élite du Palmach. Il avait servi comme officier lors de la guerre d'indépendance de 1948. Général, puis chef d'état-major de Tsahal, il commandait l'armée israélienne en 1967 lorsque celle-ci, en six jours de guerre, occupa le Sinaï, le plateau du Golan, Jérusalem-Est, Gaza et la Cisjordanie. Il était, à l'égal de Moshe Dayan et comme l'illustre borgne, un symbole vivant du peuple conquérant qu'était devenu aux yeux du monde étonné le peuple hébreu.*

*Ayant mis fin à sa carrière militaire pour entamer une carrière politique, Rabin, Premier ministre une première fois de 1974 à 1977, ordonna et organisa le fameux raid d'Entebbe au cours duquel les parachutistes israéliens délivrèrent au Kenya les passagers d'un avion de ligne détourné par le FPLP (Front populaire de libération de la Palestine). Ministre de la Défense, puis chef du gouvernement pour la seconde fois de 1992 à sa mort, il réprima avec brutalité la deuxième Intifada. « Il faut, disait-il alors, combattre le terrorisme comme s'il n'y avait pas de négociations et négocier comme s'il n'y avait pas de terrorisme », au rebours des fins stratèges de l'immobilisme qui font étalage de leur force pour masquer leur faiblesse et qui refusent toute négociation avec les terroristes tant que ceux-ci ne renoncent pas à la violence, leur permettant de refuser en retour toute trêve tant qu'il n'y a pas de négociations.*

*Ce qu'on pourrait appeler les mutations génétiques de la pensée n'est pas moins mystérieux et pas moins brutal que celles de la vie. Qu'est-ce qui fait qu'un faucon se transforme en colombe ? Israël vivait sur le pied de guerre depuis sa naissance, soit près d'un demi-siècle lorsque Yitzhak Rabin, au terme d'une longue évolution intérieure, estima que les temps étaient venus, qu'il était en situation et qu'il avait le devoir, comme leader élu du parti travailliste et Premier ministre, de changer de cap et de donner un nouveau cours à l'histoire de son pays. Israël ne vivrait jamais en paix avec le monde arabe tant qu'il n'aurait pas mis fin au conflit avec ses plus proches voisins, et d'abord avec les Palestiniens. Israël était parvenu, malgré l'état de guerre permanent, à rester une démocratie, mais une démocratie toujours sous les armes, qui admettait la torture et dont les contraintes et les secrets d'ordre militaire n'étaient pas compatibles à long terme avec les principes et les lois. Israël ressemblait de moins en moins à ce qu'avait été le rêve d'Israël. La paix n'était pas seulement une aspiration légitime, mais la condition indispensable à la survie et à l'épanouissement de la démocratie.*

*Yitzhak Rabin s'était donc engagé sur le chemin de la paix, sans faiblesse et sans illusions, avec la même détermination, la même rigueur qu'il avait déployées sur les champs de bataille. En septembre 1993, il avait reconnu l'OLP comme représentant du peuple palestinien, au grand scandale des « patriotes » israéliens, et l'OLP avait reconnu Israël, au grand scandale des intégristes palestiniens. En 1994, il avait conclu le traité de paix avec la Jordanie. À l'automne 1995 s'engagèrent les négociations dites d'Oslo 2. Il s'agissait maintenant, au-delà des belles déclarations de principe, d'entrer dans le concret, de tailler dans la chair, c'est-à-dire de fixer le calendrier du retrait des territoires illégalement occupés par Israël depuis 1967 et, corollairement, celui du démantèlement des colonies « sauvages » qu'y avaient édifiées les fondamentalistes israéliens sur des terres qu'ils estimaient avoir été promises il y a six mille ans par Dieu en personne au peuple élu. Un genre de prétention qu'on ne serait pas surpris de voir émettre par l'homme de Neandertal s'il revenait parmi nous.*

*Rabin décidait de donner enfin toutes ses chances à la paix. Lui qui avait connu et regardé en face les risques de la guerre savait que ceux de la paix n'étaient pas moindres et que, chez les siens comme chez les Arabes, la paix avait ses ennemis, prêts à tuer.*

*Le 4 novembre 1995, Yitzhak Rabin s'adressa à une foule immense d'Israéliens partisans de la paix rassemblés sur la place des rois d'Israël, à Tel-Aviv. Perdu dans l'assistance, un jeune homme de vingt-cinq ans, juif orthodoxe, l'écoutait, insensible aux paroles de paix, d'amour et de fraternité prononcées par l'orateur. Son cœur se gonflait de colère contre le mécréant qui avait osé dire un jour que « la Bible n'est pas le cadastre ». Yigal Amir était de ceux qui croient en un Dieu de haine et de vengeance, avide du sang de ses ennemis. Les rabbins dont il suivait les enseignements avaient lancé contre le Premier ministre un arrêt de mort,* din rodef, *ce que les musulmans désignent sous le nom de* fatwa.

*Après son discours, Yitzhak Rabin entonna le* Shir lashalom, *le Chant de la paix. Il dit à un ami, Jean Frydman, organisateur de la manifestation, qu'il venait de passer les deux plus belles heures de sa vie. Puis il descendit les marches de la tribune pour regagner sa voiture. À 21 h 47, il tombait sous les balles d'Yigal Amir.*

*Yitzhak Rabin repose aujourd'hui aux côtés de sa femme Léah au sommet du mont Herzl, à Jérusalem. La place des rois d'Israël porte désormais son nom. Yigal Amir, condamné à la détention perpétuelle, a finalement été autorisé à épouser en prison une jeune femme qui partage ses idées et admire son acte, et à lui faire un enfant. Bon sang ne saurait mentir. La colombe abattue le 4 novembre 1995 n'a jamais repris son envol.*

D. J.

*Cet ouvrage a été composé*
*par Atlant' Communication*
*au Bernard (Vendée)*

*Impression réalisée par*

CPi
BRODARD & TAUPIN

*La Flèche*
*en août 2011*
*pour le compte des Éditions Archipoche*

*Imprimé en France*
N° d'édition : 162
N° d'impression : 65875
Dépôt légal : mars 2011